本书为 2022 年度创新项目（2022CX146）《社会主
司法裁判问题和路径研究》的研究成果

中国传统法律文化的传承与发展研究

刘宁　著

 吉林大学出版社

·长春·

图书在版编目（CIP）数据

中国传统法律文化的传承与发展研究 / 刘宁著 . ——
长春 : 吉林大学出版社 , 2023.4
ISBN 978-7-5768-1840-6

Ⅰ.①中… Ⅱ.①刘… Ⅲ.①法律－传统文化－研究
－中国 Ⅳ.① D909.2

中国国家版本馆 CIP 数据核字 (2023) 第 121547 号

书　　　名　　中国传统法律文化的传承与发展研究
ZHONGGUO CHUANTONG FALÜ WENHUA DE CHUANCHENG YU FAZHAN YANJIU

作　　　者　　刘　宁
策划编辑　　矫　正
责任编辑　　矫　正
责任校对　　田茂生
装帧设计　　久利图文
出版发行　　吉林大学出版社
社　　　址　　长春市人民大街 4059 号
邮政编码　　130021
发行电话　　0431-89580028/29/21
网　　　址　　http://www.jlup.com.cn
电子邮箱　　jldxcbs@sina.com
印　　　刷　　天津鑫恒彩印刷有限公司
开　　　本　　787mm×1092mm　　1/16
印　　　张　　13.75
字　　　数　　200 千字
版　　　次　　2023 年 4 月　　　第 1 版
印　　　次　　2023 年 4 月　　　第 1 次
书　　　号　　ISBN 978-7-5768-1840-6
定　　　价　　68.00 元

前　言

　　中国传统法律文化，是中华民族在五千年政治社会生活中为建构秩序所做的共同努力的智慧结晶。为适应特定生存环境，解决特定社会问题，中华民族形成了独有的法律文化传统，其基本旨趣是道德精英引导普通民众走向文明生活。在处理天与人、国与民、国与吏、民与民四对关系的过程中，中华民族形成了以尊重天道法则、谦抑政治权力、尊重基本人性、尊重民间规约等一系列价值理念为主导的法律智慧体系。这些法律智慧体现着现代性价值或人类文明共同价值，越来越为世界文明大家庭所公认。

　　中国传统法律文化的传承与发展是个宏大题目。人有趋利避害的天性，有朋友会说，传统文化若有利人们自身，大家会天然好之，主动践行和传承，无须人为去传承设计。但谁也不能否认，在文明巨变持续一个半世纪，在民族精英主流话语长期反传统使大众不明就里疏离厌恶传统之际，在传统文化的现代性价值不得不以外来文化为参照系才能有所识别之际，想继续如传统时代那样主要依靠大众的趋利避害本能和趋善向上理性（其实同时也凭借道德教化）来传承优秀传统文化，已经不可能了。反省传统，克服某些传统障碍是必须的，但不能将先民数千年的艰辛探索结晶当成糟粕抛弃。充分认识和转化这些结晶，未来中国的法律体系、法治秩序建设就会变成一个善用本土资源而不必完全依赖外来资源的过程。新建成的体系或秩序，将嫁接式生长在民族心理的肥沃土壤之上；而不应只是反复重演从远方移栽只剩半截根枝的成型大树，虽满身插挂输液袋管并不停浇水，仍难保真正成活生根并开花结果的尴尬历史。

　　因此，我们要善于科学总结、继承和创新自己悠久的法律文化传统，把那些积极向上的东西融入当代中国法律文化中来，以实现中国传统法律文化的现代转换，这将有利于中国特色社会主义法律文化的新构建，对建设社会主义法治国家具有一定的应用价值。

基于此，本书立足中国传统法律文化的特点，挖掘其有益成分，探究其现代承续及超越。全书分为八个章节。从探究中国传统法律思想渊源着手，阐述先秦至明清的法律思想；深入剖析中国传统法律文化的特征及其精粹；诠释中国传统法律文化的现代冲突与转换；探讨中国共产党人在开展法治实践中不断推进马克思主义法治理论中国化，以及中国化马克思主义法治理论对中国传统法律文化的价值继承与创新发展；在科学立法方面和法治社会建设方面，分别以《民法典》和全面依法治国方略为例，探讨对中国传统法律文化的科学承续与超越，探讨社会主义核心价值观与中国传统法律文化的关系，从司法裁判的实践角度阐述社会主义核心价值观对于中国传统法律文化的升华和运用；并辅以"无讼"思想影响下的调解制度建立、反腐倡廉、德法共治、以民为本的典型例证，指出新时代全面依法治国的实现必须统筹谋划、协调推进、循序渐进，建构起理性法律文化、优化法治运行格局、建设中国特色社会主义"法治体系"。

总之，本书旨在通过大量的历史典籍和文献资料的搜集，对已有的学术研究成果进行梳理、概括、归纳和总结，并进一步对中国传统法律文化当中的有益成分和资源进行挖掘，再借鉴世界先进的法治理念、制度、经验和技术，同时结合我国的客观国情和具体实际，对中国传统法律文化的继承和发展提出一些有用的意见和方法。

由于本人研究水平有限，本书尚存在许多不足之处，在以后的工作中，本人将持续关注中国传统法律文化现代转化的研究，并逐步弥补不足。

本书为《中国传统法律文化的传承与发展研究》2022年度创新项目（2022CX146）《社会主义核心价值观融入司法裁判问题和路径研究》研究成果。

刘 宁

2022年12月

目　录

第一章　中国传统法律思想渊源

中国几千年来形成的传统法律思想为我国建设法治国家提供了坚实的文化背景，为社会主义法治理念的形成发展提供了丰厚的历史土壤，其中的精华部分丰富了社会主义法治理念的内容，是其产生的文化源泉。中国历史的久远和思想的传承性，使我们在现实的法律发展中备受传统的影响，而传统法律的作用和走向取决于整个社会对传统价值的态度。有意的抛弃和不经意的无视，将使动力变成阻力；珍惜它，并有意识地改造和更新，将会使传统变成根基稳固的平台，在这个平台上，我们可以充分展示中华民族的创制能力，可以寻找到最适合我们自己的发展途径。所以，探究中国传统法律思想渊源，能让我们更深刻的理解社会主义法治理念的深刻内涵，为全书的研究奠定理论基础。

第一节　先秦法律思想

春秋战国时期是中国由奴隶社会过渡到封建社会的变革时期，也是中国古代政治、学术思想最为活跃的一个时期，出现了著名的"百家争鸣"的繁荣局面。就是在这个时期，法律思想也得到了前所未有的发展，各家学说理论争相出现，其法律思想的深度甚至触到了法理学的领域，不少思想家对法律的起源、本质、作用以及法律与社会经济、国家政权、伦理道德、民间风俗习惯的关系等问题都提出了一系列的新见解，极大地丰富了中国乃至整个世界的古代法学。这一时期，原来维护奴隶主贵族统治的神权和宗法思想都受到了极大的冲击。参与争鸣的各家各派都或多或少地涉及法律思想，但主要是儒、墨、道、法四家的思想尤为引人关注，其理论成果得到了社会的普遍接受，时至今天仍然有着不可忽视的影响。

一、儒家法律思想

以孔子为创始人的儒家学说，在我国历史发展中起过十分重要的作用，也是"百家争鸣"中最大的一个学派。儒家的法律思想基本上继承和发展了西周以来的"礼治"和周公的"明德慎罚"思想，提出了一系列维护礼治、重视"人治"的系统化和哲理化的法律观点。春秋战国时期，礼崩乐坏，儒家选择追求"复礼"主要体现在"亲亲、尊尊"方面。对西周时的"礼"进行了一系列的改造，提升了礼的高度，扩大了礼的范围，将抽象、散乱的"礼"具体化、系统化，实现了以礼定亲疏、决嫌疑、别同异、明是非的目标。儒家同时主张德刑并用，德主刑辅。"道之以政，齐之以刑，民免而无耻。道之以德，齐之以礼，有耻且格"（《论语·为政》），意思就是说，用法律特别是刑法来规范调整社会关系，百姓虽然不会犯罪，但是没有廉耻之心，而用道德来引导，用礼教来整顿，百姓不但有廉耻之心，而且人心也会扶正。即使儒家有此观点，也并不否认刑法的重要作用，只是主张在德治思想的指导下合理运用刑法，按照礼的原则要求对犯罪行为进行处理。先秦儒家思想初具系统，所提出的观点也足够鲜明，为秦汉以后儒家思想被确立为封建正统法律思想打下了基础。

1. 孔子的"仁学"法律思想和家族伦理原则

孔子主要是以他的仁学思想在世界文化名人行列里占有一席之地的，可以说关于"仁"的学说，是孔子思想的核心，也是他法律思想的出发点。孔子提出了"仁者爱人"，也讲"凡爱众"，但实际上，他并不是主张所有人都应该被一视同仁，他所提倡的是对不同身份的仁，要有不同的爱，即所谓的"爱有等差"。"爱人"要有亲疏之分，要爱自己的亲人，尤其是父兄，所以其在伦理道德中特别强调孝悌，其实"爱人"也讲求等级，比如上下级关系并不完全对等，要求下级无条件服从上级，其出发点是周礼中的"尊尊"原则。由此可见，孔子提倡"仁"主要是为了调和贵族和新兴地主阶级以及贵族和贵族之间的矛盾，也为了缓和劳动人民对贵族的反抗情绪，以此达到"礼治"的效果。中国古代法律是在宗法制的基础上产生并发展起来的，家族伦理原则成为法律之上的至高指导原则。孔子肯定了家族伦理道德的价值，忠孝理论成为他法律思想的实践起点。孝悌甚至成为决定罪与非罪、重罪与轻罪以及是否受惩罚的重要依据。在民事法律方面主要体现为晚辈无财产权等，在刑事法律方面体现为对复仇的认可。

2. 孔孟的"人治"思想和"德主刑辅"关系论

孔子认为只有"仁者"才能够"为国以礼""为政以德"。"人治"思想的提出在当时的社会背景下是有一定积极的意义的，由原来的"任人唯亲"到主张"不分亲疏"的选拔贤才，无疑是一种进步。当然了，"人治"思想更多地体现在消极的影响上，尤其与当代提出的建设社会主义法制社会，努力实现"法治"的主题是相悖的。孔子还极力提出"德治"，认为只有实行德治，人民才会心悦诚服地接受统治。所谓"德治"，就是主张统治者应该加强德行教化的作用，同时也没有完全否定"刑"的地位，认为应该德刑两用，德主刑辅，宽猛相济，强调"礼教"是孔子法律思想的主要特点，也被孟子等人广为推崇。

"礼治""德治"和"人治"，是孔子法律思想方面不可分割的组成部分，形成了一个较为完整的体系。还有一项重要的内容就是孔子提出的"无讼"思想，主张如果人与人之间的争讼不会发生，那么刑罚自然也就没有存在的必要了。这一整套学说对我国古代法律思想有着极其深远的影响。

3. 荀况的"礼法结合"思想

荀况是战国时期的儒家主要代表，但是却打破了"儒者不入秦"的惯例，对商鞅变法以来的秦国政治做出了很高的评价。荀况虽然以儒家自居，也被公认为继孔孟之后的儒家大师，但是在许多重大问题上都是不同于孔孟的，有时甚至唱对台。比如孟子提出"法先王"，荀子高唱"法后王"；孟子提出"性善论"，荀子则提倡"性恶论"；孔孟重德轻刑，荀子却是主张德刑结合。之所以说荀况的法律思想具有儒法合流的特点，是因为他一方面继承发展并修正了儒家的"礼治"，另一方面又修正了法家的"法治"，主张以礼为主，使礼法能够统一起来，从而为秦汉以后封建正统法律思想的形成指明了道路。荀况认为"礼"是支配一切的基本原则，也应当指导立法并受到法律的严格保护。他试图将"礼"法律化，并强调在必要的时候运用法律手段来强制推行。他明确指出"礼者，法之大分，类之纲纪也。"①

在法律思想上，最能体现荀况的倾向性的问题，莫过于"人治"和"法治"之争，也就是说，在儒法合流的前提下以儒为主，在礼法同一的基础上以礼为主。荀况虽然是儒家中最为重视法律及其强制作用的一位，但在"人治"与"法治"的争辩中却仍然坚定地支持"人治"，和孔孟强调的"人治"相区别的是立论角度的不同。孔孟二人强调的"人治"是从统治方法方面考量的，而荀况是从法理学的角度得出这一结论的，因而在法律思想史上具有更为重大的意义。他指出治理好国家的关键是人而不是法，必须要有好的统治者才能治理好国家，法对治理好国家虽然也很重要，但是毕竟是作为统治者的人制定的。同时他还点明即使有了良法，也还是要靠人来掌握和贯彻，否则法律也就成了一纸空文；国家的事务纷繁而又经常变化，法律既不能概括无遗，又不能随机应变，完全要仰仗人的灵活运用，当机立断。所以说不能片面地理解荀况的法律思想，他之所以强调"人治"，不是说不要法，而是说法与人相比较而言，人更为重要。他所开创的礼法结合思想在后来逐渐发展成为封建正统法律思想，可以说是比较符合中国古代政治、经济、文化发展的一个历史性创造，影响深远而有力。

二、墨家法律思想

1. 思想起源

"所谓墨家，是战国时代都市无产自由民的组织。"②"墨子反贵族而因及贵族所依之周制。故其学说，多系主张周制之反面，盖对于周制之反动也。因儒家以法周相号召，故墨子自以其学说为法夏以抵制之。"③兼爱、非攻、尚同、尚贤、非命等思想是其基本立场。关于墨家思想的源头，侯外庐有非常详尽的阐述："孔墨学说是由春秋儒术的继承与批判而递嬗演变来的。"④也就是说，墨家学说也来源于早期的春秋儒术，墨子和孔子一

---

① 诸子集成 [M]. 杭州：浙江古籍出版社，1999：342.

② 秦尚志. 中国法制及法律思想史讲话 [M]. 上海：世界书局，1943：25.

③ 冯友兰. 中国哲学史（上）[M]. 重庆：重庆出版社，2009：72.

④ 侯外庐，赵纪彬，杜国庠. 中国思想通史（第一卷）[M]. 北京：人民出版社，2011：177-178.

样是儒者出身。他认为，墨家显学正是随着儒家学说的分化而出现并与其相对立的学说。"思想史上所谓与孔子显学对立的墨子显学，恰巧出现在孔学开始分化或孔学优良传统开始萎缩的起点上，因而，墨子的'非儒'，实质上乃是相应于国民阶级的渐趋成熟，将孔学的优良传统更向上发展一步，而与孔子的后学相对立。"①墨子虽然"非儒"，比如反对儒者之古言古服、背诵古训等，反对儒者为贵族阶级的统治工具——仪式而服务，但"墨子对于孔子，是批判的而不是抹杀的"②。甚至说，"这些批评并非对孔子而言，乃是对信仰传统的儒者而言。荀子是儒学集成的人物，但对于那些依赖于春秋传统的儒者，也目之为贱儒、俗儒。"③而且，"孔、墨二家在对春秋形式文化的批判方面，确有相同的精神，孔子批评了春秋的僵死仪式。……墨子和孔子在这一点甚为接近，孔子既唱之于前，墨子当可称之于后。"④萧公权也指出："孔墨不同道，世所习知。然此不免皮相之谈。吾人考其行迹，则二者实有相似之处。述古学以自辟宗风，立治道以拯时弊。游行诸国，终无所试。乃广授门徒，冀其能行道而传学。凡此皆孔墨之所同也。其相异者一仕一不仕，一由少贱而自跻于士大夫，一则终身以贱人自处，褐衣砺服，枯槁不舍。推其同异之故，盖由孔墨之历史时代及政治环境大体相同，而墨子又或受儒术熏陶，故行动思想，不免彼此相近。"⑤然而，"孔墨显学自有分水岭，未容混同。仅就其对于传统文化之接受与批判一点而言，墨子显然是更激进些。"⑥而且墨家哲学与儒家哲学之根本观念并不相同。特别在功利观上，儒家"正其义不谋其利，明其道不计其功"，而墨家则专注重"利"，专注重"功"。但无论如何，"孔、墨显学在春秋末与战国初是批判了春秋传统而发展了中国古代文化。"⑦

墨家学说，基本不超出《墨子》一书，虽然墨子之徒同样数量众多，

①　侯外庐，赵纪彬，杜国庠. 中国思想通史（第一卷）[M]. 北京：人民出版社，2011：174.

②　侯外庐，赵纪彬，杜国庠. 中国思想通史（第一卷）[M]. 北京：人民出版社，2011：175.

③　侯外庐，赵纪彬，杜国庠. 中国思想通史（第一卷）[M]. 北京：人民出版社，2011：176-177.

④　侯外庐，赵纪彬，杜国庠. 中国思想通史（第一卷）[M]. 北京：人民出版社，2011：175.

⑤　萧公权. 中国政治思想史（上）[M]. 北京：商务印书馆，2011：129.

⑥　侯外庐，赵纪彬，杜国庠. 中国思想通史（第一卷）[M]. 北京：人民出版社，2011：175.

⑦　侯外庐，赵纪彬，杜国庠. 中国思想通史（第一卷）[M]. 北京：人民出版社，2011：177.

不逊孔子,但"墨徒对于政治思想之贡献殆不过补充修改墨子所立之诸要义,未必能如孟荀之推衍师说,成一家言"①。

2.政治法律思想

(1)墨家天命与法

墨子对"天"有着特别的钟爱。"墨子非哲学家,非政治家,而宗教家也。墨子有其极崇高极深刻之信仰焉,曰'天'。"②"墨家所谓天,与孔老所谓天完全不同。墨家之天,纯为一'人格神'。有意识,有感觉,有情操,有行为,故名之曰'天志'。"③

《墨子·27章 天志(中)》中更说:"顺天之意,谓之善刑政;反天之意,谓之不善刑政。"但墨子的天志和道家的自然法大不相同。道家是主张"天网恢恢,疏而不失"(《道德经》),听其自然。墨子的法律观念,是赏"正义"为法律标准,天道无私,最合正义,故宜法天。而且墨家虽尊天而非命。信命的人以为,"上之所赏,命固且赏,非贤故赏也;上之所罚,命固且罚,不暴故罚也"(《墨子·非命上》),这是墨家所反对的。墨家只以抽象的天意,来定法律标准罢了。④

但在冯友兰看来,墨子的天既是抽象意义的天,也是人间的天。"他以为欲使世界和平,人民康乐,吾人不但需有一上帝于天上,且亦需有一上帝于人间。"⑤而此人间的天则是至高无上的,唯天子是也。天子代天发号施令,人民只服从天子即可。"上之所是,必皆是之;上之所非,必皆非之。"(《墨子·尚同上》)"凡国之万民,上同乎天子而不敢下比。天子之所是,必亦是之;天子之所非,必亦非之。"(《墨子·尚同中》)"天为全体人类之唯一主宰,其赏罚严明普及而不可逃,非若得罪家长国君犹有邻家邻国足为奔避之所。故人之对天,不可不取绝对服从之态度。"⑥

墨子正是以天为法,以为"天下从事者不可以无法仪"。规矩绳墨,

① 萧公权. 中国政治思想史(上)[M]. 北京:商务印书馆,2011:130.
② 梁启超. 先秦政治思想史[M]. 长沙:岳麓书社,2010:152.
③ 梁启超. 先秦政治思想史[M]. 长沙:岳麓书社,2010:153.
④ 秦尚志. 中国法制及法律思想史讲话[M]. 上海:世界书局,1943:26-27.
⑤ 冯友兰. 中国哲学史(上)[M]. 重庆:重庆出版社,2009:88.
⑥ 萧公权. 中国政治思想史(上)[M]. 北京:商务印书馆,2011:142.

此百工之法仪也。君师父母, 此百姓之法仪也。然天下之为君师父母者众"而仁者寡"。若以之为法, "此法不仁也"。夫君师父母既不足法, 则可法者惟天而已。盖"天之行广而无私, 其施厚而不德, 其明久而不衰, 故圣王法之"也。①

在墨子这里, 所谓"法仪"还代表着"正义"。所以, 墨子的法律观念是以"正义"为标准的, 而"正义"本于上天好生之德, 故宜法天。因为天是不会有私心的, 人则皆免不了有私。②

（2）国家起源说

"墨子所说, 与欧洲初期之'民约论'酷相类。民约论虽大成于法之卢梭, 实发源于英之霍布士及陆克（今译洛克——作者注）。彼辈之意, 皆以为人类未建国以前, 人人的野蛮自由, 漫无限制, 不得已乃相聚胥谋, 立一首长。此即国家产生之动机也。……而中国两千年前之墨子, 正与彼辈同一见解。"③因为墨子曾言: "明乎民之无正长以一同天下之义, 而天下乱也, 是故选择天下贤良、圣知、辩慧之人, 立以为天子, 使从事乎一同天下之义。"（《墨子·尚同中》）梁启超还对比了墨子与荀子的国家起源论: "墨家论社会起源, 有极精到之处, 而与儒家（荀子）所论微有不同。……荀子从物的方面观察, 以为非组织社会无以济物之不赡; 墨子从心的方面观察, 以为非组织社会无以齐义之不同。"④"在未有国家刑政之时, 既因是非标准之无定而大乱; 故国家既立之后, 天子之号令, 即应为绝对的是非标准。除此之外, 不应再有任何标准。故除政治的制裁外, 不应再有社会的制裁。"⑤冯友兰把墨子的这种思想类比为近代霍布斯的学说: "在西洋近代哲学史中, 霍布士（Hobbes, 今译霍布斯——作者注）以为人之初生, 无有国家, 在所谓'天然状态'之中; 与其时人人皆是一切人之仇敌, 互相争夺, 终日战争。人不满意于此状态, 故不得已而设一绝对的统治者而相约服从之。国家之起源如此, 故其权威, 应须绝大; 不然则国家解体而人复返于'天

①　萧公权. 中国政治思想史（上）[M]. 北京: 商务印书馆, 2011: 142.
②　杨鸿烈. 中国法律思想史 [M]. 北京: 中国政法大学出版社, 2004: 38.
③　梁启超. 先秦政治思想史 [M]. 长沙: 岳麓书社, 2010: 150.
④　梁启超. 先秦政治思想史 [M]. 长沙: 岳麓书社, 2010: 150.
⑤　冯友兰. 中国哲学史（上）[M]. 重庆: 重庆出版社, 2009: 89.

然状态'中矣。国家威权之绝对，有如上帝，不过上帝永存，而国家有死而已。墨子之政治哲学，可谓与霍布士所说极相似。"①

不论墨家对天的绝对崇尚，还是在国家起源上体现的国家威权，都使其在统治上走向专制。"墨家之主张，殊不能令吾侪满志，盖其结果乃流于专制。"②

（3）墨家社会思想

墨子的社会思想主要体现在其对个人与社会关系的看法上。"对于个人生活方面，所谓'其道大觳天下不堪'，此其所短也。对于社会组织方面，必使人以上所是非为是非，亦其所短也。要而论之，墨家只承认社会，不承认个人。据彼宗所见，则个人惟以'组成社会一分子'之资格而存在耳。离却社会，则其存在更无何等意义。此义也，不能不谓含有一部分真理。然彼宗太趋极端，……结果能令个人全为社会所吞没。个性消尽，千人万人同铸一型，此又得为社会之福矣乎？"③"故必设立天下共同之政权，以为万姓行动之标准，使个人化除自私，而归心于全体之公利。"④

墨家的这一思想看似先进，但因其"身为贱人，既不变殷，更不从周，于当时诸国之政教亦未有所偏重。故其思想遂比较缺乏历史性与地方性，而略带大同主义之色彩矣。"⑤

墨家的法律思想在战国那个纷争四起的时期，并不符合当时统治者的需要，在实践中也很难得到真正的贯彻实施。但在努力建设和谐社会的今天，墨家的法律思想又显得弥足珍贵，历久弥新。作为小生产者的代表，他们的思想正好契合了中国的执政理念，具有鲜明的时代性和进步意义。墨子所处时代是中国历史上发生社会激变的时期，与当今世界的发展有相似之处，也与当代中国处于转型或转轨时期有一定的相似之处。由此可见，墨家思想对当今中国建设和发展不无借鉴与参考价值。

---

① 冯友兰. 中国哲学史（上）[M]. 重庆：重庆出版社，2009：88.
② 梁启超. 先秦政治思想史 [M]. 长沙：岳麓书社，2010：150.
③ 梁启超. 先秦政治思想史 [M]. 长沙：岳麓书社，2010：154.
④ 萧公权. 中国政治思想史（上）[M]. 北京：商务印书馆，2011：137.
⑤ 萧公权. 中国政治思想史（上）[M]. 北京：商务印书馆，2011：142.

三、道家法律思想

道家以道论法，用"道"作为法的产生、制定和运行的终极依据，强调以道统法，将法律问题纳入"道"的体系之中，突出了法律的哲理性，而且逐渐概括出了法的基本原则，在此点上，就大大区别于儒法两家只提出立法与司法的具体主张的思想理论。这一思想发展到后来便成为道家法律思想的中心内容，即"道法自然"和"无为而治"。

1. 老子"道法自然"的法律思想

老子曾指出"人法地，地法天，天法道，道法自然。"[①] 把自然作为一切事物的起点和归宿，作为支配和决定一切事物发展的规律。一方面，将"天"产生的根源都归之于道，便赋予了自然之道最高法则的意义。老子提出了我国古代最早的自然主义法律观念，从很多方面论证了这种自然之道在维护社会秩序、规范制约人们言行方面的重要作用，最主要的体现是道与仁义礼法等相比，是最高的原则，而且道能够以不变应万变，具有无往不胜的力量。另一方面，老子还用"自然之道"的哲理来论证法的合理性和必要性，从法文化要素分析，主要可以提炼为立法上，道法是依据道制定的法律制度，这是针对春秋末期王权旁落的现象提出的，是期望有新的代表"道"的绝对权威产生并获得力量。从法的形式结构而言，法律制度也应当与天道自然相一致。制定法律制度要仿效自然的状态，才能使之与自然界和谐相处，达到生生相息，永无枯竭的状态。

"无为"是道家所倡导的一种人生观，老子将其升华为最高的统治方法和治国策略，并按照这种"无为而治"的原则指导立法和司法，便形成了老子的法律观。尽管并没有像儒法两家那样正面具体地论述法律问题，但是从其竭力所反对的一些内容中仍能窥见一些理想法的轮廓。老子依靠具体的法令治理国家，强调要"唯道是从"，同时也反对制定和颁布成文法典，追求"大道无行"，治理国家的规定都应该秘而不宣。还极力反对滥施刑杀，因为"天之道，利而不害"，不到万不得已不能施用刑杀，不应用以伤害百姓，要顺应天道行事。可见，老子的"无为而治"的法律观，既是用来统治人民的一种策略，又包括反对暴政和剥削的性质，既具有法

---

① 老子. 老子 [M]. 王弼，注. 北京：首都经济贸易大学出版社，2007：18.

律虚无主义的因素，又以更为巧妙的法律强制作用为归宿，以一种"无为"的手段更为有效地控制人民，造成人民的一种蒙昧的精神状态，稳定统治。

2. 庄子"虚无主义"的法律思想

庄子是老子之后，道家最主要的代表人物，在中国思想史上具有很高的地位，其思想带来的影响也是很深远的。庄子全面继承了老子的思想，但是又对其一些观点进行了发展，将老子的"道"和"无为"等主张推向了极端和绝对。如果与儒法两家的思想学说相比，庄子的法律思想实际上是相当消极而且贫乏的，在法学理论上并没有什么特别的建树，可以说庄子的法律思想是批判型的，对礼、德、法、刑等内容都进行了无情的批判，尤其是对礼的虚伪和法的残酷都进行了痛快的揭露，使道家思想中积极的方面更为积极。庄子最早提出了道德虚无主义的主张，着重强化了"道"的绝对超验性，主张绝对自由，反对任何约束和限制。庄子认为，儒家所主张的仁义是对人自然本性的破坏，是导致社会分化和昏乱的根源。同时也对法家所主张的"法治"进行了无情的批判，认为"法治"是导致混乱的根源。庄子对墨家的"兼爱"和"尚贤"的主张也有不同的看法，认为兼爱是不可能达到的，所以说也是一种偏私。庄子最主要的思想是将无为推向了虚无，主张绝对的无为。

四、法家法律思想

1. 思想起源

先秦时期法家代表新兴地主阶级的利益。他们必须想方设法使自己的统治合理化。新兴地主为了本阶层的利益，一方面不能不予旧封建领主以否定，另一方面又不能不在与旧封建领主的对立统一性上建立更适合于剥削农民的新的封建统治。因而，他们对于作为支持旧封建的政治体制之支柱的等级制度的"礼"，要予以彻底的否定，而提出他们所要求的"法"来。他们利用"法"来直攻旧封建领主的"礼"，企图把站在他们头上的旧封建领主拉下来与他们在"法"的面前平等；同时，也想在"法"的美名之下，对于隶属于他们之下的直接生产的农民，施行一种更周密、更残忍的镇压方策。换言之，他们想利用"法"来作为登上支配阶层的阶梯，把他们自已超升到剥削者的地位。

　　作为一种学说，兴盛于战国末期的法家，对先于其发展的儒墨道思想已有充分了解，并在自身发展中吸取其思想。前期法家，有的从儒家的理论发展而来，也有的从道家的理论发展而来，申不害、慎到、韩非就是例子。而且法家和道家的关系密切，也不是偶然的，尤其涉及"术"的思想，所谓"君人南面之术"，正是两者相结合的产物。后来的法家袭取老子的"无为说"，以为明定法令，君子可无为而治；又袭取老子的愚民政策，以为人君南面之术。道家居然变为法家的远祖了。"法家成为一有系统之学派，为时甚晚，盖自慎到、尹文、韩非以后。然法治主义，则起源甚早。管仲、子产时确已萌芽。其学理上之根据，则儒道墨三家皆各有一部分之先导。"[1]"法家者，儒墨道三家之末流嬗变汇合而成者也。"[2]

　　法家思想深受儒墨道的影响，儒家思想对法家的影响主要是儒家正名与礼的思想，法家的法和儒家的礼没什么区别。而墨家对法家的影响，则主要有两方面：一是法律平等的思想。墨家的兼爱思想，是法家主张法律平等的基础。二是法律为唯一准则的思想。这是墨家尚同思想的启示。[3]法家的学说，除了以他自己的立场而创说，同样兼受儒道墨三家的影响。在儒家，如荀子的礼治论；在道家，如老子的无为而治和愚民政策；在墨家，守法重法的观念和实利思想俱有影响于法家的。法家学说是吸收儒墨道之后的集大成学说。

　　2. 法家的法治观

　　（1）以法治国的政治理念

　　以法治国是法家学派的代表观念，在同时代其他学派还在主张人治、德治的情况下，法家的法治思想极具进步性，在后世也受到较多肯定，对后世国家的法治建设提供了理论思路与文化支撑。受困于时代的限制，当时人们的思想仍是以维护统治者的权益为出发点去思考以法治国，法律也只是代替礼乐来作为统治者治理国家的工具，但是在当时能够打破自周朝就已存在的礼治思维，认识到律法的重要性，以律法作为治理国家治理百

---

① 梁启超. 先秦政治思想史 [M]. 长沙：岳麓书社，2010：157.

② 梁启超. 先秦政治思想史 [M]. 长沙：岳麓书社，2010：159.

③ 杨鸿烈. 中国法律思想史 [M]. 北京：中国政法大学出版社，2004：69-70.

姓的标准和依据，使当时的国家治理走上了一个新的台阶，已经是一个重大进步。韩非认识到人性本恶，需要用强制手段去进行压制，才能维持社会和谐稳定，而"法"代表了公平正义，代表了审判与刑罚，正适合用来当作官员百姓均须遵守的行为准则，用来解决社会争端。法家凡事都用律法去裁断，用律法去处理各类案件。这一制度虽高度维护了君王的利益，但在一定程度上限制了官员大臣的权力，形成了一个君主之下的完整的法律制度体系，为国家治理制度提出了一条新的道路，这无疑极具进步意义。

（2）法布于众的公正理念

韩非提出，应将律法编著成书籍图本，摆放在官府里面，面向群众公开，百姓可以进去翻看，并要让群众心中具有一个清楚认知，即遵纪守法会被奖赏，违反法令将严惩不贷。在此之前，百姓没有机会接触到律法文本，对法律规定也并不知情，韩非是第一个提出将律法公之于众的。法律编纂成文公之于众，极大地保证了法律的稳定性与公平性，官吏在行使权力时不再具有随口更改法律的可操作性，司法工作受到约束，尽可能地做到公正平等，保护了人民的合法权益，巩固了法律的权威性。

以现在的视角来看，这是一个政府的主动公开行为，也是一个极有成效的普法制度。当人们了解到什么样的行为会触犯法律，触犯法律会受到怎样的惩罚之后，就会自觉规范自己的行为，避免触犯法律受到刑罚，体现了法的指引性。这种制度手段从根源降低了犯罪率，对营造安居乐业的和谐社会起到重要作用。

（3）法与时移的变法理念

在韩非之前，商鞅就已提出随着社会的逐步发展，治国之术也应革新改变。在此基础上，韩非认为法律若是能跟着形势的改变而变化，国家就能受到较好的治理，治国的政策与社会实际情况相适宜，治理工作才会有所成效。在当时的社会环境下，韩非能够着眼于整个国家社会的进步发展，关注社会群众的整体利益，并认识到法律可以除旧迎新具有时效性，并应适应国情，制定符合国家社会需求的法律，这种理念已跳出时代限制，体现了与时俱进的变法理念，为改革创新提供思想依据，值得被后世所传承。

（4）法不阿贵的平等理念

国家在礼治的治国政策下，不仅君王拥有至高的权力，世家贵族也属于特权阶级，享受众多特权。法家是首先提出打破等级制度的学派，商鞅主张刑罚的适用不应区分等级，无论是将军还是百姓，只要不服从法令，违反了国家的禁令，都要受到法律的制裁。韩非提出墨线不会拐向弯曲的地方，法律也不会偏袒世家贵族。在法家的法治之下，无论是高官重吏还是普通百姓，在法律面前均不享有特权，君主之下、法律之下，人人平等，与礼治中的"刑不上大夫"形成鲜明对比，构建了公平公正的法律制度。这一理念制度极大限制了官员贵族的权力，维护了百姓的合法权益，使律法在百姓当中获得信赖，也在社会当中树立了法律的权威，更利于培养出公正廉洁的官员，在思想上与实践上均起到较大的积极作用。

　　法家及其法治思想因为秦的灭亡一直背负着骂名，不像礼治那样深入人心，融入中国人的骨血。直到近代，中国人寻求强国之路时，发现儒家的礼治思想已经跟不上当时社会的步伐，在西方国家成功的法治和宪政面前，其缺点暴露无遗，特别是新文化运动中提出"打倒孔家店"的口号，让人们的目光再次回到了法家的"法治"思想上。梁启超曾经在《中国法理学发达史论》中把先秦法家的思想概括为"法治主义"，并与"人治主义""礼治主义""势治主义"进行比较区分，认为"法治主义对于其他诸主义，最为后起，而最适于国家的治术"[①]。从这以后，法家的"法治"思想重新回到人民的视野中，大众也开始重视对其的研究工作，不再一味地漠视。

　　在春秋战国的百家中，与法律关系密切的主要就是儒、墨、道、法四家。他们的争论也主要是围绕着礼、法、德、刑的关系展开的，从不同的侧面、不同的立场对法的起源、本质和作用以及法与其他社会现象等方面做了较为系统的探讨。从上面的论述中，我们也能看到，各家的思想学说并不是完全对立的，也有相互吸收融合的现象，从而成为我国法律思想史上最为辉煌的时期。可以说这四家的法律思想，是中国智慧的结晶。从我们今天的角度看，这些历史智慧的结晶与我们当代的司法建设都是无法分割开的，所以我们要尊重民族历史，重视传统思想文化，这是历史的选择也是时代的选择。

---

① 范忠信. 梁启超法学文集 [M]. 北京：中国政法大学出版社，2004：117.

第二节　其他朝代法律思想

一、秦汉法律思想

一般认为，秦奉行法家思想，汉初为黄老思想，汉中期以后为儒家思想。但学界对此的争论远不止于此。比较有代表性的争论是秦汉以后中国法律思想是走向儒法合流还是儒家独霸。

所谓儒法合流，即儒家与法家由相互对立、相互拒斥逐渐转为相互影响、相互融合的态势。秦汉以后，先秦百家争鸣之势渐趋于沉寂，与此同时，由先秦儒法之礼与法、德与刑的对立，开始出现儒法合流、"礼入于法"的情况。在精神层面则体现为儒家的教化主张与法家刑罚主义的相互援引，在形式上表现为儒学的"法典化"或是法律的"儒学化"，在内容上则表现为立法中的"纳礼入律"及司法中的"引经决狱"等。以萧公权为代表，认为进入汉代，法家在学术上已失去竞争力，但在政治上仍与儒家争胜。其所举《盐铁论》确能代表西汉中叶法儒思想之正面冲突。但其争论要点仍不外文教与武功、农本与工商、仁义与功利、刑法与德教等，双方所主均不出先秦儒法思想之范围。但萧公权认为，这并非反映儒法各为己途："观《盐铁论》所述汉代儒法之争，不仅思想冲突，感情亦至决裂。故预议者互诋对方之人格，互毁对方之宗师。似乎各趋极端，无可协调。然一考事实，则又不尽然。盖汉代政治始终兼用儒法。两家势力有起伏而无废绝。朝廷之政治如此，则士大夫有意仕进者不免兼取二术以求易售。其著者如'汤决大狱，欲傅古义，乃请博士弟子治尚书、春秋补廷尉史，亭疑法'。此任法而饰以儒学之例。董仲舒以经义断狱，作《春秋决事比》，此以儒术应用于刑法之例。至如贾谊、晁错诸人，兼受孔孟申商之学，尤为儒法合流之明证。两家皆致用之学，呈此混杂之现象，乃专制天下环境中自然之结果，不足异也。"①

以杨鸿烈为代表，则认为汉以后特别是汉武帝以后，则是儒家独霸时代。因为帝王治天下总不能全凭武力，不讲教化，而讲教化且"治具"最完备的只有儒家够资格。何况汉朝建国在春秋以降五百年长期战争之后，再加以秦朝的暴虐，楚汉的纷争，人民早已是在水深火热之中，所以汉朝尊儒家为必然选择。②"汉时独尊儒家乃是对自战国至秦以来盛极一时的任刑的法治主义的极大反动。又儒家学说经历两汉在社会上的势力业已造成，后此三国、魏晋南北朝、隋唐、五代、宋、元、明、清的君主自然也就一循旧贯，尊儒家学说若'天之经地之义'，而两千年来中国的法律思想也就成为儒家的法律思想了。"③杨鸿烈不但认为汉以后是儒家独霸，而且认为汉以后的儒家是没有什么变化的。"两千年来在儒家思想支配下的中国法律内容全体的根本原理，实在没有什么重大改变和冲突的地方。"④

秦尚志同样认可，汉中期以后儒家思想起支配地位或居于独霸地位，"但儒家虽独霸，其思想并非完全孔孟本面目，却拥抱了黄老及法家的思想，以求适应当时社会及政治的需要"⑤。而儒家独霸的实现主要依靠礼转为刑和儒家对法律的解释。"先秦时代礼与刑是对立的，现在的礼与刑渐从对立变为相辅。汉律中就包括刑（九章）和礼（傍章、越宫律、朝律）两者。若争议有关系于身份，礼便成裁判的规范。法律思想受儒家影响，于此见端。"⑥而以儒家思想解释法律则主要指春秋决狱、论心定罪。"所谓论心，是很抽象的，定罪不依法律而依伦理，有法而似无法。结果则牵强附会，法治精神破坏殆尽。"⑦"春秋决狱，简直是以意断狱，藉此迎合君主的好尚，法治精神大受断伤。"⑧

总之，秦汉时的儒法关系对中国传统的社会结构和政治模式有着极为

① 萧公权. 中国政治思想史（上）[M]. 北京：商务印书馆，2011：280.
② 杨鸿烈. 中国法律思想史 [M]. 北京：中国政法大学出版社，2004：94.
③ 杨鸿烈. 中国法律思想史 [M]. 北京：中国政法大学出版社，2004：94—95.
④ 杨鸿烈. 中国法律思想史 [M]. 北京：中国政法大学出版社，2004：95.
⑤ 秦尚志. 中国法制及法律思想史讲话 [M]. 上海：世界书局，1943：53.
⑥ 秦尚志. 中国法制及法律思想史讲话 [M]. 上海：世界书局，1943：53.
⑦ 秦尚志. 中国法制及法律思想史讲话 [M]. 上海：世界书局，1943：53—54.
⑧ 秦尚志. 中国法制及法律思想史讲话 [M]. 上海：世界书局，1943：54.

深刻的影响。进入近代以来，随着大量西方文化思潮的进入和传播以及社会和经济结构的迅猛变化，传统的儒学和法学，都已无法适应新的社会情况，它们受到时人的广泛怀疑和批评也是自然之事。它们自身在近代化（现代化）的浪潮中也就无可避免地遇到了生存的危机和何去何从的选择。在现代化的今天，儒法问题也成为被反复讨论的话题。

二、魏晋南北朝法律思想

魏晋南北朝上承秦汉，下启隋唐，是一个长达近四百年的分裂动荡时代，也是一个承前启后的过渡时代，它全方面地为隋唐时代打下了坚实的基础。

魏晋南北朝时期总的来说是一个热闹的时代，在法律思想上也是如此。儒、道、法以及佛教思想对法律思想都有影响。从时代的表象上，当时思想领域除了正统的儒家思想，还存在喧嚣一时的玄学、广为流传的佛学，以及凸显于此期大分裂、大动荡的时代背景下的以曹操、诸葛亮为代表的法治思想等。

玄学，最初是指魏晋时期研究"三玄"（《老子》《庄子》《周易》三书）而得名的专门之学。玄学家用老庄道家学说来解释儒家的经典，提倡尚自然，笃名教，极力糅合儒道两家学说，遂形成了一种新的唯心主义的思想体系。从哲学发展而言，玄学是对东汉谶纬经学的一种否定和扬弃。它已完全不同于谶纬经学以及神学目的论的世界观方法论以及一整套概念体系，来建构关于宇宙和人的学说，当时的哲学界的风气为之一变，也开启了往后数百年的思维方式。

近代的研究指出了玄学对当时法律思想的影响。玄学，是魏晋时期特定社会条件下产生的一种思潮。从阶级基础和政治构造而言，玄学是门阀士族势力的崛起与蜕变的产物。针对西汉中期确立起来的封建"名教"，东汉末至魏晋受到了前所未有的冲击的现实，以及为了维护自己在政治上的垄断地位，门阀世族用道家无为的学说来解释儒家的经典，表现在理论上，通过对"名教"与自然关系的论述，从更高的层次上论证了"名教"的合理性。"在魏晋南北朝时代，士族大盛，社会上显然有贵贱两者的身分，贵贱异刑是必然的要求。"①"法律对于有产的大族的偏袒，还有赎刑。有产的人犯了罪，只须出一笔钱，便可免得像民众一样的受刑，同时政府可以多一笔收入。"②所以，玄学在一定程度上助长了法律虚无主义的流行，也造成了人们对法律的不信任感和对法律价值的怀疑。③在政治上表现为提出了"无为而治"的主张，就是要求君主无为，实行大臣专政。这种无为而治的思想也影响了当时的一大批立法者和法律学家，它从根本上是为了维护门阀氏族的统治，一旦他们获得统治权后，便不允许臣下提出无为而治的主张了。④

对魏晋南北朝时期整体法律思想的认识，近代有一种观点认为是凸显法家思想的。"自儒家成为支配思想，'德主刑辅'已是照例的高调。但后汉末年，世乱如麻，重法的儒生，虽仍倡德主刑辅，却提出重刑峻法，颇有法家的精神。经汉末三国之乱，德化说略略一衰，魏武好刑名，诸葛亮近乎法家。直到晋代，综合儒道两家思想的葛洪，他为了反对暴动的农民，也极重刑法。"⑤

基于对法的重要性的认识，魏晋时期，特别是三国时期，确实吸收了战国至秦时法家思想中的积极成分，如"明法理""重法慎刑"，以及执法公允、赏罚必信等。但与战国至秦时的法家思想不同的是，此期的法治主义思想并非专任刑罚，而是认识到了礼的作用，强调在礼法结合的基础上厉行法治，因而并没有超出封建正统法律思想的框架。

上述种种思潮，或从理论形态上，或从思维方式上，或从治国方略上，并未从根本上动摇儒家正统思想，而是对正统思想及其指导下的正统法律思想进行了合乎时代要求的完善与补充，相应地促进了正统法律思想的发展。

① 秦尚志. 中国法制及法律思想史讲话 [M]. 上海：世界书局，1943：88.

② 秦尚志. 中国法制及法律思想史讲话 [M]. 上海：世界书局，1943：89.

③ 何勤华. 中国法学史（第一卷）[M]. 北京：法律出版社，2006：303.

④ 何勤华. 中国法学史（第一卷）[M]. 北京：法律出版社，2006：299-300.

⑤ 秦尚志. 中国法制及法律思想史讲话 [M]. 上海：世界书局，1943：82.

三、隋唐法律思想

"一准乎礼"是长期以来对唐律思想的高度概括。"唐时除《律》外，即别的如令、格、式三种也都是'礼'的表示，可见儒家的'礼治'不特高居'法治'之上，自居于主位而以'法律'为其辅助，抑且深入法律条文的里面，使法律全部都受'礼化'。"① "礼治主义的要点，便是封建的身分等级；同一犯罪，因等级贵贱而刑罪有轻重。"② 所以唐律的两大特色表现为：一是定刑因身分而异，一是家族主义。③

秦尚志也指出："唐律既'于礼以为出入'，可以说是礼治主义的典范，它是儒家的法典，也是伦理法。它是全部都受'礼化'的。"④

但唐律的"一准乎礼"并非不要法治。自汉至唐，法律思想的发展轨迹是十分明显的：从西汉取儒、法两家之长提出和实行"德主刑辅"说开始，儒法合流成为占统治地位的法律思想；中经魏晋南北朝时期的大动乱，法家的"法治"理论曾一度不得已而被搬用；但是一旦大乱暂平，统一形成，社会安定，"纯然"的"法治"便销声匿迹，让位给"德主刑辅"说，隋唐时期就是如此。⑤ 所以，德主刑辅作为儒家法学世界观的核心内容，经过隋唐时期的发扬光大，深深地扎根于中国古代法律之中，成为唐律的灵魂，对唐以后中国社会的发展也产生了巨大而深远的影响。

四、宋明清法律思想

1. 宋代法律伦理性的加强

宋沿唐制，宋代法律也多沿袭唐律。纪晓岚在《四库全书总目·唐律疏议提要》中说："论者谓唐律一准乎礼，以为出入得古今之平，故宋世多采用之。"《宋建隆重详定刑统》（以下简称《宋刑统》，基本照抄《唐律疏议》已是不争的事实。

---

① 杨鸿烈. 中国法律思想史 [M]. 北京：中国政法大学出版社，2004：139.
② 秦尚志. 中国法制及法律思想史讲话 [M]. 上海：世界书局，1943：98.
③ 秦尚志. 中国法制及法律思想史讲话 [M]. 上海：世界书局，1943：99.
④ 秦尚志. 中国法制及法律思想史讲话 [M]. 上海：世界书局，1943：96.
⑤ 倪正茂. 汉——唐法律思想略论 [J]. 上海社会科学院学术季刊，1985（03）：81-93.

但相较唐，有宋一代，在政治上中央集权加强，专制程度更甚；经济上，简单商品经济繁荣发展，甚至随着均田制的瓦解，土地也可以自由买卖，不抑兼并；思想文化上，知识精英阶层崛起，使得宋朝出现了"皇权统治国家，士绅构建社会"的局面。这些社会状况都明显反映了唐宋社会变革的客观存在。法律和法律思想是社会的一部分，社会政治、经济、文化等方面的变化也必然影响法律的变化。

从表面看，虽然《宋刑统》基本照抄了《唐律疏议》，但其中仍有细微变化，而这些细微变化正可以反映宋代法律的特质。同时，宋代法律不只《宋刑统》，宋代编敕、制敕等现象非常普遍，甚至以敕代律、以敕破律的现象也不少见。而敕、令等法律文本由于直接来源于最高统治者，所以它们更直接地体现了统治者的政治法律思想。《唐律疏议》虽有"一准乎礼"的美誉，而宋代法律的伦理道德意识不仅体现在立法、司法中，而且更直接地渗透到人们的思想意识中。

"所谓中国传统法律的伦理化，从原理上可以理解为，传统中国的人伦道德，也即儒家伦理或者说宗法伦理，内化在传统中国的法律之中并在精神和原则上支配着它的发展和变化。它表现为儒家伦理成为国家立法与司法的指导思想，法律内容和人们的法律意识渗透了儒家伦理的意蕴。"① 据此并基于中国特定的社会文化背景，宋代法律伦理同样指儒家伦理和儒家的礼义精神，最根本的即是对三纲五常的维护。法律伦理会随着法律的发展而得到发展、积累。宋代法律相较于唐代在法律的伦理性上并没有减弱，反而得到了进一步加强。"宋、元、明、清诸律在以《唐律》为蓝本的同时，还对《唐律》中的伦理化精神作了与时俱进的弘扬和发挥，特别是宋明理学取代汉唐儒学成为居统治地位的意识形态后，礼教的观念获得了前所未有的深化和扩散，法律的伦理化较《唐律》实远过之而无不及，有关家庭、婚姻、两性关系等领域的法律伦理化达到了十分极端的地步。"② 具体体现在以下方面。

（1）立法体现

在国家层面，随着宋代中央集权的加强，传统的"君为臣纲"更加强化。

---

① 张中秋. 中西法律文化比较研究 [M]. 北京：中国政法大学出版社，2006：127.

② 张中秋. 中西法律文化比较研究 [M]. 北京：中国政法大学出版社，2006：133.

君权加强，反映在立法上，即是大量编敕，而敕的内容更是皇权意志的直接体现，并且敕的处罚多比律严重，并经常出现以敕代律、以敕破律的状况，皇权以此达到更严格的控制社会的目的，可以说，君权加强了与编敕之间的交互作用。

中国古代是家国同构、忠孝一体的社会。传统儒家忠孝伦理付诸官场政治的突出特征是以孝求忠，孝与忠并行不悖、连同一体。"事君"与"事亲"是儒家"忠孝一体"不可分割的两个方面。但仕宦官员在其从政为官的具体实践中，二者往往互相抵牾，不断发生矛盾与冲突，以至官场中人屡屡发出"为忠臣不得为孝子""忠孝不两立"之类的仕宦人生感叹。忠孝问题引发的矛盾冲突，主要表现为仕宦官员面对忠君与孝亲孰轻孰重、君与父孰先孰后的两难抉择。在宋代，随着君权的加强，人们在面对忠孝两难的选择时，绝大多数选择弃孝求忠，如在同时有国丧和家丧时，臣子可不为父祖守孝而为国君守孝。这是基于现实利害关系以及对严峻政治后果权衡再三的理性抉择，也是儒家伦理在中国传统法律政治领域日益强化的表现。忠对孝的领域的侵占，在宋代更体现了皇权的尊贵，强化了君主专制的一面。

在家族层面，主要体现为夫为妻纲、父为子纲。尽管从国家层面看，忠有对孝的领域的侵占，但并不意味着宋代对孝的要求减弱了。相反，单就家族领域看，它不但没有减弱反而加强了。宋代很注意孝道驯教、强化孝治思想，旌表孝德孝行，树立道德楷模。同时又通过制定完善缜密的法律条文对不孝行为实施处罚。虽然大多数不孝行为延续《唐律疏议》的规定，但不少条文在处罚上又比《唐律疏议》严格。比如《唐律疏议·斗讼》"子孙违犯教令"规定："诸子孙违犯教令及供养有阙者，徒二年。"宋代以后，父母对不孝之子甚至有了处死权。这说明，宋代明显具有通过加强孝治以控天下的目的。

（2）司法体现

除了立法，宋代还通过审刑院这一司法机构，把最高司法权牢牢掌握在皇权手中。唐代多重以武立国，宋代则重文轻武。反映在司法上，宋朝统治者一改五代以来多用武人主狱讼，官吏严酷、恣意用法的现象，派遣有才干的儒生文人做知州，治州郡之狱，力图纠正司法活动中的弊端，并在后来作为祖宗之法被继承下来，逐步制度化。宋太宗时设司理参军，以历任清白，能够判断案件的官员充任，并选用儒士为判官，大量的儒生担任地方官员，能够在司法中贯彻儒家仁政思想，恤狱重刑，爱惜人命，纠正五代流弊。

在立法与司法主体的双重影响下，宋代的实际司法过程确实更深刻地体现了儒家的宗法伦理思想。比如，中国古代特别重视户籍制度，严禁别籍异财，认为户籍制度是"保障家庭礼法统治及家长制度的经济基础"①。《宋刑统》与《唐律疏议》虽然对祖父母、父母在子孙别籍异财者，都规定徒三年。但宋初统治者一度偏离《宋刑统》的最初既定量刑标准，大大加重了对这一不孝罪的处罚，甚至到了"论死"的程度。

（3）人们的法律意识

立法和司法反映的是官方典籍和精英阶层的法律思想，而要全面了解一个时期的法律思想，关注普通百姓的法律意识则是必不可少的，他们对法律的所思所想也许更能彻底反映这个时期的法律思想和法律文化。儒家一直以来是把"大同"世界作为其终极目标的，即《礼记·礼运》所言："大道之行也，天下为公。选贤与能，讲信修睦，故人不独亲其亲，不独子其子，使老有所终，壮有所用，幼有所长，矜寡孤独废疾者，皆有所养。男有分，女有归。货恶其弃于地也，不必藏于己；力恶其不出于身也，不必为己。是故谋闭而不兴，盗窃乱贼而不作，故外户而不闭，是谓大同。"体现在法律思想和法律意识方面，即《论语·颜渊》所言："听讼，吾犹人也。必也使无讼乎。"虽然，大同和无讼在中国远未实现，并且儒家从孔子开始也深知这是不可能实现的，但在中国儒家伦理差等思想包围下的中国法律依然把它作为一种价值追求并深深印入人们的思想中。

宋代法律伦理性的加强不仅具体地体现在宋代立法和司法实践中，更重要的它已渗透到人们的法律意识中，无讼或刑错成为人们普遍的价值追求。宋代在立法、司法、家族伦理等思想的包围下，更视争讼为耻辱之事，并竭力避免之。

宋代法律伦理性加强有深刻的历史根源。中国古代法从起源上看和家

_____

① 钱大群. 唐律疏义新注 [M]. 南京：南京师范大学出版社，2007：399.

族、血缘有密切的联系。虽然由原始部族，到夏商，再至春秋战国，中国古代社会经历了诸多变迁，但血缘纽带一直未根本触动，这正是传统中国法律愈益伦理化的秘密所在。

中国的家族制度从西周创立宗法制度并分封诸侯开始算起，已经存在了数千年。最初家族的范围很窄，从周朝到宋朝以前，家族基本上仅限于在帝王及贵族里通行，平民是没有家族的。到了宋朝，家族的发展发生了明显的变化。"宋学盛行，人有敦宗收族之心，而谱牒之纂修复盛。至于今日，苟非极僻陋之邦，极衰敝之族，殆无不有谱。"①可见，宋代家族的范围已显著扩大。在宋代家族极度发展的情况下，孝作为家族的基础，自然体现在当时的法律中。

宋代法律伦理性加强也有其自身的理论基础。始于北宋中叶的宋明理学以理、天理为核心，既贯通宇宙自然和人生命运，又继承孔孟正宗并能治国的理论。宋明理学反映了中国古代社会后期有思想有见识的中国人在思考和解决现实社会问题与文化问题中所生发出来的哲学智慧，它不但成功回应了佛老而使儒学重新走上正统地位，更重要的是它深深影响了中国古代社会后半期的社会发展和文明走势。但另一方面，宋明理学更加强调用三纲五常来维护封建专制制度，压抑、扼杀人们的自然欲求，"存天理、灭人欲"的思想已像一把利剑割断了人们的天性。同时，这一政治、思想、文化领域的变革，在逐渐渗透到社会生活的方方面面。法学也难逃其翼。宋明理学不仅成功改造了传统儒学，进一步为统治阶级所利用，同时它也对当时的法律产生了深刻影响，并使法学完全纳入理学的体系之中，完全成为维护封建社会正常统治秩序的一种工具，法的独立性几乎完全丧失，完全沦为理的附庸，当然也是儒家伦理思想的附庸。

宋代法律伦理性的加强，一方面使得国家从微观层面加强了对人民的控制，但另一方面家法族规对国家的法律也具有反向的制约作用，使得国家在实施控制时不得不考虑家族的利益。正因为伦理道德、家法族规等人们耳熟能详的东西对法律的渗透，使得普通民众潜意识里深化了对法律的认知，尽管这种法律是伦理化的法律。

---

① 吕思勉. 中国制度史 [M]. 上海：上海三联书店，2009：389.

虽然宋代法律社会发生了不少变化，甚至发生了不少可称之为"变革"的东西，而且就宋代本身而言法律思想的转型也是分阶段的，比如北宋初期正统法律思想的巩固、北宋中期功利和变革法律思想的盛行以及南宋时期正统法律思想的哲理化等三个阶段，但这种变化或变革依然是在思想传承的基础上进行的，而法律伦理性的体现和加强正是这种传承的体现。

宋代在理学影响下，法律呈伦理化趋势。但"宋代政治思想之重心，不在理学，而在与理学相反抗之功利思想。此派之特点在斥心性之空谈，究富强之实务。……此亦儒家思想之巨变，与理学家之阴奉佛老者取径虽殊，而同为儒学之革命运动"①。表现在法律上，宋代法律伦理性的加强并不等于说法律的弱化，近代研究者已从更深层次上指出了这一问题。"宋儒——尤其是道学家，大概都如苏轼自称'读书不读律'的，他们对于法律，显然是外行。但是道学先生和文坛巨子，总爱发高论，他们又往往提倡德教，反对法治。他们不知道唐宋以来儒家的立法，骨子里的严酷，并不减于法家的立法。然而高调是中听的，犯刑法的'小人'，乃是不受德教的，所以应该受刑，俾得天下清平。"②

2. 明清法治思想的变迁

"明清之际，中国社会的发展已达最高点，快到分解的前夕。因此自由主义的思想也时有抬头，不过在地主官僚的压抑下，这样的思想，旋起旋仆罢了。法治思想也是如此，在数百年间起伏不已，直至晚清。"③

从法治思想出发，而抨击君权，提倡民主主义，确是不同于传统法治思想的。"黄宗羲《原君》一篇，提倡民主主义，是中国历代思想家所不敢言的。《原法》一篇，提倡法治，抨击君主以法私天下，不以民众福利为依归，更是痛快。"④

由法治思想质疑传统的"无讼"观念也是传统法治观念的更新。"自孔子有'听讼吾犹人也，必也使无讼乎'的话，两千多年以来，在中国社会上有极大的权威。人民不愿诉讼，'讼则终凶'，这固然是政治黑暗的

① 萧公权. 中国政治思想史（上）[M]. 北京：商务印书馆，2011：437.
② 秦尚志. 中国法制及法律思想史讲话 [M]. 上海：世界书局，1943：117.
③ 秦尚志. 中国法制及法律思想史讲话 [M]. 上海：世界书局，1943：133.
④ 秦尚志. 中国法制及法律思想史讲话 [M]. 上海：世界书局，1943：134.

缘故；然而消极方面，则法治永远不能抬头。清人崔述，颇有自由主义的精神，对于'无讼'的思想，大加抨击，隐然为法治张目。"① 除此之外，秦尚志还指出，明清两朝在婚姻、继承等方面，法律做出的不同于传统的规定，或者旧法虽在，但施行上人们的观念也已发生了变化。

明清之际是中国封建社会后期一个"天崩地裂"的大动荡时期。明朝中后期以后，随着商品经济的发展，私人手工业、商业都有较大增长，资本主义的幼芽开始在中国封建社会内部孕育出来。在这种新老社会矛盾、阶级矛盾、民族矛盾和统治集团内部矛盾极其尖锐的背景下，明、清启蒙思想家登上历史舞台。主要代表人物有黄宗羲、王夫之、顾炎武和唐甄，黄宗羲是这时期主要人物。明清之际启蒙思想家的共同特点是：第一、仇视封建制度，特别是封建君主专制制度、封建土地私有制及其在政治、经济、法律方面的产物。第二、追求民主、自由和自治。第三、同情农民和市民。第四、憧憬未来，但他们被各种旧传统束缚着，他们的改革方案和理想往往以托古改制或复古改制的形式出现。

中国传统法律思想在历史上曾经辉煌过、璀璨过，我们不能因为其背后统治的专制、制度的落后、政策的愚民就一概否定，因为思想文化的继承性是一种强大的内在力量，它一直在潜移默化地影响着民众的思维和行为，也间接地影响着现代法治的塑造。特别是中国传统法律思想中的一些积极因素，具有相对独立性，他们可以不依附当时的社会制度，不囿于当时的统治目的，不拘泥于礼教的条条框框而具有跨时空的存在意义，我们对其应该予以继承。

---

① 秦尚志. 中国法制及法律思想史讲话 [M]. 上海：世界书局，1943：136.

第二章 中国传统法律文化的理论解读

随着我国社会主义现代化建设事业的发展，特别是建立"社会主义法治国家"目标的确立，培植与之相适应的法律文化，亦即解决我国法律文化现代化问题早已提上日程。在当代中国，建设有中国特色的社会主义法治国家，迫切需要对法律文化的借鉴与研究，来构造我们的法治社会。我们不仅要借鉴与研究我们祖先的遗产——中国传统法律文化，还要借鉴与研究西方的一些法律文化。中国传统法律文化是一座巨大的思想宝库，诚然，其中存在一些与现代法治观念不相容的因素，但不能因此就全盘否定几千年的优秀文化积淀。对于自己悠久的法律文化传统，我们要善于科学总结、继承和创新，把那些积极向上的东西融入当代中国法律文化中来，以实现中国传统法律文化的现代转换，这将有利于中国特色社会主义法律文化的新构建，对建设社会主义法治国家具有一定的应用价值。

第一节 中国传统法律文化的基本理论概述

一、中国传统法律文化内涵阐释

1. 法律文化

传统法律文化属法律文化的一个分类，要考察我国的传统法律文化，必须首先了解法律文化的一般理论。

单从法律文化的概念来说，在我国学术界也众说纷纭。有些学者认为，法律文化主要是指法律文化史的积累，如法史学家所谓的法律文化就是如此; 有些学者则认为, 法律文化指法律传统及其对当代人心理与行为的影响, 如社会学家所言的法律文化就指此; 还有些学者将其界定为法律及其相关问题, 而不问是否传统的或当代的; 另有学者则强调以文化分析的方法研究法学和探讨法律的作用等[①]。笔者认为, 法律文化是以社会生产力发展为前提, 以社会经济为基础的, 体现着一定社会历史时期的政治要求的所有法律现象的总和。包括法律心理、法律行为、法律制度以及组织机构。

法律文化是人类文化的一种, 而"文化"据《现代汉语词典》的解释是: 人类在社会历史发展过程中创造的物质财富和精神财富的总和, 特指精神财富, 如文学、艺术、教育、科学等[②]。所以, 笔者认为法律文化简单地说就是与法有关的诸种文化因素的总和, 是特定的国家或民族在长期的历史发展过程中逐步创造并积累下来的与法有关的各种物质因素和精神因素的总和。具体包括一定的法律制度、法律习惯、法律意识（或叫法律思想或法律观念）三个基本要素。其中, 法律意识又是法律文化中最基本、最重要的因素, 它决定着一定的法律制度（法律规范、法律原则、法律体系）的建立, 也决定着一定的法律习惯（法律运作、行为模式、习性）的形成。法律意识又包括对法律的认识、对法律的情感取向和法律价值观, 其中尤以法律价值观对法律文化产生的影响最大。它不仅影响并决定着特定法律制度的确立和法律习惯的形成, 而且还影响着其他法律意识, 如法律认识、法律情感的形成。法律价值观主要是指人们对法律价值的基本看法, 它属于社会意识形态范畴, 具体说, 法律价值观是法律与主体需要之间的关系在人们意识中的反映, 是人们对法律价值的主观判断、情感体验和意志保证的综合。它包括两个方面的内容: 法律价值追求（或法律价值目标）与法律价值尺度（或法律价值标准）, 其中法律价值追求（或法律价值目标）是更为根本的, 它决定了主体的法律价值标准, 二者之间是目的与手段的关系。当然我们也不能完全忽视法律价值标准的作用, 它有时也会对法律价值目标（或追求）产生一定影响。法律价值追求作为法律价值观中带有根本性的问题, 同时也是法律文化中起主导作用的基本因素, 其含义实质

① 谢晖. 法学理论的矛盾辩思 [M]. 济南: 山东人民出版社, 2003: 421.

② 中国社会科学院语言研究所词典编辑室编. 现代汉语词典（第7版）[M]. 北京: 商务印书馆, 2016: 1371.

就是人们期望通过法律要达到何种目标。不同的国家制度，不同的历史阶段，不同的文化底蕴，以及不同的民族习惯，其法律价值的追求目标是不同的，但一般说来，秩序、安全、自由、公平、正义都是法律价值追求的重要方面，同时也是法律文化的主要内容。

法律文化作为社会上层建筑的一个重要组成部分，和其他社会意识形态范畴一样，具有鲜明的特征。

首先，法律文化具有鲜明的时代性。不同的时代，不同的历史发展阶段，就有不同的法律制度和不同的法律价值观。其中，尤以法律价值观更为活跃，它随着社会历史条件的变化而变化，随着人们在实践中取得的认识水平的提高而不断进步。也就是说，法律文化受经济基础的制约，有什么样的经济基础，就有什么样的法律文化，但需要指出的是，二者决不会机械地同步，法律文化总是迟缓于一定的经济基础的变化，但是这种迟缓距离不会太大。任何与时代相悖的价值观，必将随着生产力的进步、文明程度的提高、社会的发展而被摒弃。

其次，法律文化具有强烈的民族性。"人类是社群交往行动的动物，但任何特定社群既有无限开放性的一面，还有自我封闭性的一面，尤其以民族为范围定界的社群往往形成该社群的独特文化，即使人类不同国家间的政治对话、经济交易和文化交流发展到如此程度，被人们以'一体化'或'全球化'来形容，它并未消灭也消灭不了特定的社群文化封闭性的一面。"①各国由于经济制度、政治制度、生产力发展水平、文化传统、历史条件等的不同，也就形成了不同的法律文化，也就决定了这些国家不同的法律价值观。

最后，法律文化具有多元性。多元性是指法律文化在保持本民族、本国家、本时代特征的前提下，也即在保持不同的文化个性的前提下，古与今、东方与西方、落后与发达之间在法律制度、法律观念上的对话、交流、继承、移植，并由此形成多元化的法律文化现象。这种特征尤以当今社会为甚：既尊重和吸收别国那些放之四海而皆准的法律文化理念和科学的法律制度，也尊重和固守各个民族自身的独有的法律文化遗产，比如在当代中国，其

---

① 谢晖. 法学范畴的矛盾辩思 [M]. 济南：山东人民出版社，2002：409-410.

法律文化中就有这种明显的特征。

法律文化依据不同的标准可以进行不同的分类。比如：依地域标准，可分为东方法律文化和西方法律文化；按社会历史类型标准，可分为奴隶制法律文化、封建制法律文化、资本主义法律文化和社会主义法律文化；依法律文化反映的基本精神的不同，可分为公法律文化和私法律文化；按时序标准，又可分为传统法律文化和现代法律文化。

2. 中国传统法律文化界定

四大文明古国中的古埃及、古巴比伦、古印度都因为文化的消失而中断过自己的历史，独我中华文化，历千年百代传承至今。中华民族始终傲然屹立于世界民族之林，这完全是文化传统的力量。传统就是连绵不断一脉相承的民族独特性，它包括：特定的生活方式、生活环境、民族心理、民族性格、历史传统等一系列文化因素。正是在特定的文化背景下，形成了独特的中国传统法律文化。中国传统法律文化是中国传统文化在法律制度、法律生活中的集中反映和全面体现；是中华民族几千年来代代相传的法律实践活动及精神成果的总称；是从远古起至清末止，广泛流传于中华大地的、具有高度稳定性和持续性的法律文化。主要内容至少应包括：以天下为公为内容的总体人文主义，以人为本的集体本位精神，以合乎天理为指导思想，以重义务为伦理基础，以无讼息争为心理倾向，重视德治，强调德主刑辅，将教化与道德的约束置于重要地位，以亲亲仁民、扶弱抑强的民本思想为价值判断的基础和标准。中国传统法律文化独特的品格和特征，在世界法律史上独树一帜，"中国传统法律文化以其特有的精神或样式立异于世界法律文化园地，并对当今的法律实践活动发挥着潜在的影响力。"①

二、中国传统法律文化的特征

中国传统法律是以儒家思想为理论基础，规范国、家、人三者之间关系的社会规范。在漫长的发展过程中，其既有内在的连续性，又有因时因事的变化与转化，其基本特征就是礼法融合。这一特征贯穿着整个封建社会。

---

① 武树臣. 中国传统法律文化 [M]. 北京：北京大学出版社，1994：55.

中国传统社会延续时间能够如此漫长，与其自有一套以等级序列、伦理纲常的礼法制度为基石的完整详备的法律制度有关。

1. 礼法融合：中国传统法律的基本模式

中国传统法律的形成是渐变的，是漫长历史过程中演化而来的，是无数的儒家学者将儒家经典理论灌注于法律规范当中，形成以儒家伦理道德为基础，人情为内核的法律体系。西汉吸取秦王朝"任法而治"导致二世而亡的教训，开启了德主刑辅模式的法治时代，礼法融合也贯穿了整个中国传统法律的始终。

（1）礼法融合，儒家伦理与法律的衔接

礼法融合，实质是法律制度与儒家伦理的衔接。张中秋先生也因此将中国传统法律定义为伦理法，指出以血缘关系为纽带的家族，是传统伦理的社会载体，也是我国传统法律的主体。宗法宗族国家成为礼法融合的社会历史文化根源。儒家伦理与法律衔接，使依靠血缘维持的伦理关系，成为以权利和义务为内涵的法律关系。礼法融合的发展过程，可以看作是儒家伦理不断深入律法的过程。

这一过程主要经历了五个时期。第一时期，奴隶制时期，西周宗法制度确立，宗族制度对家长权和族权予以确定，促成早期伦理法的成形，但是在该时期多以违礼入刑的形式出现，礼为法源[①]，礼和法并没有深入发展。第二时期，秦汉时期是封建家族本位伦理法的成形期。属于家族内部的犯罪通过法律的形式确立，比如秦朝的"公室告"与"非公室告"制度，规定卑幼、奴婢不得告上，违者将治罪。伦理制度开始在成文法中显现。汉武帝采天人感应之策，罢黜百家独尊儒术，将《春秋》典籍中的微言大义作为司法裁判的指导思想，确立了儒家思想最高的法律地位。第三时期，三国两晋南北朝是礼法融合的发展期。以经注律蔚然成风，"五服治罪""官当""重罪十条"等制度的出现标志着法律精神的儒家化，伦理与法律的衔接进一步巩固。第四时期，隋唐时期是礼法融合的圆熟期，伦理与法律衔接成熟，凡是唐代之前涉及的伦理领域，都通过法律得到确认。《唐律疏议》的出现就是该标志性成果，"一准乎礼"的唐律无论是从条文还是

---

① 史广全. 礼法融合与中国传统法律文化的历史演进 [M]. 北京：法律出版社，2006：73.

精神都表现出伦理法的特征。第五时期，是宋代之后的儒家伦理与法律的强化期。封建社会后期，封建专制主义加强，社会矛盾尖锐。尤其是经历唐末和五代十国的动乱之后，统治阶级发现社会变得极不稳定。作为稳定社会秩序之用的宗族和家长制家庭被大力提倡，通过家族组织约束家族成员，这也是为什么"家训""家规"这种家族法在宋后大量出现的原因。宗族制度与因时而生的礼教制度共同严密的钳制和束缚家庭成员及他们的思想。法律道德化、伦理纲常的教化行为日盛，最终形成"以礼杀人"的局面。

从礼法融合，法律与儒家伦理衔接的过程来看，儒家的礼的核心道德准则成为人的普遍行为准则之后，便具有普遍的约束力，而作为"礼"之核心的伦理纲常成为判断是非的标准。礼法的不断融合，使得法律规范逐渐以这种标准制定自身。凡是违反了伦理纲常的必然违反法律，因此礼与法便有了共同标准和价值选择。礼与法或者说儒家伦理与法律共同成为维护封建社会的手段。

（2）德主刑辅，中国传统法律模式

从汉代起，法家势衰而儒家兴盛，以儒家伦理道德为核心，法家严刑酷法为辅助的外儒内法的社会治理模式被运用，礼法融合成为历朝历代统治者之要务。比如汉有《九章律》，南北朝有《北周律》《北齐律》，隋唐有《开皇律》《永徽律》等。

秦王朝唯法而治，制定了一套完备的法律制度，但是一断于法，轻罪重刑的结果则是矫枉过正，刑罚残酷，遂有"王侯将相宁有种乎"的大泽乡起义，秦帝国也因此二世而亡。秦朝专任法制的失败，促使汉代统治者吸取其教训。秦所构建的法律框架，成为汉代儒家伦理道德与法律在制度上整合、构建儒家法模式的体系基础，开启了德主刑辅的"法治"时代。汉承秦制，由董仲舒、公孙弘等人以经注律、引礼入律，一改秦律的残忍冷酷，彰显法律的脉脉温情。汉宣帝地节四年下诏曰："自今子首匿父母、妻匿夫、孙匿大父母，皆勿坐。其父母匿子、夫匿妻、大父母匿孙，罪殊死，皆上请廷尉以闻。"[1]通过这种方式，儒家伦理道德使得法律更加人文化、

---

[1]　班固. 汉书[M]. 北京：中华书局，1983：19.

合理化。董仲舒又根据天地阴阳的理论得出：天道之大即在阴阳。阳即是德，阴即是刑，刑罚主杀生而德治主生存。所以阳常常在夏天，以生育滋养为职事；阴常常在隆冬，积蓄空虚而不被使用，因此上天是认可德治而不主张刑罚的。这一推论明确了德主刑辅的主从关系，确立了儒家伦理价值较于法律的优先性。自魏晋南北朝开始，我国的历代统治者便不断加强和完善德主刑辅的法制模式，直到唐律明确"德礼为政教之本，刑罚为政教之用"。唐律对礼法关系进行了高度概括。"本""用"的哲学范畴，是第一性与第二性的关系。德礼和刑罚都是封建国家进行政治教化必不可少的手段，但是，德礼才是教化的根本，刑罚则起到辅助作用，刑罚是政治教化的表现。通过"本""用"这一对哲学范畴将礼法关系界定固化并有机融合，是对西汉以来礼法关系理论的一次飞跃性总结，法律思想与伦理道德因此密不可分。宋代朱熹基于唐末社会矛盾和阶级矛盾发生重大变化的社会现实，为维系人心，巩固统治，对礼法融合理论进行重构。他在德刑观上继承"德本刑辅"的思想，但在司法上主张"明刑弼教，以严为本"。朱熹将"德主刑辅"和"以严为本"这两种思想放置在不同层次上，希望统治者在德主刑辅的前提下，以严为本，以重刑惩治"大奸"之罪，使人畏法，达到教化所不及的效果。至明清时期，明刑弼教思想进一步发展，礼教被奉为最高价值，刑罚更为严苛，以刑辅德行为更加突出。

　　法律道德化，道德法律化，礼与法相得益彰，共同成为封建王朝统治者治民理政的工具。孔子为"德""礼""政""刑"四者制定的礼法融合、德主刑辅的法制观，自汉代之后成为各朝各代的统治阶级的共识，形成了法之所禁而礼所不容，礼所允而为法之所允的现象。中国传统法律以礼教为务，而礼教又以道德为核，五伦五常、四维八德都可以在古代法律中找到，法律与道德成为同质异态。无论他们主张礼治还是法治，我们都应该认识到，儒家所主张的礼治与法家所主张的法治，一个是将"礼"作为理想社会的治世根本，一个是将"律"作为定国安邦的基础；所采取的手段，一个是道德教化，一个是科以刑罚。他们都是以治世为目的，而获得统治者的青睐。

　　（3）引礼入法，以经注律

　　引礼入法，以经注律最重要的时期，是三国两晋南北朝至隋唐时期，也是中国传统法律走向成熟的阶段。这段时间，儒家学者通过对律法条文进行注释，达到将儒家思想灌注于法律之中的目的。两晋时期以张斐、杜预为代表的大儒，通过注律和修律，对法律进行解释，儒家学者掌握了法律的解释权。礼治的实现是儒家学者永远向往的目标，一旦掌握了法律修订编纂的权力，法律儒家化是不可避免的。故此，出现了"八议""准五服以制罪"等制度。南北朝是一个大动荡、大分裂的时期，急需稳固统治的掌权者希望通过法律稳定社会秩序。一方面，掌权者承认儒家正统地位，对汉文化的认可和尊崇，减少了地方豪门望族对中央政权的反对。另一方面，礼律合一的法律条文的施行，被普通民众接受。《北齐律》首创"重罪十条"，《北魏律》创制"存留养亲"和"官当"制度，体现了礼法融合的进一步发展。及至隋唐时期，《唐律疏议》的出现标志着礼法融合的成熟，也标志着中华法系的最终形成。该律不仅保留了儒家主张的制度，还确立了"德本刑用"的理念，一准乎礼是其指导原则和核心思想。

这是一个儒家思想对法律最终实现支配的过程，他们的最终目的是实现儒家的纲常伦理法律化、制度化，并在司法实践中得到运用。《唐律疏仪》是一准乎礼、礼法融合的典范，表明儒家经典注入法律条文达到圆熟状态，礼仪道德及价值观很直接地从律文中显现出来。以《户婚律》"同姓不得为婚"条为例，其规定禁止宗族内同姓结婚，与外界联姻的有服属尊卑的也不可结婚。还规定"父母之姑、舅、两姨姊妹及姨若堂姨、母之姑、堂姑……并不得为婚姻，违者各杖一百，并离之。"[1]依照礼制，为避免损害人伦纲常，即使是五服之外的有尊卑的男女也不得结婚。这就是以纲常伦理为指导下的中国传统法律。礼对法有明确的指导作用。唐律真正实现一准乎礼，此后宋元明清等王朝，无不是以《唐律疏议》为蓝本。

2. 礼法融合：中国传统法律的基本内涵

（1）法合人情，情重于法

太史公曰："洋洋美德乎！宰制万物，役使群众，岂人力也哉？余至大行礼官，观三代损益，乃知缘人情而制礼，依人性而作仪，其所由来尚矣。"[2]司马迁认为，夏商周三代礼制演变是依人性制仪，按人情定礼的。

---

[1] 长孙无忌，等. 唐律疏议 [M]. 北京：中国政法大学出版社，2013：113.

[2] 司马迁. 史记 [M]. 北京：中华书局，2007：72.

"何谓人情？喜怒哀惧爱恶欲七者，弗学而能。"[①]只要是符合这七种情感而产生的物、欲、关系皆是人情。在家国同构的古代社会，以家族为单位，以血缘关系为纽带的亲情，不仅仅是血缘关系的远近，还是家族中个体之间的权利义务关系。剥下血缘外衣，扩大到整个社会，其实质就是社会成员之间的人情。人情被赋予了政治意义，从父慈子孝、兄友弟恭到君君臣臣、君贤臣忠，其本质都是为了维护"亲亲""尊尊"的伦理秩序。既然人情是礼制的基础，那么礼法融合必然有法律和人情的碰撞。为使法情能相允协，历代统治者都注重在立法上使亲情义务法律化。"五刑之属三千，而罪莫大于不孝。"孔子认为在所有罪行中，不孝是最大的罪行。后世统治者就对"不孝"进行立法。《北齐律》制定"重罪十条"，"不孝"属违逆人伦重罪，罪在不赦。在唐律中有"十恶""子女违犯教令"等规定。明清律例中对官员上任也做出规定：祖父母、父母八十岁以上且有疾病而无其他人侍奉的，离开亲人上任的官员杖八十。惩戒这种贪恋官职、富贵而置亲情于不顾的目的是示人伦之重。故此，我国传统法律蕴含着以血缘、伦理、亲情为内涵的人情。

人情和法律相结合，从制定法律时就考虑到人情的因素。法合人情则兴，法违人情则败。情入于法，使法与伦理相结合，易于为人所接受，法顺乎人情，冲淡了法的僵硬与冷酷，更易于施行。法与情两全，使亲情义务与法律义务相统一，是万民守法的指引，也是良吏追求的目标。[②]古时法吏在面对事情烦琐、难断清明的案件时，都要善体法意，顺遂人情，以免伤了教化。《折狱龟鉴》中有这样一案例：一富民病重将死，膝下仅有一三岁儿子，遂命女婿管理家产，写下遗书，称若将来分家析产，三分给儿子，七分给女婿。后来其子长大成人诉到官府，女婿请求依遗嘱办理。法吏张泳认为，若按照遗嘱执行，对儿子恰是不公平的，死者本意是将家产都传给幼子，只是担心女婿因图家产而害死自己儿子，于是张泳判给儿子七分财产，女婿三分。郑克还在其后附上这样一段话："夫所谓严明者，谨持法理，深察人情也。悉夺与儿，此之谓法理；三分与婿，此之谓人情。"[③]古代良吏就是靠发掘

①　戴德，戴圣. 礼记 [M]. 北京：中华书局，2007：135.

②　张晋藩. 中国法律的传统与近代转型 [M]. 北京：法律出版社，2005：94.

③　郑克. 折狱龟鉴·折狱厄言 [M]. 北京：中华书局，1985：53.

隐微的人情，实现法与人情的圆融。再比如针对孤寡幼弱，唐律规定"存留养亲"："诸犯死罪而非十恶，而祖父母、父母老疾应侍，家无期亲成丁者，上请。"[①]这种基于圣意的留养承祀其依据便是人情，而法让步于人情。人情重于法律，重于社稷，才能实现中国传统法律的治世目的。

（2）礼法于一，经国治民

我国历史上的儒法之争常常被提及，并引发人们思考，儒法之争的本质和内涵是什么？古代中国是儒家治国好还是法家治国好？等等。这些问题在知乎或在学术网站上能见到不同的答案。那么，在我看来过分的强调这一话题，并没有多大的意义。儒家任人，法家任法，儒家重德，法家重刑，都只是礼法在思想、社会效用上的偏重。一旦涉及礼、法的本质、功用这个根本性话题，就会发现礼法并没有多大不同，都是寻求一种调整社会关系，维护社会秩序的方式，也因此礼法才会有合流于一。

法家以任法标榜，赏善罚恶，壹刑以治世。刑以行杀戮，德以为庆赏，以疾风骤雨之手段，达到劝功止奸，令行禁止的目的。因为手段的酷烈，所以先秦和汉代儒生认为唯法制难以作治国之利器。再看儒家，主张治人、任德，行教化、施仁政，认为法能刑人而不能使人廉，能杀人而不能使人仁。只有以礼化人，人们才会有羞耻之心而不去犯罪，达治世之目的。可见，他们对法的本质和社会功用并没有完全否认即承认法、礼都是治世的手段。只是就其效用问题展开批评即哪一种方式治世的效果更好，而与价值评判无关。一旦礼法于一，儒生则更多是从积极方面来阐述法的作用和意义。汉代大儒王符《潜夫论·考绩》有曰："政令必行，宪禁必从。曲木恶直绳，重罚恶明证。"三国时期的大臣兼文学家桓范《政要论·为君难》曰："宁正以逆众意，执法而违私志。"在弘扬教化之功的同时，亦认可"法禁"是治国的要务。

当然，依礼法经国治民的时代必不可少的是对人性进行讨论。通过对人性的研究，统治者会根据人性制定不同的政策。人性善，则以仁政教化百姓；人性恶，则以法治维护统治。人性学说不仅仅是哲学思辨，更是统治者在政治上的迫切需要。孔子认为，性相近也，习相远也，人的本性与

---

① 长孙无忌，等. 唐律疏议 [M]. 北京：中国政法大学出版社，2013：152.

后天环境有关。孟子认为，同情别人，知道羞耻，对别人恭敬，明辨是非的心，人人皆有，只是没有去思考追求罢了，因此他们提出王者应当施以王道仁政，大爱爱天下。而荀子主张人性恶，是故提出礼法融合，隆礼重法的主张。法的特性和治世功用，使得礼法紧密结合，"不教而诛，则刑繁而邪不胜；教而不诛，则奸民不惩"。① 两汉之后的封建社会同样遵循这样的主张：礼法结合，综合为治。自秦汉之后，古代统治阶层就已经认识到，封建社会下的礼和法存在固有缺陷，很难独自肩负治世的重任，不论是唯礼还是任法都不可能实现社会的有效治理。礼有定亲疏，别贵贱，明是非，经国家，定社稷的作用。礼能安世治民，调整社会关系，缓和阶层矛盾，是维护专制的教条，是王朝的立命之本。法作用于犯罪之后，保障礼义权威，让礼具有刑罚之效，迫使人们尊礼重德。礼与法的结合，一个防范于未然，一个惩戒于已然，二者相辅相成，是我国古代统治者经国治民的基本手段，也是我国传统法律应有的内涵。

3. 礼法融合：中国传统法律的基本原则

礼法于一，在于适应统治者治理社会的需要，更好地经国治民。而情与法的结合必然内附道德价值，那么法律实施目的就并不是简单地预防犯罪、惩治坏人。其更多的是来约束人，维护人人间的亲善，达到消弭矛盾，和谐生存的最高社会境界。同样，反映在施行领域，中国传统法律表现在逾礼入刑和法直令行两个方面，一方面要求人们谦爱忍让，和谐有序，另一方面它倡导为君者，为身以直，做一个表率，各级执政官上行下效，使之政令通畅。当然，这一切都是在礼的名义下，循礼而为。

（1）一准乎礼，失礼入刑

"一准乎礼，以为出入，得古今之平"，这是《四库全书总目》对《唐律疏议》的高度概括。自董仲舒"春秋决狱"至隋唐"一准乎礼"，礼法融合下的中国传统法律最终成形。无论是唐代之前法律道德化的过程，还是唐代以后的明清"重其所重，轻其所轻"的时代，失礼入刑一直是我国传统法律的基本原则。

《后汉书·陈宠传》："古礼三百，威仪三千，出于礼，入于刑，礼

---

① 荀子. 荀子[M]. 北京：中华书局，2007：65.

之所去，刑之所取。"因礼致刑，诞生于西周之前的礼法制度中，具体为何时已不可考。不过在西周时期，礼已经渗透到社会的方方面面。西周早期礼的社会含义与分封制相连，像礼、乐所用的器物、节仪等成为固定中央政府与各诸侯国之间关系的象征。诸侯国对器物的僭越行为代表对中央政府的蔑视，其他诸侯国需听从命令对其征讨。这可能就是早期的失之于礼则必受征伐的法则。随着社会的发展，礼逐步确立了等级制度，使人们的行为有了一个统一的标准，礼成为治国理政的基本原则。因而，有了失礼则入刑这一说法，这里的"刑"就变成广义上的处罚。汉武帝罢黜百家之后，儒家学者对法律的全貌进行改变，使得封建社会的礼法制度与先秦时期的礼法有很大不同。重新定义的礼法关系表现为，凡是制定法律必以礼为依据，因礼而制法，亦引经义以决狱讼。儒家思想中的礼，一方面间接地通过法律成为判罪量刑的标准，另一方面礼又自身直接去进行价值判断，成为一种差别性的行为规范。人们之间的名分不同，适用的行为准则会有所不同，一旦逾礼便会触犯法律。因此，此处失礼入刑是指刑罚。诸如："诸同姓为婚者，各徒二年。缌麻以上，以奸论。"[1]"诸妻无七出及义绝之状，而出之者，徒一年半；虽犯七出，有三不去，而出之者，杖一百。追还合。"[2]"凡官民房舍、车服、器物之类，各有等第。若违式僭用，有官者，杖一百，罢职不叙；无官者，笞五十，罪坐家长。"[3]以上罪条都是失礼入刑的典型条款，表明了礼法融合下的中国古代传统法律，以礼为基，循礼而为，一准乎礼，而失礼则入刑的原则。

（2）身正令行，用法以直

在儒家思想体系中，"正"和"直"一直是非常重要的范畴。人们通常把它们连成"正直"一词，但在儒家思想体系中，"正"和"直"又代表着不同的意义。

政者，正也，子帅以正，孰敢不正。[4]

---

① 长孙无忌，等. 唐律疏议 [M]. 北京：中国政法大学出版社，2013：83.
② 长孙无忌，等. 唐律疏议 [M]. 北京：中国政法大学出版社，2013：106.
③ 大明律 [M]. 怀效锋，点校. 沈阳：辽沈书社，1990：157.
④ 孟子. 孟子全鉴 [M]. 北京：中华书局，2014：32.

其身正，不令而行；其身不正，虽令不从。①

君仁莫不仁，君义莫不义，君正莫不正，一正君而国定矣。②

在中国传统文化中，法律、道德、政治并无畛域之分。讲道德就是讲法律，讲政治。儒家学者将平治天下作为信条，视舍我其谁为己任，他们必有政治上的治乱之道——正也。儒家厚德，重在治人，讲究德治，实为君子之治。儒家学者相信，人本性善，注重道德教化，统治阶层言传身教，以身作则，必能实现天下大治。而这种思想即便到儒法合流的封建社会也未曾有削弱。汉儒王符将法视为君命，以彰法律之重要，但还是强调君王之所以天下为尊，是因为其身怀大义。以大义，行德行，是故身正令行。人君的职责是身体力行，选贤任能，将"用人"作为治乱的关键，将治吏作为用人的手段。古代社会治理寄希望通过人君内心的自我约束和清明的吏治达到能者在位，贤者在职的政治场面。君主用当其人，官员德才兼备，这便具有劝善止恶的巨大道德示范作用，才能达到令行禁止的目的。《贞观政要》说道："若安天下，必须先正其身，未有身正而影曲，上治而下乱者。"③这种把治国向道德转化的做法是中国传统政治的特点，也是孔子所说的"其人存，则其政举，其人亡，则其政息"人治思想的体现。

叶公语孔子曰："吾党有直躬者，其父攘羊，而子证之。"孔子曰："吾党之直者异于是。父为子隐，子为父隐，直在其中矣。"④

宣子问其罪于叔向。叔向曰："三人同罪，施生戮死可也……"乃施邢侯而尸雍子与叔鱼于市。仲尼曰："叔向，古之遗直也。治国制刑，不隐于亲，三数叔鱼之恶，不为末减。曰义也夫，可谓直矣……杀亲益荣，犹义也夫？"⑤

"直"是事物之常态，也是人心理之常态。孔子强调用法以直，认为法必须符合道义，符合人心中正义的观念。如何符合人心中的正义观念，势必要与伦理价值平行。不同情景之下，"直"的意思是会发生微妙的变

① 孔丘. 论语 [M]. 北京：中华书局，2007：15.

② 孟子. 孟子 [M]. 北京：中国戏剧出版社，2006：6.

③ 吴兢. 贞观政要 [M]. 北京：中华书局，2014：5.

④ 孔丘. 论语 [M]. 北京：中华书局，2007：29.

⑤ 左丘明. 左传全鉴 [M]. 北京：中华书局，2007：15.

化的。正如上面两个案例，在家族中重在维护家族秩序的稳定。父子之间、夫妻之间、长幼之间重在"孝""慈"，法律在家族中的适用应当是维护或者稳定这种伦理关系，允许他们之间"亲亲相隐"。但是，法律一旦置于国家或官吏之间，依伦理价值，国家大义大于家族小义，法律的目的是维护在君主统治，维护国家大义，所以不允许官员、民众对危害国家行为进行隐匿。这种"直"的伦理价值观置于中国传统法律中便形成了制度性规定，成为法律的基本原则。例如，《唐律疏议》规定，诸同居，若大功以上亲及外祖父母、外孙，若孙之妇、夫之兄弟及兄弟妻，有罪相为隐。小功以下有罪者减三等治罪。谋反、谋大逆、谋叛三等罪，并不得相隐，故不用相隐之律。①

总之，一方面通过统治阶层自我道德约束，另一方面通过为法以直的法律原则，达到社会治理的目的。不难看出，中国古代的社会治理与制定的法律并无太多关系，与其理所当然的责备古代法制的优劣、完善与否，不如说是与执法者在法律施行的过程中所起的表率作用，和执法者自身的品德相关。法令实施的生命力在于身正令行。在古人心中，法令条文的好坏远远不能与君主官吏的道德优劣相比。

三、中国传统法律文化的精粹

1. "天人合一、道法自然"的天道思想

"天人合一、道法自然"的思想既是中国传统文化的基本精神，也是中国古典哲学的核心。"天者，自然也"（《庄子·天道》），"天者，万物之祖"（《春秋繁露·顺命》），意思是"天"是人类万物的本原。"天人合一"观念中的"天"是指自然而言，在天人关系上，中国传统文化的基本观念是人与自然和谐相处。可见自然与人合而为一、融为一体，就是"天人合一"思想。但"天人合一"这个词语出现的较之晚些，西汉的董仲舒提出了"天人合一"的观念："以类合之，天人一也。"（《春秋繁露·阴阳义》）又说："天人之际，合而为一。"（《春秋繁露·深察名号》）明确提出"天人合一"四字词语的是张载，他说："儒者则因明致诚，因

---

① 长孙无忌，等. 唐律疏议 [M]. 北京：中国政法大学出版社，2013：10.

诚致明，故天人合一，致学而可以成圣，得天而未始遗人。"（《正蒙·乾称》）"天人合一"的意思是"天"与"人"是相同的，遵循同一规律，而这个规律就是"道"。"有物混成，先天地生，寂兮寥兮，独立而不改，周行而不殆，可以为天地母。吾不知其名，字之曰道，强为之名曰大。大曰逝，逝曰远，远曰反。故道大，天大，地大，人亦大。域中有四大，而人居其一焉。人法地，地法天，天法道，道法自然。"。（《老子》）中国传统文化的天道思想或者称天道观是中国传统法律文化的哲学基础，这种独特的哲学基础进而决定了中国传统法律文化的内容和特点。"对'天'各种各样的、现实的解释，使中国文化的发展避免了狂热的宗教崇拜而始终以人为重点。……人们论证'天道'的目的在于为人事提供效法的模式。"[1]人类只有遵守天道才能正常的生活，所以德、礼、法、刑也必须充分体现天道。"在下位不获乎上，民不可得而治矣！故君子不可以不修身；思修身，不可以不事亲；思事亲，不可以不知人，思知人，不可以不知天"（《中庸》），呈现了"知天""知人"的思想逻辑关系，把道德置于天人关系之中来看待。

钱穆先生指出："中国文化过去最伟大的贡献，在于对'天''人'关系的研究"，"西方文化一衰则不易再兴，而中国文化则屡仆屡起，故能绵延数千年而不断"，"由于中国传统文化精神自古以来即能注意到不违背天，不违背自然，且又能与天命自然融合一体"，并"深信中国文化对世界人类未来求生存之贡献，主要亦即在此"。[2]由此可见，中国传统文化的天道思想以基础性的地位决定并一直深远影响着中国传统法律文化的全过程。

"天人合一"思想，作为中国传统法律文化的重要内容，直接指导着古代生态环境、自然资源方面法律的建设。早在夏朝的时候就有"春三月，山林不登斧，以成草木之长；三月遄不入网罟，以成鱼鳖之长"（《逸周书·大聚》）的规定。"苟得其养，无物不长；苟失其养，无物不消"（《孟子·告子》）也是要求人与自然要和谐相处的。身为"天子"的皇帝，每年开春，必须亲自耕田以为"不违农时"的表率，即便是发动战争也要尽量避开农时。天道思想在刑法上的突出表现是"秋决"制度，自西周开始的秋冬行

① 马小红. 中国古代社会的法律观 [M]. 郑州：大象出版社，2009：155.

② 钱穆著. 中国文化对人类未来可有的贡献 [J]. 中国文化，1991（02）：93-96.

刑的做法，在汉朝成为制度，一直沿用到清朝。一般情况死刑犯都要在秋天霜降后冬至以前执行，秋冬象征肃杀，人的行为顺应天时，要遵守天意，按照天时行事，处决犯人也是如此。

2.   "亲亲仁民"的社会本位思想

孔子说："弟子入则孝，出则悌，谨而信，泛爱众，而亲仁，行有余力，则以学文。"（《论语·学而》）这段文字表达了儒家传统的道德从家庭伦理到社会伦理的一个"推己及人"的过程，是伦理的一个基本链条，并且伦理的起点就是人之常情。孔子认为："亲亲也，尊尊也，长长也，男女有别"（《礼记·大传》），是人类自然的本性。孟子提出："亲亲而仁民，仁民而爱物。"（《孟子·尽心上》）他主张由亲爱亲人到仁爱百姓，由仁爱百姓到爱惜万物。孟子又进了一步，将"推己及人"的链条扩大到万物。"君子务本，本立而道生。孝弟也者，其为仁之本与！"（《论语·学而》）"孝悌"是道德根"本"，是更为深层的，超越血亲关系的道德价值来源。"泛爱众"是在民众之间建立信任和仁义，因为人是天地所生，都是上天的子民，"四海之内皆兄弟"，天下百姓是一家，从而产生"同心同德"的道德情感。家庭伦理中"孝"是纵向道德关系，"悌"是横向道德关系。"孝悌"的心理情感基础，培养出来"谨而信，泛爱众"的普遍性的人类道德价值观。有子曰："其为人也孝弟，而好犯上者，鲜矣；不好犯上而好作乱者，未之有也。"（《论语·学而》）"孝"进一步扩大就是"忠"，如果说"孝"是对家族的基本道德要求，那么"忠"就是对社会的基本道德要求了，所以，评价一个人"不忠不孝"，就是道德上对这个人的彻底否定了。

中国传统文化由以"亲亲"为出发点而推演出的家族社会本位思想是中国传统礼法制度理论基础，只有与人情融为一体时，法律才具有生命力。于是，伦理人情便成为中国古代法律的核心，直接决定或影响着传统法律的相关内容的确立，如"存留养亲""亲亲得相隐""十恶不赦"等传统法律制度。

法治建设的人文根基就是坚持"以人为本"，也是法治的终极目标和价值关怀。这完全是中国传统文化中"仁爱"的人本思想所决定的。"天下为公"，一切权力属于人民，才是法治现代化建设的出发点和归宿。传统文化倡导的"仁爱"就是"克己为人"的利他行为，是为大众的行为，即"仁者爱人"。在传统文化氛围里，有利于集体道德观的形成和道德秩序的建立，也有利于法治的人民主体性的形成。法治必须从根本上反映人民意志，以人民根本利益为价值取向。"因为没有民众的参与，任何法治都将是泡影。"① 只有严格奉行人民根本利益和意志至上，坚持法治人民主体性特征，才能真正有效地推动法治现代化建设进程。

中国传统法律文化强调"法律"应以人伦为核心，以道德为基础，强调道德表率作用。中国古代设法立制的最终目的在于建立"天下为公"的道德社会，传统社会的治理由里而及表："失道而后德，失德而后仁，失仁而后义，失义而后礼。"（《道德经》）以此类推，礼流而为法，法流而为刑，刑流而为兵。礼教沦丧后，不得不依靠法制，法制沦丧后，不得不用刑罚，而当刑罚也无法约束时，社会只能陷入动乱和战争。正是基于中国传统文化很早就认识到了这种社会治乱的规律，所以，传统法律文化强调：德、礼才是治本，政、法只是治标，中国历史上的各个太平盛世，都是道德规范完备、风俗善良、人民充满理想的时代。历史证明，社会一旦道德废颓，再完备的制度也是无济于事。要避免社会动乱的洪水泛滥，只能从根本上加固民族的道德堤坝。中国要现实法治体系的现代化建设，只有坚持道德体系与法治体系同建的原则，才能避免法治建设与社会实践的脱节，使社会达到标本兼治、长治久安、"良法良治"的状态。

3. "民为贵、君为轻"的民本思想

民本思想是中国传统文化中重要的思想，"民惟邦本，本固邦宁"（《尚书·五子之歌》）体现了商周时代政治生活中的原始民本思想。"民惟邦本"的意思是承认"民"是社会和国家的根本，是物质财富的主要创造者，如果离开了"民"，则"国"无从谈起。儒家有着深厚的民本主义观念，主要内容体现在重民、爱民、为民请命。孟子指出："民为贵，社稷次之，君为轻。是故得乎丘民而为天子，得乎天子而为诸侯，得乎诸侯而为大夫。"（《孟子·尽心》）大意是说：一国里边民众最贵重，国家比民众次一等，国君最轻。因此，能得到民心，就能做君主；而得到君主的心，最多不过做个诸侯；得到诸侯的心，充其量做个大夫罢了。在民众、国家、君主三

---

① 卓泽渊. 法治国家论 [M]. 北京：法律出版社，2008：107.

者中，民众应该放在第一位，国家其次，君主在最后。这是因为，有了民众，才需要建立国家，国家是为民众建立的，"君"的位置是为国家而设立的。所以，一切政治权力从根本来说，都是来自民众，与政治相关的一切制度包括法律都应该以民为本。

在秦汉以后的中国封建社会，民本思想仍是重要的官方意识，有的皇帝也公开强调"民惟邦本，本固邦宁"的理念。唐太宗李世民对大臣说："为君之道，必须先存百姓。若损百姓以奉其身，犹割股以啖腹，腹饱而身毙。"又说："可爱非君，可畏非民。天子者，有道则人推而为主，无道则人弃而不用，诚可畏也。"[①] 这是因为，《孔子家语·五仪》说："夫君者舟也，庶人者水也。水所以载舟，亦所以覆舟。"历史证明确实如此，"衣食者，民之本也，民者，国之本也。民恃衣食，犹鱼之须水，国之恃民，如人之倚足。鱼无水，则不可以生，人失足，必不可以步；国失民，亦不可以治"（《刘子·贵农》）。把"君"和"民"的关系比为"舟"和"水"的关系，把"民"视为邦国之本，是国家长治久安的根本。谭嗣同在《仁学》中说："生民之初，本无所谓君臣，则皆民也。民不能相治，亦不暇治，于是共举一民为君。……夫曰共举之，则因有民而后有君，君末也，民本也。……夫曰共举之，则且必可共废之。"谭嗣同的观点是带有浓厚的近代民主色彩的民本思想，认为君臣皆因"卫民"的需要而设，民才是"天下之真主"，"君末也，民本也"，民可举君，也可废君。

近代一系列的变革总是无功而止，其失败重要的原因就是道德危机没有根本解决，传统道德修养的优势未能有效发挥。现在的法治建设要想取得胜利，必须吸取"失道而后德，失德而后……"（《道德经》）的教训，从开始就坚持发挥民族道德修养整体建设的优势，发挥道德的凝聚力与威力。

4. "四维八德"的礼法思想

中国传统文化中对于个人的修养是要求德才兼备的，基本目标和成就形式为"立德、立言、立功"，是以德性为出发点的"德"与"行"的统一。中国传统文化中讲道德，不只限于个体的人生范围内，而是遍布社会的一

---

① 吴兢. 贞观政要 [M]. 北京：光明日报出版社，2013：297.

切领域。对于"德"就有八项具体的要求或标准,分别是忠、孝、仁、爱、信、义、和、平,统称"八德"。直到当前,政府对这"八德"还是称为"传统美德"并加以倡导的。"忠、孝、仁、爱、信、义、和、平"的字面意思不难理解,需要特别说明的是"和"与"平"。"和"就是和谐,中国很早就有"和为贵"的传统了,孔子说:"听讼,吾犹人也,必也使无讼乎。"(《论语·颜渊》)孔子认为"听讼"的目的是为了"无讼",提倡用法律消除讼争,最终达到法律设而不犯、措而不用的目的。所以中国是一个提倡和谐而反对竞争的社会,这与西方自由竞争的主张是不同的。"平"就是太平,主张"天下太平",中华民族是爱好和平的民族,历史上,在中国传统文化指导下的中国从来没有主动侵略过他国,都是以"扶近怀远"的文化方式感化邻国,"故远人不服则修文德以来之"(《论语·季氏》)。直到现在"与邻为善""以邻为伴"还是中国的外交政策。

与"八德"并称的是"四维",春秋时齐国的管仲认为"礼、义、廉、耻"是支撑国家大厦的四根柱子,所以称为国之"四维",并指出:"一维绝则倾,二维绝则危,三维绝则覆,四维绝则灭。"(《管子·牧民》)国家的安定离不开道德,"礼、义、廉、耻"是维护道德的四大纲纪。中国传统文化中"四维八德"不仅是立国的根本,也是立法的根本。西周初,实行礼制,礼成为国家运转的大法。"礼,经国家,定社稷,序民人,利后嗣者也。"(《左传·隐公十一年》)由此可见,"礼"在中国传统法律体系中事实上是处在最高的地位上的,起着根本法的作用,礼是法的灵魂,法如果离开了礼,就会失去其存在的价值,甚至还会危害天下。礼"肇于俗而生于祭,别于仪而成为法",[①] 是治之道。"礼也者,理之不可易者也。"(《礼记·乐记》)礼是做人的道理、处事的条理,礼合乎"中庸"、关乎人伦、提倡仁义、家国天下并论。所以,只有依礼而治,才能构建和维系一个有序亲和、安定团结的和谐社会。与礼相比,法处于从属地位,而且传统法律中"法""刑""律"一般专指刑法,而礼的范围要远远超出法的范围,人情、人伦、道德及善良风俗等内容也都包括在礼的范畴之内。从刑与礼所导致的不同社会治理效果也可以看出以礼服人的优越性:"道之以政,

---

① 范忠信. 中国文化与中国法系:陈顾远法律史论集 [M]. 北京:中国政法大学出版社,2006:260.

齐之以刑，民免而无耻。道之以德，齐之以礼，有耻且格。"（《论语·为政》）所以，"徒法不足以自行"《孟子·离娄章句上》，法律必须以道德为基础、以礼为指导，否则"礼乐不兴，则刑罚不中"（《论语·子路》）。法家韩非子的老师荀子也说："礼之于正国家也，如权衡之于轻重也，如绳墨之于曲直也。故人无礼不往，事无礼不成，国家无礼不宁。"（《荀子·大略第二十七》）

在中国传统文化的"四维八德"的直接影响下，中国传统法律文化走上了以理服人、依德治国的礼法之路。礼，是中国传统文化所固有和特有的，并且具有极大的包容性，能较直接地反映中国传统法律文化的基本内容和形式，兼有天理、信仰、道德、人情和法律性质等各个层面的行为规范，而且与法律的具体规则也是相通的。在礼法思想的指导下，耐心细致的教化感召成了中国传统法律的最显著特征之一，并受到历代明君圣主的重视，唐太宗李世民就是最好的代表，"上与群臣论止盗。或请重法以禁之，上哂之曰：'民之所以为盗者，由赋繁役重，官吏贪求，饥寒切身，故不暇顾廉耻耳。朕当去奢省费，轻徭薄赋，选用廉吏，使民衣食有余，则自不为盗，安用重法邪！'自是数年之后，海内升平，路不拾遗，外户不闭，商旅野宿焉。"①唐太宗在"止盗"问题上，没有简单地用"重法以禁之"，而是能认真分析"为盗"的深层社会原因，采用教化感召的方法，施行"仁政"最终不仅达到了"止盗"的目的，还取得了"海内升平，路不拾遗，外户不闭，商旅野宿焉"的社会长治久安、综合治理的效果。对于"止盗"问题的处理，足以反映出唐太宗深谋远虑的治国理念和施行礼法仁政的思想。李世民在贞观初年曾说："朕看古来帝王以仁义为治者，国祚延长，任法御人者，虽救弊于一时，败亡亦促。"②反之，如果唐太宗在"止盗"问题上，若是简单的"重法以禁之"，恐怕就不会有大唐盛世了。

传统的道德要求还表现在许多带有浓厚的中国传统礼法思想的传统法律制度上。其中"存留养亲"制度比较有代表性，南北朝时期就创制了针对只有独子的老人的存留养亲制度，以保证为人之子对父母尊长有养老送终之责，法律允许通过上请程序从宽处罚，待老人去世后再按规定处置。

① 司马光. 资治通鉴（第192卷）[M]. 北京：中国文联出版社，2016：1396.

② 吴兢. 贞观政要 [M]. 北京：光明日报出版社，2013：112.

"诸犯死，若祖父母、父母七十以上，无成人子孙，旁无期亲者，具状上请，流者鞭笞，留养其亲，终则从流，不在原赦之例"（《刑法志》）是说犯人直系尊亲属年老无人赡养，死罪非十恶，允许上请，流刑可免发遣，徒刑可缓期，将人犯留下以照料老人，老人去世后再实际执行。"存留养亲"是中国古代法律家族化、伦常化的具体体现，这一内容一直为后代法律承袭。

5. "天下为公"的大同思想

《礼记·礼运篇》描述禹以前的社会情况："大道之行也，天下为公，选贤与能，讲信修睦。故人不独亲其亲，不独子其子，使老有所终，壮有所用，幼有所长，矜、寡、孤、独废疾者皆有所养，男有分，女有归。货恶其弃于地也，不必藏于己；力恶其不出于身也，不必为己。是故谋闭而不兴，盗窃乱贼而不作，故外户而不闭。是谓大同。"孔子非常推崇这三代，并盛赞尧舜禹的"公天下"，孔子说："巍巍乎！舜、禹之有天下也而不与焉"，"大哉尧之为君也！巍巍乎，唯天为大，唯尧则之"。（《论语·泰伯》）孔子说伟大的尧，他的道德成就有如天一样崇高伟大，只有尧效法天的伟大。而"公天下"以现在的观念而言，不能不说是民主的。子思在《中庸》里就直接指出孔子的思想根源是"祖述尧舜，宪章文武"。

天下为公，是中国传统文化的重要内容，也是"修身以安天下"的个人修养之要，还是社会公德的最高原则，更是"修、齐、治、平"的最终目标。天下大同思想的精神来源是"由内而外""由己及人"的道德修养，要发自内心的关心他人"老吾老以及人之老""幼吾幼以及人之幼"；扶危济困，追求平等、公正，视公义高于一切，以"先义后利"乃至"公而忘私""大公无私"的自我牺牲为最高境界。

历代志士仁人始终在继承着"天下为公"的大同思想，并将"先天下之忧而忧，后天下之乐而乐"（《岳阳楼记》）作为政治美德加以发扬。明末清初民主主义启蒙思想家黄宗羲主张"天下为主，君为客"。顾炎武的"天下兴亡，匹夫有责"思想，把"天下为公"看作是对个人的道德要求，激励着后人为大同思想而奋斗不息。康有为在其所著《大同书》中，强调大同社会应是："大同之世，天下为公，无有阶级，一切平等"。革命先行者孙中山继承了中国传统道德伦理思想，推崇"公天下"和盛赞三代之治，他念念不忘"天下为公"这一传统大同思想，时常把"天下为公"题词或《礼运大同篇》文字抄送友人。1924 年，孙中山在题为《三民主义》的著名演说中谈到"真正的三民主义，就是孔子所希望之大同世界"，他解释说："我们三民主义的意思，就是民有、民治、民享。这个民有、民治、民享的意思，就是国家是人民所共有，政治是人民所共管，利益是人民所共享。"孙中山的理想、目标、思想体系的基本精神，都是以"天下为公"为出发点和最终目标的。

天下为公，是民主、公平思想的哲学基础，追求平等、公正，视公共利益高于一切。在公私相矛盾冲突的情况下，以"公"为重，要求"公而忘私"甚至"大公无私"，在法律上凡涉及"公"即国家或集体利益时都是严格保护，凡危害国家或集体利益时都严加处罚。现行部门法中几乎都有对"公"的特别保护的规定：《中华人民共和国刑法》第一章就是"危害国家安全罪"，而且对这类罪的处罚都是很严的；《中华人民共和国民法典》总则编中规定，违反社会公共利益，损害国家、集体利益的民事行为无效；《中华人民共和国民法典》合同编中规定，违反社会公共利益，损害国家、集体利益的合同无效；《中华人民共和国民法典》物权编中规定，为了公共利益的需要，依照法律规定的权限和程序可以征收集体所有的土地和单位、个人的房屋及其他不动产。

第二节　中国传统法律文化的生成考察

马克思曾说过："权利决不能超出社会的经济结构以及由经济结构所制约的社会的文化发展。"[①] 文化作为一种意识形态，绝不是凭空产生的，而是植根于社会经济和政治生活之中，因此有人认为，文化就是国情，就是国民性。[②] 我们要分析传统法律文化产生的历史根源，就必须研究古代社会的生产和生活方式，这是因为"经验或者说历史而不是理性成了传统中

① 中共中央马克思恩格斯列宁斯大林著作编译局编译. 马克思恩格斯选集（第三卷）[M]. 北京：人民出版社，2012：364.
② 金克木. 《日本外交史》读后感 [J] 读书，1983（09）：107—112.

国文化演进的动力，换言之，不理解中国的历史，就难以理解中国的文化，也不能真正理解传统中国的法律。"①

一、自然经济状况

小农自然经济是中国古代社会一切文化制度的基础，因此不了解小农自然经济就无法获得对传统法律文化的正确认识。同时，传统法律文化也是自然地理环境的产物，在人类文明初期，在人类生产力极为落后的情况下，地理环境对人类经济行为从而对政治法律文化的影响，更是不可低估的，甚至可以认为是决定性的。孟德斯鸠在他的《论法的精神》一书中专门抽出一章对法律和气候的性质关系进行了阐述，②可见，自然环境是我们认识传统法律文化的一个重要内容。

1. 地理环境

中国地处东亚大陆，中华民族起源于黄河流域，北部是浩瀚的戈壁和干旱的草原，东部是一望无际的大海，西南部是号称世界屋脊的连绵大山。在这样四周天然屏障成长起来的文明圈一般有四个特征："一是四周地理屏障显著；二是农耕生活格外依赖气候；三是水利农业与国家的公共职能；四是与游牧民族的矛盾显著。"③这种文明特征容易造就与海洋民族或山地民族不同的大陆民族特有的心理和观念，如"溥天之下，莫非王土；率土之滨，莫非王臣"（《诗经·小雅·北山》）的"天下一统"观念，"天圆地方"、华夏居中"华夏中心"观念；优于异族，"化成天下"的"以夏变夷"（《孟子·滕文公上》）观念等。在这样封闭的地理环境中生成的法律文化同希腊文化、埃及文化、巴比伦文化等古老文化彼此间密切交往与相互渗透的开放性相比，传统法律文化的主流生自本土，又是在与其他法律文化相对隔绝的条件下形成的，体现了一种特有的"孤立性"，也正是这种独立发展的特性，形成了具有自主"知识产权"的术语、概念、范畴和体系，其形态具有一元和内向的特征，但同时又有较大的包容性和

---

① 张中秋. 中西法律文化比较研究 [M]. 南京：南京大学出版社，1999：326-327.

② 孟德斯鸠. 论法的精神 [M]. 北京：商务印书馆，1961.

③ 范忠信. 中国法律传统的基本精神 [M]. 济南：山东人民出版社，2001：36.

同化功能。

2. 经济基础

马克思说："法的关系正像国家的形式一样，既不能从它们的本身来理解，也不能从所谓人类精神的一般发展来理解，相反，它们根源于物质的生活关系。"①中国古代土地肥沃，气候宜人，适于耕作，造就了以农业为主的生产生活方式，形成了以农业文明为特征的社会形态。中国古代社会的经济基础是以人力耕作为主的自给自足的农业经济。几千年来封建社会自给自足的自然经济奉行"民以食为天"的理念，"日出而作，日落而息"成为古代中国人的主要生活方式，严重窒息了人与人之间协作和交换的思想，扼杀了生产发展和社会进步的内在活力，从而形成了过分依赖自然经济而疏离了商品经济社会自由、权利等理念，使得中国社会严重缺乏商品社会所具备的那种民主政治传统，相反却生成了"皇权至上""重权轻法"等一系列人治思想。

二、社会政治结构

"人类思维之花总是物质生产活动开辟的水源和沃土培育的，总应该从物质生产活动中寻根究底。"②宗法伦理制度是传统法律文化的核心，决定了传统法律的主要内容必然要以家庭为本位，以伦理为中心，以等差为准则，体现了法律的伦理化；君主专制的封建政体是其存在的前提和根据，因此建立和维护君主专制的政体及其统治秩序，是其主要目标。

1. 家国一体的社会结构

中国古代地理的广袤性和复杂性，使得客观上"皇室行政管理机构对地方控制松疏，意味着城市和农村的中国人在事实上是由自己管理自己"③，同时"宗族在农村生活中也起着决定性的作用"④，以弥补皇帝权力的缺位。在这种情况下，宗法家族便成为统治农村或城市的重要组成部分，"族有

---

① 中共中央马克思恩格斯列宁斯大林著作编译局编译. 马克思恩格斯选集（第二卷）[M]. 北京：人民出版社，1995：32.

② 葛懋春. 历史科学概论 [M]. 济南：山东教育出版社，1983：144.

③ 韦伯著. 文明的历史脚步 [M]. 黄宪起，张晓琳，译. 上海：上海三联书店，1997：48.

④ 韦伯著. 文明的历史脚步 [M]. 黄宪起，张晓琳，译. 上海：上海三联书店，1997：48.

族产，设族长。族长得统率族众，执行宗规、族约，管理族产，对族内纷争亦得为裁判或调或处"①，处理家族内部关系的习惯准则受到国家的认可并以国家的强制力保证实施。这俨然就是一个规模完备的小社会。这种宗法制与国家政治相结合，家国一体，君父合一，成为中国古代社会的基本制度和古代法制维护的重要内容。它注重君臣、父子、兄弟、夫妇之间的伦常关系，以"亲亲"的血缘相连，以"尊尊"的等级别异，强调大宗对小宗的支配，小宗对大宗的服从，尊长对卑幼的仁爱，卑幼对尊长的侍奉，以及君仁、臣忠、父慈、子孝等。在这种社会基础上形成的传统法律文化，不仅被蒙上了一层温情脉脉的宗法伦理色彩，而且一直以体现宗法等级的纲常礼义作为传统法律的核心和指导原则。

2. 君主专制的封建集权政体

广阔的地域、分散的小农经济和家庭，是集权与专制政体的社会基础。建立在宗法等级关系上的君主专制的中央集权制度，是中国古代政治制度的重要形式。这种政治制度要求法律文化与之适应。因此，法律首先要确立君主至高无上的权威与权力，不断强化皇权的保护，任何违反皇帝旨意或侵犯其人身尊严的言行，都是"反天常，悖人理"的大罪。同时，为了加强对百官的控制和实现专制统治，建立并维持界限分明的官僚等级机构也成为传统法律的重要内容，从而导致传统法律"等级特权"和"吏治"文化的发达。封建家长制家庭是封建社会的细胞，是专制制度的基础，"君者、国之隆也，父者、家之隆也"（《荀子·致士》），肯定家长的宗主地位实际就是间接对民众的控制，因此传统法律在各个方面对家长权进行了保护。以上，"治国""治吏""治民"便成为封建专制政体下传统法律文化的主要内容。虽然古代也不乏否定个人独裁、主张"一断于法"的思想，但其主要倾向却是主张君主专制，认为"礼"与"法"在实质上也是集大权于一身的君主治理国家的工具。换句话说，建立和巩固中央集权的君主专制制度是传统法律文化的起点和归宿。

---

① 梁治平. 寻求自然秩序中的和谐 [M]. 北京：中国政法大学出版社，2002：134.

三、儒家思想对法制的影响

儒家思想是中国传统法律文化得以形成的重要思想理论来源。自汉武帝标榜儒术，法家逐渐失势，儒家思想成为中国传统法律文化的思想内核，决定封建社会法律实践，由此形成的法律传统对后世历代王朝的立法产生了极大的影响，特别是"'德主刑辅'的思想强调了统治者的道德感化，法律内容被大大丰富起来，形成综合治理的体系。德与刑，礼与法相辅相成，是中国古代法律的优良传统"①。

1. "引礼入法"的过程

汉初，著名思想家贾谊鉴于秦王朝严刑任法、二世而亡的教训，认为只有礼才是"固国家，定社稷，使君无失其民者也"（《新书·礼》）的根本。董仲舒则以"阴阳五行"的学说来论证"刑者，德之辅"（《春秋繁露》）之间的关系，进一步阐述德、刑的辩证关系。汉初思想家的言论为实现礼法的融合奠定了思想理论基础。同时，在立法实践方面，汉朝不断通过参与立法和对现行法律的注释，输入儒家礼的精神，为礼法融合创造了条件。汉高祖刘邦命儒生叔孙通制定了有关朝仪的专律——《傍章律》十八篇，后又受命制定了宗庙礼仪之法，以"正君臣之位"。傍章律内容上涉及了宗庙、陵墓、省亲、休假、洗沐、祭祠、消灾等，虽然是一部规定礼仪的礼典，但同时也是一部行政法典，违反其中的规定要受到法律的制裁，这是汉代早期引礼入法的产物。在正式立法活动之外，汉代的经学与律学的互相渗透也为儒法的融合创造了条件。经学大师撰写的章句，输入了礼的精神与原则，并为汉代国家所认可，这无疑是对儒家学说的肯定和引礼入法的鼓励。除了法典内容为礼所渗透，为儒家伦理思想所支配外，在审判决狱上也深受儒家思想的影响。春秋决狱将礼的精神与原则引入司法领域，成为断罪的依据，使儒家经典法典化。两汉所开辟的引礼入法的渠道为魏晋南北朝所继续，并被不断放大。晋律"准五服以制罪"，依服制定罪，改周之"八辟"为"八议"，直接入律。《北魏律》将儒家的孝养观念入律，形成"留养"制度；《北齐律》规定了"重罪十条"，进一步把礼法结合起来，强化了对君权、父权、夫权的维护。经过魏晋南北朝至唐，完成了引礼入法，

---

① 马小红. 中国古代法律思想史 [M]. 北京：法律出版社，2003：148.

礼与法的结合臻于成熟和定型，中国传统法律文化的宏观样式基本形成。

2. "一准乎礼"的法制内容

唐朝，中国封建社会进入了兴盛时期，礼法的融合逐渐圆熟，一整套体现封建宗法等级思想与制度的礼，基本上法律化了，唐律"一准乎礼"成为中国封建正统法律的典范，从中可以看出礼法的关系。一是在立法根据上以礼为指导思想，"德礼为政教之本，刑罚为政教之用"，礼是立法的纲领，刑不过是礼的辅助。由此，礼的核心——三纲五常成了封建立法的基本依据，并对违反三纲五常规定的行为实施最为严厉的惩罚。二是在定罪量刑的标准上，"于礼以为出入"，凡是违背礼义规定的，都要严加惩处。如对于"诸祖父母、父母在，而子孙别籍、异财者"，则列为"十恶"的"不孝"重罪，加以严惩治。三是一些礼典、礼文直接入律。例如，唐律《名例篇》中的"八议"就是《周礼·秋官·小司寇》"八辟"的照搬。四是礼法互补。礼侧重于预防犯罪，所谓"禁于将然之前"；法侧重于惩罚犯罪，所谓"禁于已然之后"，礼主刑辅，综合为治。

3. 天理、国法、人情融为一体的司法审判模式

基于中国古代政治与伦理、政治与宗教的密切关系，中国传统法律文化呈现出天理、国法、人情三位一体的司法审判模式。天理体现为国法，从而给国法披上了神秘的外衣，执法顺以民情，使国法增添了伦理色彩，国法在政权的保障推行之外，获得了"神权、族权和社会舆论的支撑，因而更具有强制力，这正是天理、国法、人情三者统一的出发点和归宿"[①]。天理、国法、人情三者的协调配合，互补互用，构成了中国古代法律的传统之一，这一方面是因为封建社会封闭的环境，同时也缘于狭隘的小农自然经济以及落后的科技文化，使得人们对法律难以形成科学的认识。同时，法顺人情，避免了以法伤情，增强了宗法社会成员的亲和力，这也是为世人所接受的情感基础。天理、国法、人情融为一体的司法审判模式，体现了天理人情的交融，道德与法律的结合，亲情义务与法律义务的统一，充分表明了传统法律文化内在的和谐性和科学性。

---

① 张晋藩. 中国法律的传统与近代转型 [M]. 北京：法律出版社，2005：93.

第三章　中国传统法律文化的现实审视

中国拥有数千年悠久的传统法律文明，历史资源丰富。社会发展的浪潮不断向前，已由古代社会发展到了现代社会。在这一过程中，社会的政治、经济和文化等领域发生了翻天覆地的变化，今日的社会环境已不同于古代社会，而根植于古代社会环境的传统法律文化与当今的社会环境发生了激烈的冲突，改革开放以来，中国社会全面进入转型期，中国法律文化也随之经历了从传统向现代的较为明显的变迁过程，构造法治社会，需要实现传统法律文化的现代转换，面对世界法律文化竞争日益激烈的发展趋势，我们必须将当代中国法律定位于建设有中国特色的社会主义法律文化这一建设目标上来。如何把握当代中国法律文化前进的方向，立足本国实际，大胆而适当地吸收和借鉴世界上一切科学的、进步的、合理的法律文化，从整体上对我国现存的法律文化进行适应性重构，促进我们依法治国和法治现代化，这已是中国法律文化面临的一个比较现实的问题。

虽然中国传统法律文化对我们当今的法治建设所起的消极作用很大，但仍有一定的借鉴意义。因此，我们要客观地评价中国传统法律文化，进一步挖掘中国传统法律文化当中的有益成分和资源，借鉴世界先进的法治理念、制度、经验和技术，同时结合我国的客观国情和具体实际，对中国传统法律文化进行现代化改造，以期中国传统法律文化能够在社会主义法治建设中发挥其应有的作用。

第一节　中国传统法律文化的历史评价与当代价值

在幅员辽阔的中华大地上，华夏民族创造了令世人惊叹的辉煌灿烂的历史与文化，这其中自然也包括中国传统的法律文化。浸润于浩如烟海、底蕴丰厚的中华文化之中，中国传统的法律文化也天然的多了一份博大，一份精深。毋庸置疑，华夏文明作为人类文明的一部分，为全世界全人类做出了不可磨灭的贡献，同样的，中国传统法律文化作为华夏文化的一部分，也为世界文明做出了重要的贡献，同时也是中华民族为整个人类世界留下的宝贵财富。[①]

一、中国传统法律文化的历史评价

1. 中国传统法律文化的正确评价

要利用中国传统法律文化，就必须要了解它，对它有一个全面的认识和准确的评价。近代以来，中国传统法律文化受到了西方法治文明的强烈冲击和挑战，虽然不能说被全部推翻，但也基本被批判得一无是处、体无完肤。随着西方的法治理念和法律制度一天天被移植和引进，中国传统的法律文化也一步步走向了衰落。虽然法治精神占据了当今世界法律文化的主流地位，引导着各个国家和民族不断地向着法治的方向前行和靠近，但是中国传统法律文化依然没有完全退出中国社会发展的舞台，相反，它的力量还在，它对中华民族的影响还在，它在中国人的内心深处依然还在发挥着作用，甚至时刻影响着每个中国人的日常思维和行为活动。当然，这种影响，既有积极的一面，也有消极的一面，毕竟传统法律文化的辉煌已经不再，它本身的弊端和缺陷也越来越阻碍其自身的发展。但即使是这样，我们也不能一棒子打死，对中国传统法律文化予以全盘否定，我们既要看

---

① 范忠信. 情理法与中国人 [M]. 北京：北京大学出版社，2011：1.

到它的优点，也要认识到它的缺陷，只有这样，我们才能更准确地把握和理解它，从而更合理更科学地利用它来为我们今天的法治建设事业服务。

（1）有过灿烂历史

中国的传统法律文化在历史上曾经光辉灿烂[1]，为促进中华文明的繁盛发挥过极其重要的作用。古代的中国社会，无论在立法技术、法典编纂方面，还是在执法经验、司法实践方面，都曾取得过辉煌的成就。中国的传统法律文化自始至终一脉相承，从未间断，并且自成体系，形成了在当时具有世界影响力的中华法系。虽然近代以来逐渐衰落，但中国传统法律文化仍不失为一份宝贵的文化遗产，值得我们去珍重和爱惜。

中国古代的法典编纂，从春秋时期的郑国子产铸《刑书》（中国历史上第一次公布成文法）以来，无论在形式上还是内容上，都曾经达到过相当完备的程度。战国时期的魏文侯支持李悝进行变法改革，其中非常重要的一项就是制定了中国第一部较为系统的封建成文法典《法经》。《法经》共有六篇，分别为《盗法》《贼法》《囚法》（亦被称为《网法》）《捕法》《杂法》《具法》。[2] 其中，《盗法》是调整有关公私财产受到侵犯的法律，《贼法》是调整危害人身安全和国家政权稳定的法律，《囚法》是关于审案断狱的法律，《捕法》是如何追捕罪犯的法律，《杂法》是关于惩处赌博、贪污、狡诈、淫乱、越城等犯罪行为的法律，而《具法》则是定罪量刑的通例和原则，相当于现代刑法典当中的刑罚总则部分，其他五篇就相当于规定具体罪名的分则部分。由此可见，《法经》的编纂技术已经达到了相当高的水平，虽然从体例、篇目、结构、内容上看还比较简单，但在当时却是空前的。之后出现的《泰始律》（亦被称为晋律）、《北齐律》和《开皇律》都在此基础上进行了继承和发展，而至唐代的《唐律疏议》则达到了最为完备的巅峰，成为我国封建成文法典的代表，并且对当时周边的东亚国家产生了深远的影响，可以说是具有世界影响力的法典。

中国古代对官员的执法活动也一向要求比较严格，严明的君王一般都倡导官员在执法时应当清正廉洁、严格自律，反对骄奢淫逸、贪污腐败。在官吏选拔上，特别注重一个人的品德和才能，这就等于从起点和入口处

---

① 石红星. 论现代法治进程中的中国传统法律文化 [J]. 法治研究，2008（09）：51.

② 蒋传光. 新中国法治简史 [M]. 北京：人民出版社，2011：2.

为职官队伍进行了一次筛选，在一定程度上减小了他们在任职之后出现贪污腐化的可能性。一个贤德的人被选拔进职官系统以后，并不是万事大吉，还必须要接受相应的政绩考核。忠于职守、勤勉敬业的官员，通常会获得一定的提拔或者奖励；而残酷不仁、贪污腐化的官员，则会受到相应的惩治和处罚，以警戒其他官员。在监察机制上，一般设有专门的监察人员或者监察机构来监督和限制官吏的行为和活动，通常这种监察独立于行政权，实行垂直领导体制，由地方监察机关向中央监察机关汇报工作，对君王负责。像元朝时的中书省（行政机关）、枢密院（军事机关）和御史台（中央监察机关）虽然具有同等的地位，但是中书省和枢密院往往也要接受御史台的监督，这就避免了监督者反受被监督者拘束的尴尬境地，在一定程度上促进了监察机关职能的充分发挥。[①]

在司法领域，为了促使法官审理案件的公正，古代的中国社会向来都有着比较严格的司法责任制度。这种司法责任不仅仅只追究裁判的结果，往往也会兼顾到诉讼的过程。司法裁判的结果直接决定着当事人的切身利益，如果不能够做到公正合理，就会影响到社会秩序的和谐与稳定，因而历代统治阶层都非常重视。又因为司法裁判结果的获得是随着诉讼的过程而产生的，诉讼程序的公正与否通常也会影响到最终的裁判，所以司法人员违反法律规定的程序规则理所应当也要受到惩罚。违法管辖、违法受诉、不按时限办案、滥用刑讯逼供、擅自拘捕等不依照法定程序来处理案件的司法人员，为历代法律所严惩。由此我们可以看出，虽然中国古代的法律从总体上有着重实体而轻程序的倾向，但是在司法责任制度上却是非常注重程序正当性的。故而，我们在评价中国传统法律文化的时候切不可以偏概全，在做出评价之前一定要进行全面深入的研究和探析。

（2）存在严重局限

随着历史的前进和发展，我们无法回避也不可否认，中国传统法律文化之中的一些内容和成分已经被时代所淘汰和抛弃，它们与现代的法治精神和理念完全背离，相互冲突，相互抵触，如果我们不一一予以剔除，只能会危害我们正在进行的法治建设。森严的尊卑等级、严重的君权专制、

① 刘守芬，王洪波，姜涛，等．对中国古代廉政法律制度的历史考察[J]．北京大学学报（哲学社会科学版），2003（03）：96.

重刑主义以及法律工具化的倾向等，都是我们必须坚决予以摒弃的落后观念和思想。

君王的权力在古代的中国社会里是至高无上的，通常情况下，任何人都不能违反君王的意志。国家制定法律的目的，虽然也是为了保障社会秩序的和谐与安定，但从根本上讲，是为了维护统治阶层的统治秩序，巩固以君王为核心的国家政权。法律表面上来看是惩罚罪犯，维护社会治安的，但其实质是统治者管理和统治社会的工具。这与现代的法律至上的法治精神完全不同，古代中国社会的法律是为统治阶层服务的，君王的权力往往可以凌驾于法律之上，不受法律的拘束。君王权力的无限膨胀必然导致独断专制，统治者往往会僭越法律而恣意妄为，因此历史上的各种滥罚乱杀现象屡见不鲜，法律在人们心中的地位也不过是一种以强制弱的刑罚工具。

古代中国社会的身份等级制度森严，人们自出生起，自己的身份和地位就因血统而基本固定了下来。在家庭内部，晚辈要敬重长辈，所有的家庭成员都要服从于家长的意志。在家庭以外的社会关系中，人们的地位也因出身于平民、官宦而有所区别，百姓要接受官府的领导，官员之间又有上下级之分，下级要服从于上级，而所有的百姓和官员又必须遵从于君王的意志。尊卑贵贱、长幼有序的身份等级虽然在一定程度上有利于维持社会秩序的安定，但却深深地禁锢了个人的权利和自由，并且这种身份地位的不平等，从根本上还是为了稳固统治者的统治秩序，是为统治者的政权服务的，其出发点和本质并不是为了百姓的利益和福祉。

中国的传统法律文化由于孕育和成长于基本以小农经济为基础的农耕社会里，因而非常缺乏现代市场经济条件下追求人权、自由、平等、民主的法律观念，而这些观念恰恰都是现代法治精神所要求和主张的。所以，我们的法治建设离不开向国外的学习和借鉴，尤其要多吸纳和接收西方的先进法律理念和制度。尽管如此，我们仍然要看到中国传统法律文化依然有其存在的价值，它是我们法治建设的文化根基，不容许我们轻视和忽略。

（3）蕴含优秀元素

在今天，中国传统法律文化的昔日辉煌已经不再，它的衰落已是不争的事实，但这并不意味着它丧失了所有的传承和利用的价值。虽然随着时代的进步，中国传统法律文化的落后与腐朽日益凸显和暴露，但是蕴含于其中的人文关怀、和谐理念、对于民族的情感和热爱等许多优良元素，依然值得我们今天去弘扬，它们依然是我们当前法治建设所必需的，我们必须要好好地加以继承和发展。

　　关爱人性、珍重生命的理念在中国传统法律文化之中有着非常显著的体现，孔子学说体系的核心思想就是仁爱，告诫人们要怀有一颗仁爱之心。孟子又把这种仁爱思想进一步发扬，要求人们要推己及人，不仅要仁爱自己的亲人，也应当推心置腹地去仁爱他人。后来，儒家思想被确立为中国的正统思想，深深地影响着中国传统法律文化的发展。这种影响不仅仅体现于思想观念层面上，在具体的法律实践和操作中也有着渗透和反映。司法活动中的慎刑恤狱就是非常典型的人文精神的体现，像更为具体的录囚、翻异别勘、法官责任、回避、死刑复核等制度都是本着人文关怀的态度而制定和设计出来的。[1]

　　和谐精神也是中国传统法律文化之中的一项非常重要的理念，它反映了中国人自古以来就渴望社会和谐、国家安定、天下太平的理想和追求。在法律制度上最直接的体现就是无讼的思想，希望人与人之间能够和平共处，不要争执、不要冲突、不要矛盾，不要动不动就去争讼，去打官司。当然这种无讼的社会更多的只是存在于人们的头脑当中，是一种理想的境界，现实世界里人们之间的矛盾很难调和，利益也很难均衡，更不要说在君王专政的古代社会了。即便如此，古代中国人对于和谐社会秩序的追求，仍然是应当得到肯定的，特别是在法律规范和制度当中的体现和反映，更是说明了和谐对于国家和社会的重要性。

　　中国人的家国情怀渊源已久，这与古代中国社会中家庭、家族和国家之间在结构组成上具有的相通性密切相关。家庭中有家长，家族中有族长，家长和族长分别掌控着整个家庭和家族的事务大权，这与国家中的君王来统治和管理整个国家的模式非常近似，用来规范家庭和家族成员行为的家法族规也与国家制定的法律有着异曲同工之妙。如果说这些还都仅是停留在外在的形式层面，那么古代中国人对于家庭的情感和对整个国家、民族的热爱则在于心灵的相通。人们的爱国情怀源自内心深处对于整个华夏民

---

① 张立荣. 法律的人文精神之现代意义解读 [D]. 南京：南京师范大学出版社，2005：16.

族的认同和热爱，而这种民族性的情感又源自因血缘而集结在一起的家庭和家族成员之间的亲情，人们由对小家的热爱推及对整个民族和国家的情感，在人们的观念当中往往会认为只有国家和民族的富强才会有小家庭的安乐。这种强大的民族凝聚力和向心力，是我们在任何时候都需要的，对于我们今天的法治建设依然不可或缺，毕竟这是一项属于我们整个中华民族的伟大事业和工程。

2. 中国传统法律文化的科学定位

（1）摒除偏见和误解

辩证地评价了中国传统的法律文化之后，认识到它既有优点，也有不足，我们就要进一步对其进行重新考量和科学定位。在这之前，我们必须要摒弃所有对于传统法律文化的偏见和误解。那种认为传统法律文化已经毫无价值，必须要尽早铲除的观念是不科学的，持有这种观念的人只是看到了传统法律文化落后性的一面。在他们的眼中，中国传统法律文化全部都是历史糟粕，充斥着缺陷与弊端，衰朽不堪，腐烂不化，如果再要坚守和传承，简直就是一种倒退。他们的错误就在于忽略了传统法律文化中的优秀元素和成分，却无限放大了它的缺点和不足，这是一种没有经过客观研究的主观臆断，对于中国传统法律文化的态度过于轻蔑和悲观。还有一部分人对于中国传统法律文化的态度又太过于乐观，在他们看来，中国传统法律文化并没有过时，如果稍加改造仍然可以拿来所用，根本没有必要去移植和引进国外的理念和制度。这部分人显然是在夸大传统法律文化的优点，而视其缺陷和局限于不见，认为中国传统法律文化浑身都是宝，哪儿都舍不得抛弃。真正科学地看待一个事物，既要看到它的优势，也要看到它的劣势，对于中国传统法律文化也不例外。必须从根本上认识到，随着时代的发展和变迁，中国传统法律文化的地位和作用也在发生着改变。在历史上曾经起过积极作用的法律理念和制度，很可能在今天已经失去了它们起作用的条件和环境，而变得与现代社会格格不入。因而，我们在传承和利用中国传统法律文化的时候必须要加以甄别，好的继承下来，不好的也应当抛弃。

（2）切合时代和国情

本着扬弃的思维去看待中国传统法律文化，还会遇到一个比较棘手的问题，那就是怎样去辨别中国传统法律文化当中的精华和糟粕，哪些是糟粕，哪些又是精华,我们该怎样区分,区分的标准又是什么?对于扬弃的方法,我们都非常熟悉,取精华去糟粕,说起来容易,想要做到可不简单。如果没有评判标准,或者标准混乱,那我们所追求的扬弃,只不过是一句空话。而且,我们极有可能会犯下程度不等的错误,譬如把糟粕当作精华而加以保留,把精华当作糟粕而予以剔除。其实,糟粕和精华有时候也不是绝对的,在历史上是精华的,在今天很有可能会是糟粕,而今天看来属于糟粕的,不久的将来说不定就转化成了精华。因而,精华和糟粕也都是相对而言的,而且是有条件有限制的。如果在今天非要确定一个标准去甄别中国传统法律文化之中的精华和糟粕,那也只能从现今的时代性的特质出发来确定。既然是评判中国的传统法律文化,那就要从中国的客观实际出发,以中国的现实国情为基础去进行评判。在这里,我们不妨可以借鉴运用邓小平同志提出的"三个有利于"的标准:是否有利于生产力发展,是否有利于综合国力增强,是否有利于人民生活水平提升。对于我们的传统法律文化来说,只要是有利于法治社会建设的,适应时代发展的,促进社会和谐的,我们都应当给予其相应的生存和发展空间,以便其更好地发挥功能和作用。

二、中国传统法律文化的当代价值

今天的中国,为了实现中国特色社会主义这一伟大目标,在法治建设的过程中既要学习西方有益的法治经验和文化,更要发挥中国优秀传统法律文化的优势。中国优秀传统法律文化中有许多内容,这些内容是中华法系在长期发展过程中积累和验证出的,可以用以弥补西方法治发展的弊端和僵化。习近平总书记指出:"我国古代法制蕴含着十分丰富的智慧和资源,中华法系在世界几大法系中独树一帜。要注意研究我国古代法制传统和成败得失,挖掘和传承中华法律文化精华,汲取营养、择善而用。"[①] 由此可见,中国优秀传统法律文化的重要地位及其对中国特色社会主义法治事业的重要作用。

1. 对当代中国法律制度的价值

中国传统法律从稚嫩走向成熟,又从成熟走向消亡。在其漫长的历史

---

① 习近平. 习近平谈治国理政(第三卷)[M]. 北京:外文出版社,2017:118.

过程中，反映的是中国传统社会的文化特质，凝聚的是中国传统法律文化的智慧结晶。中国传统法律文化追求秩序的价值，从某种意义上讲，它是一种进步，与当今中国建设和谐社会的理念有许多相似之处。

（1）立法：以人为本，构建严而不厉的刑罚体系

从董仲舒到程朱理学，从"天人感应"到"存天理，灭人欲"，儒家学者将天理、国法、人情紧密结合在一起，构建了一道法网严密、和谐统一的秩序之墙。以人为本，深刻地体现了中国传统法律所蕴含的人文积淀。而《唐律疏议》作为我国古代法律的集大成者，篇章体例结构严谨，刑罚宽严适中、层次分明，反映了唐代立法技术的成熟。

那么，对于当前我国刑事法律制度来说，如何构建一个严而不厉的刑罚体系是重中之重。虽然我国至今已出台了十部《中华人民共和国刑法修正案》，很大程度上完善了刑事法律的漏洞，但这却不能实现刑罚体系的"严而不厉"。如何顺应时代潮流实现刑事体系的完备和刑罚的轻缓化是法律人需要思考的问题。在我国现有的刑罚手段当中，可考虑提高财产刑的法律地位，增加经济处罚在刑罚中的适用范围。通过重处罚金的方式，既不会让民众感到刑罚判处的不公，实现刑罚的轻缓，也会起到良好的警示作用——君子爱财，取之有道。将某些刑罚从"自由刑"转化为"财产刑"，一方面缓和了刑事处罚的严厉，毕竟在中国人传统观念中人身性质的处罚显然要比财产性质的处罚暴力许多，一旦有过"监禁刑"其人生就有了"污点"。另一方面，判处的罚金可以对所遭损害进行救治，实现刑罚"治病救人"的固有属性。

当然，"严而不厉"的新刑罚体系的构建，绝不仅仅是刑罚缓和化的问题，还有严密法网构建所需的适度犯罪化的问题。因此，该刑罚体系的构建需要以人为本，体现人文关怀，符合我国国情，与普通群众法治感官相对接。从古代的法律寻找一条构建国法与人情对接的桥梁。

（2）执法：惩罚违法犯罪行为，加强执法的人文化关怀

执法是为了实现法律的教育功能和惩罚功能，人文化的执法则是追求执法目的和执法效果的统一，避免粗暴的执法行为导致执法效果与执法目的的南辕北辙。古代，有"移乡避仇""执法原情"的人性化的制度，清代王夫之更是从审判实践角度出发，以求实的精神，分析个案中的"原情"，

做到罚当其罪，兼顾了法律与人情。现今，有山西太原任建刚开出的"温情罚单"，狱中"捐髓救哥"的老八故事，这些事例无不是人文化执法下，法律所追求的良好社会效果的实现。执法是为了惩罚违法犯罪行为，人文化执法是执法手段上的刚柔并济，有时候让人"脸红"的温和执法比惩罚更能够教育人。因此，开展人文化的综合执法必不可少。当然，执法的人文关怀不是对违法行为的迁就与妥协，也不是不执法、选择性执法，更不是"人情执法"。所以，执法人文化的规范性建设也必不可少，以促进人文化执法的健康发展。

首先，人文化执法需要制度性建设。执法必须有法可依，才有正当性基础。所以，人文化执法必须要有立法的前提，确保法律规范性和价值性的统一。当前，我国执法行为相关规定并不少，缺少的是有关人文化执法的规定。没有一个统一的人文化执法标准，会造成执法的混乱，甚至会造成执法人员滥用手中的公权力。其次，需要对执法态度和执法方式进行规范性建设。执法态度的建设需要提高执法人员的综合素质，培育执法人员信仰、敬畏法律的意识，将规范、文明执法作为一种执法人员执法的本能。在执法过程中，执法人员不应该有高高在上的心态，需要放低姿态，通过规范性的执法，捍卫法律的尊严，彰显政府的法治与权威。让执法者切身感受到法律的尊严。

人文化执法必须是依法执法，必须在法律的框架内实施。不能为了追求人文化而牺牲公共安全，也不能将公权力当作滥施同情心的工具。努力营造一个良好的执法环境，建立一个各部门相互支持的联动机制，形成全社会支持执法、拥护执法的良好氛围。这是中国推动法治建设的必然要求，真正体现了以人为本、执法为民的宗旨。

（3）司法：坚持司法和谐公正

司法是公民权益保护的最后手段，构建一个公正和谐的司法环境是对公民权益的有效保护。司法公正，顾名思义，司法活动的过程和结果坚持公平、正义原则。以法官为代表的司法人员应该在审理各种案件的过程中正当、平等地对待当事人及其他诉讼参与人，在审理各种案件的结果中体现公平正义的理念。司法公正是法治的生命线，不公正的司法裁判会败坏法治的源头。司法和谐是指司法活动在"定分止争"的同时，要消弭司法判决和社会伦理道德、社会正义之间的冲突，达到法治和谐的目的。从2006年的"南京彭宇案"到2014年的"内蒙古王立军非法经营玉米案"。这些常见于报的司法判决，引起社会广泛关注，并由此引发司法与伦理道德的冲突、司法与社会正义的冲突，甚至是司法与公民法律认知的冲突。尤其是2017年报道的"刺死辱母者案"，司法与伦理这一命题被重新提及。司法遭遇到的伦理困境，司法判决所引起的社会舆论，固然是一次法治公开课，但何尝不是司法不和谐，法治不和谐的体现。

法律之内，应当有天理人情。司法不仅仅是法律规则的落实，还是法律价值的实现。司法人员所作判决，关乎当事人权益，主宰当事人命运，是法律价值人格化的载体。司法人员一方面要秉公执法，昭显法律公平正义；另一方面要具备司法道德和良知，顺乎民意人心。离法律越近的地方，越需要道德；离权力越近的地方，越需要良心。如此，方可确保司法公正，方能带来和谐与希望。当然，法律处理社会问题，无法让每个当事人满意。法律的作用在于尽可能还原事件的真实，按照法律规定分配权利义务，确定各自承担的责任。司法和谐必须遵循法治的原则，建立在司法公正的基础上。司法公正应当是以促进司法和谐为出发点，而不能抛开公正而空谈和谐。

为实现司法和谐公正，法院和司法裁判人员作为司法活动的主体要尽到各自的职责。随着社会大众法治理念的提升和互联网的普及，法院要积极主动听取社会公众意见，认真回应社会公众关切。以严谨的法律彰显司法的理性，以练达的情理展示司法的良知，以平和的姿态体现司法的温度，形成舆论与司法的良性互动，让人民群众从内心认可并支持司法机关作出的判决。

司法裁判人员要学会说"理"。一是说法理，司法工作人员要用通俗易懂的语言让当事人明白法律规定，理解做出这种规定的原因；二是说事理，让当事人清楚法院认定事实的标准是什么，为何没有支持自身提交的证据；三是说伦理，在特殊案件中，关乎社会道德导向的判决，司法人员要会说理。要能解释做出顺乎道德或与普通民众道德认知相背判决的原因。司法要在道德的关注下更加趋向公正，而道德应在司法公正的支持下更加彰显。

总之，司法人员在坚持依法独立公正审判的同时要对接社会正义的期许。正视保护道德伦理的重要性，把握好经验、条文、人情、伦理的关系。高度关注社情民意，将个案的审判置于天理、国法、人情之中综合考量。特色社会主义法治社会下的中国，司法应经得起人心的考验。坚守司法公正的底线，通过和谐的司法裁判，让人民群众获得法治建设的信任感和参与感。

2. 对当代社会治理模式的价值

礼法综合治理模式贯穿于整个封建社会的始终，未有改变的根本原因是以"小农经济"的社会基础和以父系血缘关系为纽带的宗族制度一直存在。不过，当中国进入近现代社会之后，礼法综合治理模式便不能适应新的社会需求，但其中的价值依然有借鉴之意。

（1）礼法综合治理模式与"德治""法治"的契合

"德治"与"法治"是自古至今一直探讨的一个话题，人们也热衷于将它们放在一个对立面加以探讨，尤其是现今许多人甚至高呼，"德治"与"法治"的结合是个伪命题。事实上，无论是古代还是今天，"德治"从来没有因是"法治"的对立面而走向消亡，相反它们愈来愈不可分割。法律以道德为基础，道德以法律为保障，通过法律的威慑，确保人的行为符合道德规范，通过道德的宣传，提升自觉遵守法律规范的修养。党的十八大以来，经过一系列制度性建设，依法治国理念进入一个新的阶段。开启了礼法综合治理的新模式。

新时代的礼法综合治理模式已经与中国传统社会治理理念有本质上的不同。中国传统礼法综合治理模式的实质是"人治"，依靠的是统治者制定的伦理化的法律。礼法并行，礼既是德，道德成为主导，而法律成为微末。以德推法，使法含有脉脉温情得以施行，以法明德，使德具有高高在上的权威。过分的抬高道德，则法律失去权威，法律失去权威则道德失序，如此就陷入了一个恶性循环。社会治理最终倚靠得还是贤明的君主和清明的政治，"法治"遥不可及。新时代的礼法综合治理模式的实质是"法治"。礼法合治，道德成为社会关系的约束与缓冲，法律成为社会治理的底线，诉讼成为解决矛盾的最终方式，所倚靠的是一整套完善的法律治理机制，所要实现的是人与人的和谐，人与社会的和谐以及人与自然的和谐，是人们对公平、正义、权利的追求，是融入骨子里的法治信仰，是崇德向善的最高社会追求。

我国进入 21 世纪以来，一方面，面临国外的复杂局势，另一方面，国内出现道德滑坡、拜金主义盛行的现象。习近平总书记正是基于这一社会现实，提出了德治、法治并行的社会治理主张。"国无常强，无常弱。奉法者强则国强，奉法者弱则国弱。"①实现中华民族的伟大复兴必须依靠法治，但同时又不能忽视道德作用，只有当人民的物质和精神同时丰富起来，才能实现国家富强，民族振兴。通过德治提高公民的法治意识，依靠法治解决道德方面突出的问题。"两手都抓""两手都硬"，坚定不移走中国特色社会主义法治道路。对于民众，应当培育公民的法治意识、道德意识，培育公共精神，避免因为价值的错乱和信仰的缺失走上"民免而无耻"的歧途。对于为政者，应当修身正己，做到治者从法，带头守法和用法。由此看来，习近平总书记提出的"德法合治"的理念也是一种礼法综合治理模式，但是又与传统的礼法综合治理模式相区别。"德法合治"的思想并不会引起社会治理思想的错乱。

（2）徒善不足以为政，徒法不足以自行：法治国家的必由之路

中国是一个文明古国，"以法治国"思想存在了几千年。虽然其是封建社会的产物，但不可否认，我国古代政治家对法制国家建设的重视，故历朝历代都有一部法典出世。许多人都有种错觉，认为古代中国完全是一个专制社会。其实不然，任何一个社会只有专制而无法制都不会长久。目前，我国法律完全摆脱旧时代重伦理的"礼法合一"模式，形成了具有中国特色的社会主义法律体系，为我国社会建设提供法律保障。

法治国家建设，依法治国是关键，以宪法这一根本法作为国家权力的依据，实现主权在民，法律面前人人平等。党和国家依照人民的意志，更好地管理国家，为人民谋福祉。法治国家的民众必然是以法律思维思考问题，法治国家的建设必然是依法而行，这就必须要看到法律的不足之处。因为，完全依法而行实现不了真正的法治。法律是保守的，与时代的发展相比总是有迟滞的，同时其调整的范围势必有局限性，法律不可能穷尽所

---

① 中共中央文献研究室编. 习近平关于全面依法治国论述摘编 [M]. 北京：中央文献出版社，2015：11.

有情况，一旦扩大法律的适用范围便会成为社会负担，与建设法治国家的目的相违背，所以当依法不足以自行时，依善便大有可为。这里的善是人心之善，是道德。通过道德教育，提高人们的道德水准，能稳定社会秩序，实现人与人之间的和善相处。现今，法治国家建设下的道德建设和法治建设，相互促进，相互补充，维持社会秩序，形成礼法互补综合治理模式。当然此处的礼法与传统礼法有本质的不同，现今的法必然是满足当今社会发展，推动社会稳定之法；现今的礼必然是遵从人们内心普遍的道德观念，符合时代价值之道德。德法互补是实现法治国家的必由之路。

古今中外无论是法治国家还是人治国家，其主体都是人。我国建设社会主义法治国家需要"以人文本"。一方面，注重社会大众法治意识的培养，规范人民群众道德修养。另一方面，还要提高执政官员党性、树立为人民服务的意识。现今的中国执政者不仅要唯才是举，其还要有良好的道德情操，修身律己才是法治社会下官员应有的德行，要求执政官员有拒腐、防腐的勇气和智慧。中国共产党和中央政府为建设清廉政府，加大了腐败查处力度。反腐败斗争压倒性态势的形成，得到人民群众称赞，党心民心得到极大提振。根据第十二届全国人大第四次会议上最高检所做的报告，我国执政机关加大了对腐败的追查力度，坚持"老虎"和"苍蝇"一起打、惩治和预防犯罪两手抓，以促吏治清明。追求国家治理能力现代化，在法治基础上推进制度反腐建设，最终形成不敢腐的惩戒机制、不能腐的防范机制、不易腐的保障机制，同样是法治国家的必由之路。

总之，我国在推动法治国家建设的过程中，只唯法不唯善，会导致国家的畸形发展，依法治国和以德治国是推动国家走向富强的动力之源，是面对国内外复杂局势的最佳答案。

第二节　中国传统法律文化的现代冲突与转换

一、中国传统法律文化的现代冲突

1. 儒家学说的内核与法治的精神相冲突

中国的法律文化传统是以儒家学说为基础，以宗法伦理为内核，以小农经济为依托的儒家伦理法，有学者认为它的内在特质是天下本位、家族伦理主义、民本主义、大一统的君主主义、中庸主义、礼治主义六个方面，这六个方面也是儒家伦理法的主要原则。[①] 这些原则决定了中国的传统法律文化难以成功地走向法治，同时它对以法治精神为基础的近代法律文化产生消极的影响。可以说，在任何一个民族的法律文化传统中都有不利于法治发生与形成的消极因素，但是儒家伦理法对法治的阻却不仅仅表现为对法律体系和法律制度创新的障碍，更重要的是这种法律文化传统缺乏内部创新的因素，因此它与法治在文化层面上是根本对立的。

在古代中国法律文化体系中法家学说虽不占正统地位，但它对统治行为产生了很大的影响，法家学说并不承认法律规则的正义属性，并不认为法律权威比个人意志优越，而是从有利于官僚统治和对反叛行为的镇压出发强调严刑峻法，认为凭借酷刑可以维持社会的稳定，所以，这种理论从根本上来说缺乏法治发生的一般因素。它表达的是专制的淫威，反映的是对专政工具——刑法的崇拜。当儒家伦理受到威胁时，统治者常常以残酷的刑罚来维持政治统治。当然在儒家学说中存在丰富的民本主义思想，强调统治者要关心人民的疾苦，但这种民本主义思想是以宗法伦理为基础的，并不包含承认人民的权利和限制统治者的权力的内容，相反这种民本主义思想是以人民的顺从和统治者的恩赐为基点，所以如果不对儒家伦理法进

[①] 李小明. 我国法治实现的传统法文化阻力 [J]. 现代法学，2000（03）：1-2.

行主体结构的改革，这种民本主义思想便不能对法治的实现产生推动力。

儒家伦理法的内核在于礼法合一，伦理规范法律化与法律规范伦理化的特征使得以"礼"为核心的宗法伦理关系得到强化，在统治者的提倡和历代知识分子的阐释与教育下，宗法伦理成为统治者行使权威和管理公共事务的实际规范，它融入民族文化之中，对人民的政治思想和政治信仰产生了深远的影响。

法治需要社会的多元化，这种多元主要是指具有相同经济利益关系的集团能够独立存在以及政治、宗教、法律的相对独立性。多元社会是政治民主的前提，各个利益集团为了保护自己的经济利益而不断妥协，管理公共事物才会考虑到不同利益集团的要求，各个利益集团的较量使得依法律规则来治理国家成为唯一的选择，所以法律的权威性以及尊重法律的传统一般只有在那些多元化的社会中存在。

儒家伦理法与欧洲法律文化体系的最大区别之一就在于它维持一元化的社会结构，从而使得我国封建社会处于一种超稳定状态，即使到了其最为成熟的阶段也见不到未来社会形态的曙光。传统法律文化对商品经济有强大的抑制作用，在伦理法下，商品经济不能够在封建社会内部发展并成为推动社会进步的动力。首先，儒家伦理法对人们行为的指引是追求，虽然物欲是任何一个个体都具有的自然属性，但道德规范只要求人们在节衣缩食的基础上实现五谷丰登、年年有余。因此，中国传统法律文化是以道德标准划分社会等级的，在士、农、工、商四类等级中，商人和手工业者是最没有社会地位的，他们往往与狡猾、欺诈、贪欲联系在一起，农民在有限资源内靠体力劳动来维持生存，节制欲望并有强烈的自足感。当然，伦理法的道德准则并非要消除物欲，对于皇帝和官僚来说，他们应当享受荣华富贵，在中国的封建社会，官办手工业主要满足皇室和达官显贵的消费需要。所以，传统法律文化对商品经济有强大的抑制作用，商品经济观念受到道德规范的抑制不能成为推动社会进步的思想体系，同时也缺乏创新的思想材料的动力机制。法律规范表现为一种道德观，人们"常常把一个王朝的兴衰存亡，归结为道德的是否净化；人心的是否浇漓"[①]。礼作为

---

① 张晋藩. 中国法律的传统与近代转型 [M]. 北京：法律出版社，1997：20.

判断政治的准则是一种与道德不可分离的纯粹的世俗标准，其实质是一种道德准则，整个社会的结构是一种道德规范整合下的单一结构。

2. 中国传统法律文化体系中没有严格意义上的限权思想

法治的基本原理是：在实行法治的国家，政府权力是有限的权力，在个人权威与法律权威发生冲突的时候，个人权威必然要服从法律的权威，而不是个人权威凌驾于法律权威之上。由于政府的权力来自法律，所以，法律权威主要表现为宪法至上，只有政府的权力受到宪法的制约才是法治政府。法治的这一基本原理说明，任何一个国家的政治制度都必须要达到权力受到法律制约这一标准，同时它也是衡量一个国家是否实现了法治的唯一标准。

西方国家从古代向近代转型就是从限制政府权力开始的，在某种意义上讲，法治理论主要就是围绕权力应否受到限制、如何限制这一中心问题而展开的。英国普通法传统以及欧洲大陆受自然法影响的国家在传统的政治法律文化中都包含了限权的因素，所以限制政府权力在西方世界有深厚的文化基础。在中国传统的法律文化中虽然也有依法管理公共事务的思想，但它的主体精神是神化世俗权力，为强化世俗权力寻找理论上的依据，当然，在中国的法律文化中也有道德规范对统治者的约束，但它既不是一项法律规则，也不是人们对抗王权不当行使的理论依据，它只是统治者修身养性的指南。因此，中国传统法律文化中缺乏限权的因素，客观存在以强化和神化国家权力为中心而展开，国家权力与神权和伦理道德混合在一起，要对它加以限制并且为这种限制寻找法律上的依据是十分困难的。①

在中国历史上，世俗权力既无宗教上的限制也无制定法的限制，因此权力至上在中国具有广泛的民众基础和深厚的文化基础，要改变中国人对权力的顶礼膜拜，在中国公众心目中树立法律的权威相对困难；权力至上在中国最终归根于个人崇拜，因此凡掌握了国家权力的最高统治者都不会允许限权思想的出现，他也不会认为实行限权有利于国家的长远利益，所以任何试图通过改革来改变权力至上的政治行动以及思想理论毫无例外地归于失败；权力至上在中国国民中还形成了强大的权力依赖心理。

---

① 朱福惠. 宪法至上——法治之本 [M]. 北京：法律出版社，2000：160.

3. 传统法的工具性取向与现代法治的人权、自由原则

中国法治建设进程中遭遇的第三大文化障碍，是传统法家的"法治"思想和"法家化"了的儒家政治文化传统的法的工具性取向对建立在人权与自由价值基础之上的现代法治理念的排拒和抵抗。

现代法治理论及相应的制度安排，是近代西方各国在反对天主教神权统治、对抗君主专制统治的斗争中形成和发展起来的。现代"法治"理论所体现的核心价值，是近代以来自由主义思想家高扬的"人道、自由、平等和博爱"。[①] 在自由主义的思想体系中，人的生命、人的权利和自由始终占有至高无上的地位，自由主义者认为，在世间万物中，人具有最高的价值，是社会及其发展等一切事物的目的，用康德的话说：人本身就是目的。他指出："人，实则一切有理性者，所以存在，是由于自身是个目的，并不是只供这个或那个意志任意利用的工具。因此，无论人的行为是对自己的还是对其他有理性者的，在他的一切行为上，总是把人认为是目的。"[②] 人是目的，而社会的一切事物都不过是为人本身服务的手段。为了限制政府的专断权力，孟德斯鸠提出了三权分立、互相制衡的设想，这一设想经由美国开国元勋在美利坚的成功实验，自由宪政由此从理想变成现实。因此，现代法治在政治哲学的意义上，就是要借助法的至高无上性质，制约和限制政府的专断权力，防止执政者的专制独裁，以保护基于人之生命而存在的人的基本权利和尊严，确保个人的权利与自由不受侵害。法治还意味着民众有权抵制政府的不法行为，如因政府不法行为而给民众造成损失，则应给予必要的救济，包括行政救济、司法救济和国家赔偿等；法治还要求政府官员对自己的违法行为承担法律责任。

与强调人权与自由原则的现代法治理论形成鲜明对照，中国传统的法律思想，无论是主张"以法治国"的法家理论或法家化的儒家法律文化传统，在理论上都以尊君、卑臣和愚民为前提，以维护家天下的专制统治、为专制君主服务为目的，其所谓"法治"，实质上是"以法治国"（rule by law）而不是法治（the rule of law），不过是用"法"或法令来统一制度、

---

① 伯尔曼. 法律与革命——西方法律传统的形成 [M]. 贺卫方，译. 北京：中国大百科全书出版社，1993：11.

② 罗国杰. 人道主义思想论库 [M]. 北京：华夏出版社，1993：449.

控制臣民，以达到"治国安邦"的目的罢了。

传统的法治思想，既以君主而不是人民为政治的目的，以"富国强兵"为取向，所谓"以法治国"就是把法律当作专制君主控制人民以达到国富兵强的工具。

由此不难看出，以法家的法治理论或儒法合流统治思想构筑的传统法治观念和法律秩序，以"尊君卑臣愚民"的君主专制而不是"主权在民"的民主政治为基础，以官民的等级特权而不是全体人民的主体平等为前提，以专制统治者的意志而不是人民的理性为依归，因此所谓"以法治国"或"缘法治国"的传统法律完全是专制君主统治人民的一种工具，而不是国家保护公民的手段。

传统法律文化的"以法治国"观念和法的工具性取向，对国人的法律观念和法治意识的影响，无疑是极其深远的。现今，在一部分民众的思想深处，还对法律持敌视或怀疑的态度，避之犹恐不及，根本不相信司法是伸张正义的渠道。以上种种对于公民法治意识的培养和政府依法行政理念的落实，显然都是极为有害的。

二、中国传统法律文化的现代转换

改革开放四十多年来，中国法律文化经历了从传统向现代的较为明显的变迁过程。这是一个从一元法律文化到多元法律文化不断冲突与整合，从义务本位到权利本位，从公法律文化一枝独秀到公法律文化与私法律文化百花齐放的过程；也是一个从单一强化政策文化到不断强化政治文化，从热衷于法律的工具性特征到认同法律的价值性特征的过程。如何把握当代中国法律文化前进的方向，立足本国实际，大胆而适当地吸收和借鉴世界上一切科学的、进步的、合理的法律文化，从整体上对我国现存的法律文化进行适应性重构，促进我国依法治国和法治现代化，这已是中国法律文化面临的一个比较现实的问题。

1. 中国传统法律文化的现代转换目标

任何一个国家的历史，既是一部经济和政治的发展史，同时也是一部文化的发展史。而作为一部文化发展的历史，它的发展变化的过程充满着矛盾、冲突、斗争、选择。当代中国法律文化的现状，是同当代中国社会的现状紧密相连的。法律文化是社会文化的构成内容，是社会生活的组成部分，因而法律文化的现状也就同社会生活的发展变化密切相关。新时代背景下的中国，经济快速发展，人民生活稳步提高，科技文化水平进入了一个新的领域，现代化建设和改革开放使社会结构及人们的观念发生着巨大的变化。这一变化要求并决定着当代中国法律文化必须进行发展变化。

为适应当代中国的发展，当代中国法律文化的发展目标就是建设有中国特色的社会主义法律文化。这一命题包含丰富的理论内容，具体可以分解为三部分来予以说明："中国特色""社会主义""法律文化"。

——中国特色表明了法律文化的民族属性和国家属性。它是由中国的文化传统、现实、国情和法治实践所决定的。中国法律文化的发展是由中华民族这一古老而伟大的民族进行的。民族是源出于共同的祖先因而具有亲缘关系和某些相似生理特征的群体。而民族性体现的更是一个文化性的概念。民族是在一共同的地域，由共同的语言、风俗习惯、历史传统、生活方式、思维方式、精神信仰等文化纽带维系的群体。中华民族是一个拥有几千年悠久历史的古老民族，经过长期的历史积累而形成的文化传统强有力地影响着当代中国人的思维方式、价值观念、行为模式，影响着当代中国人对法律的情感、期待、评价、追求及其制定、执行和遵守法律的活动。因而，中国的法律文化必然会打下中华民族的文化传统与民族个性的深刻烙印，显示出与其他民族不同的特色和个性。

中国的法律文化传统是在中国这个国情特殊而又复杂的国度中形成和发展起来的。在经济发展水平、政治制度、人口、民族结构、历史文化发展等方面，中国与发达国家、发展中国家都有着相当大的差异。这些特殊的国情也使得我们不能够，也无法去照抄照搬别国的经验或制度。这就要求我们不是将引进的外来经验和制度主动适应国情并使之本土化，就是现实、国情和社会实践使外来的经验和制度在中国进行转化或变形。当然，我们强调中国的法律文化有中国特色，既不是主张片面追求"特色"，事事标新立异，更不是反对吸收世界各国的先进的文明成果，而是强调中国的法律文化的构建目标要立足中国的文化传统、现实国情，不能照抄照搬别国的经验和模式。在如何理解中国特色与国际化趋势两者的关系问题上，一方面，正像很多人所强调的那样，我们应当清醒地认识到，随着世界各国交往的日益密切、日益频繁，国际化、全球化趋势的日益增强，不同民族、不同国家在很多方面逐渐趋同；另一方面，我们同样要看到，在更多的方面，世界变得更加多样化，国际化的趋势并没有使世界变得简单和枯燥，而是使世界变得更加的丰富多彩和五光十色。

——社会主义表征了法律文化的本质属性和发展方向。它是由中国的社会性质和根本制度所决定的。当代中国法律文化的发展是社会主义法律文化的发展，当代中国所要建立的法治国家是社会主义的法治国家，这是由当代中国的社会主义性质所决定的。既然社会主义是人类历史上最先进的制度，那么社会主义的法律制度不仅应当是能和西方资本主义国家的法律制度相媲美的法律制度，更应当是人类历史上最优秀、最先进的法律制度，而社会主义的法律文化也应当是人类法律文化史上最优秀、最先进的法律文化。

当代中国法律文化的社会主义性质，不应当仅仅停留在理论的或理想的层面上，而应当转化为制度上与现实中可以真实感受到的优越性。这至少表现在以下几个方面：第一，社会主义的法律文化应当更具有民主性与人民性。社会主义法律制度应当真实地、充分地体现人民的意志，社会主义法治应当是依照人民意志治理国家，而社会主义法律文化也应当是为广大人民所接受并以人民群众为创造主体的、体现最广大人民群众意志的法律文化。第二，社会主义的法律制度应当更充分地保护人权，不仅要保护政治的权利和自由，也要保护经济的、社会的权利和自由；不仅要保护普遍的个人的人权，也要保护特殊群体的人权，特别是那些在社会中处于明显弱势地位的群体的人权。因此，社会主义的法律文化应当是一种高扬人权至上的法律文化。第三，社会主义制度应当更有效地制约国家权力，更有效地铲除腐败行为。社会主义的法律文化应当是能够更有效地引导、教育和弘扬社会的主流，社会主义经济、政治、文化的先进性，更有效地规避和铲除文化毒瘤、社会丑恶现象，使之得到社会主义的改造。第四，社会主义法律文化的根本使命应当是为解放生产力和发展生产力服务，为最终消灭剥削、消除两极分化和实现共同富裕服务。

——法律文化作为中心词语，这一概念本身就蕴含着较为丰富的内容，其概念如前阐述,在此不再赘述。法律文化是一种非常复杂的社会文化现象,其追求的最终目标就是法治社会。

按亚里士多德关于法治的阐述,基本可概括为8个字,即"好的法律""普遍遵守"。据此,我们也可将法治国家的特征定义为"民主完善,人权保障,法律至上和法制完备"①,"司法公正,制约权力,依法行政和首重权利"②。

民主完善是法治国家的政治前提,民主是法治国家必备的政治基础,完善的民主是法治国家的重要标志。人权保障状况的良好与否是区别法治国家与非法治国家的显著标志。法律至上是法治国家的理性原则。法律至上并不是对权力的简单否定,而是强调任何权力的获得和行使都应当具有法的依据,受到法的约束。法制完备是法治国家的形式要件。司法公正是法治国家的基本要求。制约权力是法治国家的切实保证。依法行政是法治国家的重要标志。首重权利是法治国家的明显特征。法律是特定权利和义务的载体,是一定数量权利义务的集合,是首重权利还是首重义务是法治国家与非法治国家的重要区别。

2. 继承与改造中国传统法律文化

(1)借鉴传统法律文化重道德培养的优点

法律更多的是道德的工具,为道德的运行提供必要的秩序条件。而道德也将自己很多基础内容上升为法律的规定,这样使得原先自觉自愿的道德行为成为法律强制下的义务,人们更加注重道德的作用,更有利于整个社会的道德化。但是这种整个社会的道德化是以法律的胁迫作为手段的,存在着不稳定、不合理的因素。因此,我们应当在法律的贯彻中仍然记得推进道德在社会的普遍认同,但是也应当注意不应当将道德直接化为法律条文来进行,而是应当通过法律观念来推行这种价值观,影响人们对道德的自觉遵守,只有这样才不会再次陷入传统法律的泥潭。而这种伦理思想还有一个缺点就是虽然其对于人的道德修养的提高有好处,但是道德往往只重视义务的履行,而忽视权利的给予,所以应当在推行时不要采取强制手段,而是应当采取鼓励的手段,给予有道德之人以相应的较好的法律评价和社会评价,这样才能使得大家在履行道德义务的同时获得相应的权利,

① 卓译渊. 法治的国度——一谈法治国家的基本特征 [N]. 检察日报, 2000-03-06 (5).
② 卓译渊. 法治的国度——二谈法治国家的基本特征 [N]. 检察日报, 2000-03-16 (5).

才能真正达成社会的和谐和稳定。

（2）注重传统的血缘关系、宗法关系对家庭的有益作用

我国自古就是宗法等级关系浓厚，注重血缘、注重家族是中华民族固有的观念，而这种观念虽然在封建社会成为一个家天下的社会等级结构，但是其优点也是显而易见的。这种注重血缘、注重家族的观念可以使得作为社会细胞的家庭内部和谐而稳定，营造一种"父慈子孝、兄良弟悌、夫义妇听、长惠幼顺"的和谐家庭环境。而良好的家庭环境可以使得社会处于一种稳定的状态，也会减少犯罪的发生。所以我们当前的法治建设也应当吸取这种优良的传统法律观念，通过法律的引导和帮助，使人们自觉地去跟从这样的观念，构建一个和睦的家庭。

（3）注重对传统法律文化中非诉讼方法的应用

西方法律文明高度发达，每个人都积极利用法律来维护自己的权利，但是这样做的结果就是造成诉讼过多，而另一方面为了维护法律的公平和公正，法律必须是按照程序严格进行，但是这也就造成了诉讼案件的长时间和高消耗。当两者结合在一起时，我们就会发现，高度发达的西方法律体系带来的却是数量繁多的诉讼、人力物力的消耗和极低的办事效率。这时候我们发现我国传统法律文化中有个很好的方法解决这个难题，那就是调解制度。调解制度可以将大量简单的纠纷由必须按程序严格执行的诉讼变成矛盾双方在一个公证人的主持下的和解。这样做的好处就是不会浪费过多的人力物力，并且能大量节省每个人的时间，同时还能减少法院的案件量，这样可以使得法院可以将更多的精力放在难以应付的疑难案件上。但是这样做的同时我们也应当注意防止非诉讼方法的泛滥，因为非诉讼方法没有严格的程序来保证公平平等，若滥用就会造成不公平现象的产生，损害法律的权威。所以在对非诉讼方法的使用上，我们应当结合实际情况适度进行，以确保质量和效率的兼顾。

（4）借鉴古代以法治吏的经验，发挥法在廉政建设中的作用

以法治吏为中华法系的一个特点，是儒家道德治国的结果，虽然古人如此是有其难言之隐的，但"明主治吏不治民"却也的确抓住了治国的根

本问题。[①]于是，历史上的每一时期的法律思想和法律制度，均无一例外地将其作为强调的重点。虽然贪官污吏并没有因此而绝迹于史，但古代追求昌明政治的政治家、思想家所作的以法治吏的实践及其经验，对于我们今天的廉政建设却有着积极的借鉴意义。近年来，某些国家机关工作人员借改革之机，以权谋私，出现了严重的腐败现象。加强廉政方面的法治建设，实为我们的当务之急。

廉政建设法律化、制度化的逻辑起点是以法惩贪。在我国古代，惩贪是历代法律的重要内容，其规定非常具体，处罚多为重刑。我们今天这方面的法律规定往往失之笼统，缺乏明确的标准，且处罚较轻，甚至法无明文，以致出现了屡禁不止的局面。因此，我们在惩贪方面的立法，应学习古代之经验，使之明确、具体，具有可操作性，以达到切实惩贪的效果。

建立对政府廉政的全方位的监督体制，是当前廉政建设法律化、制度化的重要环节，我国历史上许多朝代对此都做了专门的法律规定。我们现在尚缺少完备的廉政监督立法，这使廉政监督工作缺少完备的立法依据和保障。因此，适应廉政建设需要，完善廉政、监督立法，以保证依法进行廉政监督。

3. 辩证式的继承

传统法律文化是一个国家在长时期内不断积淀的结果，具有较为稳固的惯性，它一方面见证着历史的传承，另一方面又融入这个国家现今的法律文化当中，成为它的基础和内核。中国的传统法律文化经过了几千年的沉淀，早已经汇入中华民族的血液，成为我们法治建设的心理基石和文化根脉。如果非要拔出这个根脉，另起炉灶，不仅我们的社会环境不容许，我们的人民也不会答应。尽管我们现今运用的法律理论和概念，设计的不少法律规范和制度都是西方化的，但这些几乎都是浮于表层的现象，在深层次上乃至在本质上，存在于我们头脑中骨子里的东西仍旧是传统法律文化所赋予的，这些传统的东西一直在影响着我们的思维模式和行为运作。我们的立法和法律实施过程依然不同程度上遵照着传统的理念在操作，我们内心的追求和价值观念依然在沿袭着传统的标准，我们在日常生活中仍

然有意无意地遵循着传统的原则和指引在行动。虽然这不一定都是好事，但也在时刻提醒着我们，传统法律文化的影响还在，它的力量还在起着或大或小的作用，不容许我们去轻视它忽略它。

对于传统法律文化的继承必须要采取辩证的方式，既不能笼统地保留，也不能一概予以舍弃，而要用扬弃的方法，既有所抛弃，也有所保留，万万不能一概而论。对于显著的与现代法治的精神和理念相冲突相悖离的部分，一定要不留情面地予以摒弃。像在历史上盛行的君主专制、尊卑等级、重刑主义以及法律工具化倾向等内容，严重不符合法治的精神，完全与法治的追求背道而驰，必须要彻底清除，坚决地予以舍弃。而像法不阿贵、严明执法、温情司法以及严厉的法律监督机制等内容，与法治的精神和追求基本一致，如果好好利用，将会极大地促进中国法治的发展，故而很有必要继续传承和发扬下去。中国传统法律文化博大庞杂，良莠参差，我们在扬弃的过程中必须要谨慎仔细地甄别，千万不可马虎，如果有必要还要进行反复地试验和论证，以免犯下错误，将好坏颠倒，从而损害到我们正在进行的法治建设事业。

4. 文化自觉的苏醒

中国的法治建设，不管是从理论上，还是实践上，都不应该唯西方马首是瞻，中国法治要有中国的特色，彰显民族的个性。那种过分推崇西方模式，单纯倚重西方理论的做法都是错误的、不科学的。中国要想实现法治强国的梦想，必须独立自主地开辟和探索出一条适合中国的，属于中国的道路，既符合人民大众的利益，又能凸显中华民族的灵魂和特色。这种灵魂和特色就源自中国的法律文化特别是作为其基础和内核的中国传统法律文化，我们必须科学地、正确地对待它，好好珍惜这笔宝贵的历史遗产。

（1）自我意识的彰显

在对待中国传统的法律文化上，我们的态度应该客观公正，不能因为它的落后性的一面就全盘地否定它，也不能因为它具备一定的利用价值就不加批判地予以肯定。不管是歧视性的否定还是同情式的肯定，都不是一种科学的理性的态度。我们对于自己的民族文化应当保持一种适度的自信，尊重它、爱惜它，认识到它是我们自己民族的劳动成果和智慧结晶，虽然它的一部分内容已经被时代无情地淘汰，但是仍然有一些传统值得我们去继续传承和弘扬。在法治建设的过程中，我们必须要不断地彰显自我意识，对自己的民族文化要充满自信。其实，现代法律意识的培养就是以人的文化自觉意识为前提的，只有人真正地树立起了自觉意识和主体意识，才有可能萌生出权利意识和法律意识。在法治建设的进程中，我们必须要坚定不移地走自己的道路，不单纯依赖任何外源力量，勇于实践，大胆创新，只有这样，我们的民族文化才能再度迎来自己的春天，屹立于世界民族之林而不致枯萎败落。

（2）反思意识的树立

对自己民族文化的自信，不代表就对自己的民族文化不分好坏，不加区别，而一律予以肯定，哪怕是缺点也进行偏袒和掩盖。自信是必要的，但也要有限度，不能滑向独自尊大的极端。在对中国传统法律文化理性自信的同时，我们还要树立起反思意识。反思，就是要不断地、反复地去重新认知自己，认识自己的优点，也认识自己的缺点。对于中国的传统法律文化，我们既要看到它可被利用的一面，也要看到它的落后性。对于落后性的内容，我们应当不断地去追问它落后在哪里，为什么会落后；而对于可被利于的内容，为什么它能被利用，它的价值到底体现在哪里。带着这些问题，我们就要去深度思考，对于过去的落后，我们在今天能不能避免；对于可被利用的部分，我们该怎样利用，在今天能不能利用得好。我们的法治建设过程也需要不断地反思，在反思中总结，在反思中醒悟，从而不断地朝着正确的方向前行。

（3）批判意识的加强

有了自信，不能盲目乐观，应当在反思的基础上对相关的谬误和糟粕进行批判，只有这样，我们的认识才更明晰，我们的领悟才更深刻。对于中国传统的法律文化，我们在开发和利用的同时，也不能忘记了对蕴含其中的落后与腐朽成分的批判，对它们的批判越深刻，我们越能够从中警醒，从而更科学地利用传统法律文化所能提供给我们的资源。批判恶的同时，其实也是在肯定善，对恶的批判越强烈，我们对善的认知越清晰，对善的追求也越积极。缺乏怀疑和批判精神的民族一定也是创新能力不强的民族，总是以老的模式旧的标准来建构一切，肯定不会有什么飞跃式的进步。中国的法治建设如果不能挣脱传统法律文化的羁绊，也将会停滞不前，我们必须在对传统法律文化批判继承的基础上进行创新，只有这样，我们的法治进程才会是生机无限、充满活力的。

（4）选择意识的提升

在中国传统法律文化的传承上，必须要具备选择意识，一定要对传统法律文化进行甄别、筛选，切不可一概而论。对于明显与现代法治精神相抵触的内容和成分，一定要毫无保留地予以抛弃，而对于潜在的可被利用的资源，也一定要进行多方面的反复的论证之后，才可以具体地实施运用。特别要注意坚持与时俱进，多从时代的需求和发展趋势去发掘传统当中的现代化资源。在借鉴和学习国外先进法律技术和经验时，也要增强选择意识，不可不加分析、不加考证，笼统地引进和移植。在引进之前，必须要考虑在我们的文化环境当中能不能找到切入点，而使被移植的法律真正地融入我们的社会里，被我们的民众认同和接受。如果被引进的法律和我们的文化环境不能相容，那么在移植该法律时就要慎重了，否则，生拉硬扯，强扭过来，也是白费心机。中国法治建设的过程还很漫长，任务还很艰巨，需要不断地实践，不断地摸索，面对各种主张和建议，也要增强选择意识，在仔细地判断和鉴别之后，才可以做出决定。三思而后行，虽然不能保证不出错，但可以大大降低出错的概率。

第四章　中国化马克思主义法治理论对中国传统法律文化的价值继承与创新发展

中华民族具有悠久的法制传统，在封建社会时期，形成了独具特色的中华法制文化，并极大地影响了亚洲其他国家的法制发展。近代以来，中华民族面临着民族独立、富强和复兴的历史重任，在上述诉求之下，必然需要在法治领域中实现国家现代化。在这样的背景任务下，中国人民开始了对于各类法治理论的甄选。中国人民在中国共产党的领导下最终选择了马克思主义法治理论，并用其指导了我国社会主义法治实践发展。在这一法治实践的历史进程中，中国共产党人带领中国人民实现了将马克思主义法治理论的基本原理和中国法治国情的结合，不断推进马克思主义法治理论中国化，并创造出了中国化的马克思主义法治理论。

中国共产党一直试图找到一条能够让一个人口众多的东方发展中大国快速实现法治现代化的发展道路，因此中国共产党不断开始开展法制实践。伴随着市场经济体制的确立，在政治上，中国共产党于十五大提出了"依法治国"基本方略，于十八届四中全会提出"全面推进依法治国"，并在十九大上进一步明确了"全面依法治国是国家治理的一场深刻革命"[①]，随后在十九届二中、三中、四中、五中全会上提出"全面依法治国"向纵深推进，在二十大会议上强调"坚持全面依法治国，推进法治中国建设"[②]，找到了一条中国特色社会主义法治道路，走出了一条可以为世界上其他发展中国家法治现代化提供借鉴的新道路。这一道路涵盖了中国共产党建立

[①]　习近平. 论坚持全面依法治国 [M]. 北京：中央文献出版社，2020：186.

[②]　习近平. 高举中国特色社会主义伟大旗帜　为全面建设社会主义现代化国家而奋斗——在中国共产党第二十次全国代表大会上的报告 [M]. 北京：人民出版社，2022：40.

之后从法制到法治的理解，在这条道路上实现了对于中国传统法律文化的批判性吸收，实现了对于马克思主义法治理论的民族化发展和时代化创新，实现了对于法治理论在本质论、价值论、结构论和建设论的创造性推进。

第一节　马克思主义法治理论中国化的探索历程

马克思主义法治理论中国化的实践过程贯穿了新民主主义革命、社会主义革命、社会主义建设、改革开放和社会主义现代化建设的各个历史时期，在上述不同历史时期，中国共产党人不断奋勇前行，毛泽东、邓小平、江泽民、胡锦涛、习近平都将马克思主义法治理论的基本原理和中国国情紧密结合，在开展法治实践中不断推进马克思主义法治理论中国化。

一、毛泽东的法律思想

毛泽东法律思想诞生于 20 世纪初期，东西方文化交汇融合的时代，既保有中国传统法律思想的基因，又深受马克思斯主义法治理论的影响。他因地制宜，吸收借鉴巴黎公社和十月革命的经验教训，结合中国革命斗争的实际情况，总结出自己的一套经验理论，最终指导中国革命走向胜利。

1. 毛泽东法律思想的形成

毛泽东出生于湖南的农民家庭，自幼受传统儒家思想熏陶，因此法律思想中贯穿纲常伦理观念。进入学校求学后，毛泽东接触了大量的西方法学理论，并开始进行自主的学习研究，通过阅读西方法律名著，他逐渐意识到西方法律思想中自由民主观念的优越性。1917 年，十月革命在俄国爆发，马克思主义进入中国知识分子视野，此时的毛泽东敏锐地意识到，马克思主义中固有的自由民主平等观念，是改造中国传统法律思想的有力武器，因此毛泽东迅速接受这种思想，并进行了深入研究，从中汲取了例如唯物史观、认识论、实践论等重要理论，为日后其法律思想的形成打下了牢靠的理论基础。

（1）时代背景

毛泽东出生于一个动荡的年代，19 世纪末期，积贫积弱的清政府饱受西方列强欺凌，中国社会长期处于动荡，西方思想观念经洋务运动后在中国广泛传播，中国的知识分子开始觉醒，试图通过学习西方先进的政治、经济、法律等思想拯救中国，进而掀起了一次次文化思潮，就是在这种情况下，毛泽东才有机会接触到更多思想，也使他培养成了善于吸收、借鉴、融合的良好习惯。

在马克思主义的指引下，俄国十月革命轰然爆发，并成功建立了无产阶级革命政权，为世界无产阶级革命提供了实践经验。马克思主义开始被当时我国的知识分子所熟悉。在这种时代背景下，中国爆发了五四运动，工人阶级正式登场。当时的毛泽东敏锐地意识到工人阶级在推动中国革命发展当中的重要地位，他紧紧把握了时代趋势，欣然接受马克思主义思想，并从中汲取先进理论知识，最终领导中国战胜侵略者，实现民族独立。在这一过程中，毛泽东先后参与制定了《中华苏维埃共和国宪法大纲》《陕甘宁边区施政纲领》等一系列宪法性文件，毛泽东法律思想也伴随着马克思主义在中国的实践不断丰富。

中华人民共和国成立以后，面对中国多年混战造成的司法混乱局面，制定宪法迫在眉睫，1954 年，全国人大通过了我国第一部宪法，标志着我国法治建设的重大推进。在随后几年当中，全国人大又陆续通过了一系列法律政策，如《中华人民共和国土地改革法》《中华人民共和国婚姻法》等。截至 1958 年，全国共颁布法律法规千余件，有效推进了我国法治事业的进程。

（2）理论来源

中国传统法律思想。中华民族具有优秀的法律文化传统，毛泽东在学习借鉴马克思主义法律思想的同时，还注重积极与我国优秀法律文化结合，如 1928 年制定的《井冈山土地法》中规定："以乡为单位，以人口为标准，男女老幼平均分配。"[1] 就体现出传统民本思想；又如他提出的为人民服务、群众思想、群众路线等思想，也充分体现了马克思法律思想中有关无产阶

---

① 毛泽东. 毛泽东选集（第一卷）[M]. 北京：人民出版社，1991：71.

级政权需要反映占大多数的人的无产阶级意志的精神内涵。无论是抗日战争时期还是中华人民共和国成立后，毛泽东都十分重视法律的制定与落实，先后参与制定了《陕甘宁边区施政纲领》《中国人民政治协商会议共同纲领》《中华人民共和国宪法》等一系列法律法规，并在执法过程中"不殊贵贱"，一视同仁。

西方优秀法律思想。毛泽东早年曾大量阅读西方的法律思想专著，比如他曾提到阅读过斯宾塞的《逻辑》、孟德斯鸠《论法的精神》，以及卢梭等人的著作，其中大量阐述了自由平等的个人主义原则，强调民主、宪政，令其印象深刻。俄国十月革命后，苏维埃政权成功建立，这时的列宁充分认识到法制建设对国家治理的重要意义，大规模地推进立法工作。结合苏维埃政府的诸多举措，毛泽东对马克思主义进行了深入研究，意识到工人阶级对建立无产阶级政权的重要作用，而法律则是推动和维系这股力量的重要工具，土改政策、《陕甘宁边区施政纲领》等一系列法律政策的实施就是对毛泽东重视立法工作的最好诠释。

（3）形成过程

在新民主主义革命之初，毛泽东的法治思想就已经得到了初步的体现。例如，他在《湖南农民运动考察报告》中就提到，要在农村建立农会制度，将一切权利收归农会，实现："一切事情，农会的人不到场，便不能解决。"[①]以民主决议的形式解决实际问题。随后，毛泽东又主持制定了《中华苏维埃共和国宪法大纲》，出台涉及土地、婚姻等各方面关乎人民生计的新的法律法规，进一步确立了苏区广大人民群众的民主权利。抗日战争时期，为实现团结最广大人民的目标，他又提出"三三制"原则，温和调节各阶级利益，并结合当时的实际情况，在敌后根据地施行惩治盗匪、打击经济犯罪的诸多措施，维护抗日政权稳定。通过 1949 年《中国人民政治协商会议共同纲领》以及后续实施的《中华人民共和国宪法》，社会主义法制建设不断完善。可以说，通过多年指挥无产阶级革命战争以及社会主义国家建设，其法律思想不断得到补充完善，积累下了丰富的实践经验。

---

① 毛泽东. 毛泽东选集（第一卷）[M]. 北京：人民出版社，1991：14.

2. 毛泽东法律思想的内容

（1）人民主权

人民主权是毛泽东实践其法律思想的基础。《中华苏维埃共和国宪法大纲》中明确写明国体是工人和农民的民主专政国家。随后在其发表的《论人民民主专政》中，阐述了新中国是"工人阶级领导的，以工农联盟为基础的，人民民主专政"的新民主主义国家。强调工农阶级在国家中的重要位置。及至《中华人民共和国宪法》颁布，又将"一切权力属于人民"写入其中，以宪法的形式确立了人民当家作主的地位，[①] 人民行使国家权力，成为国家意志的体现。

（2）民主权利

民主权利是毛泽东法律观念中十分重要的内容。例如抗日战争时期，毛泽东在《团结到底》一文中提出建立"三三制"政权，充分调动广大人民群众广泛参与革命斗争的热情；1945 年，在接待国民党参政员时，他强调说，要让人民监督政府，才不会人亡政息。[②] "五四宪法"颁布之前，毛泽东曾广泛动员群众参与"宪法大讨论"，参与者超 1.5 亿，按当时全国 5.47亿人口计算，逾三成民众参与讨论。这都体现出毛泽东法律思想中的民主权利原则。

（3）法律面前人人平等

早在 1931 年，"公民，在法律面前人人平等"就在苏区的宪法大纲中明确写明。抗日战争期间，《陕甘宁边区施政纲领》、土改政策等一系列法律法规的颁布实施进一步强调法治在领导无产阶级革命过程中的重要作用，并多次通过整风运动强化共产党员及至普通群众的法律意识。中华人民共和国成立以后，毛泽东又多次参与"五四宪法"等相关法律的制定，通过发动全国性讨论推进法律的制定实施，刘青山、张子善等革命功臣贪污腐败案件的宣判，也表明了毛泽东推行法治建设的决心。

3. 毛泽东法律思想的意义

马克思、恩格斯的法治理论十分丰富，如何用这些居庙堂之上的理论进行实际指导，形成适合中国国情，引导中国革命走向胜利，时刻考验着

① 毛泽东. 毛泽东选集（第五卷）[M]. 北京：人民出版社，1977：129.

② 薄一波. 若干重大决策与事件的回顾 [M]. 北京：中共中央党校出版社，1991：157.

共产党人智慧与勇气。毛泽东的法律思想是马克思的法律理论与我国结合道路上迈出的第一步，它的意义就在于马克思的思想观念中有关法制的观点成功地与革命实践联系在了一起，在它的引导下，中国取得抗日战争胜利，并建立人民民主专政的社会主义国家，使人民主权和民主权利在这个国度实现了确立和保证。毛泽东法律思想是建设社会主义法治国家的奠基石，是发展社会主义民主法治建设的重要基础，是中华民族宝贵的精神财富。

二、邓小平的法律思想

1. 邓小平法律思想的形成

（1）时代背景

国际环境。进入 20 世纪 80 年代，在世界范围内，和平取代动荡，发展取代战争，和平与发展成为势不可挡的国际潮流，这对于当时亟待改革开放的中国来说，无疑是重要的发展机遇。尤其是伴随着东欧剧变和苏联解体，社会主义阵营分崩离析，与资本主义国家长达几十年的冷战宣告终结，世界开始从两极化到多极化格局发展，从短期看来，世界范围内不会再次爆发大规模战争，这为我国的国家发展营造了良好的空间。反思苏联解体的经验教训，人民群众的主体地位无法保障，社会主义民主没有落实，国家治理过程中人治取代法治，司法行政混乱，群众利益成为一纸空谈，进而导致民心涣散，丧失建设社会主义的信心。

国内局势。十一届三中全会后，我国的法治建设不断面临新挑战。尽管在中华人民共和国成立初期，国家通过了《中华人民共和国宪法》《中华人民共和国婚姻法》等一系列法律法规，初步奠定了社会主义法律体系的框架，然而伴随着党内法律虚无主义蔓延，造成了严重的后果。①面对这种复杂局面，又结合自身经历，以邓小平为核心的党的第二代领导集体，进行了深刻反思。在确立"一个中心，两个基本点"后，中国的社会发展进入快车道，国内贸易与国际贸易日益频繁，在这种情况下，更要加快推进法制建设，为经济发展营造良好氛围。

---

① 严励. 马克思主义法律思想的发展与创新——以中共三代领导集体核心的法律观为视角 [J]. 上海政法学院学报，2006（03）：3.

（2）理论来源

邓小平的法律思想来源主要有三点：第一，马克思主义法治理论。邓小平赞同马克思提出的有关法的来源、法的本质以及法的决定因素观点，认识到客观物质社会的经济基础决定法的内容，而法律作为上层建筑又对经济发展具有反作用。第二，毛泽东法律思想。毛泽东法律思想中关于人民主权、民主法治等思想有利于保障人民群众参与管理国家事务、管理经济文化事业的主体地位的内容，需要继承和弘扬。第三，传统法律思想。吸纳传统法律思想中重视法治的思想观念，积极探索法制建设之路。

（3）形成过程

党的十一届三中全会结束后，邓小平在发表的《解放思想，实事求是，团结一致向前看》讲话中指出："为了保障人民民主，必须加强法制。必须使民主制度化、法律化，使这种制度和法律不因领导人的改变而改变，不因领导人的看法和注意力的改变而改变。"[1]结合会议中提出的"有法可依，有法必依，执法必严，违法必究"[2]十六字法治方针，我国开始加快法律的制定完善进程。1979年，第五届全国人大第二次会议通过修宪决议。1982年，新宪法正式颁布实施，这是邓小平法律思想的确立标志。在这部宪法当中，明确要求各族人民，各政党机关、社会团体，都要将宪法作为活动准则，确立了宪法的权威性。

在随后的中共十二大、十三大，改革开放全面展开，国家发展的重心转移到经济建设上来，我国的法制建设也随之轰轰烈烈展开。据统计，在这一时期，全国人民代表大会共通过各类法律42部，涉及民事、刑事、行政、经济等各个领域，同时自1986年起，开始正式实施五年一次的普法规划，全面推进全国范围内的法律教育和法律宣传。通过立法和普法活动的开展，我国社会主义法制建设得到迅速的恢复和发展，同时涌现出大批法律人才。1992年，邓小平视察南方时提出，应重视民主和法制的建设，标志着邓小平的法律思想继续深化完善。

---

① 邓小平. 邓小平文选（第二卷）[M]. 北京：人民出版社，1994：146.

② 中共中央文献研究室编. 三中全会以来重要文献选编（上）[M]. 北京：人民出版社，1982：26.

2. 邓小平法律思想的内容

（1）建设法治国家

经历过"文革"之后，邓小平对以"法治"代替"人治"有了更加深刻的认识，他在第十一届三中全会中明确提出，要进一步加强法治建设，完善法律体系，将民主权利制度化、法律化，不受领导观念、看法影响，同时进一步在解放思想的讲话中提出建立健全社会主义法治的战略，进一步巩固法治建设的重要位置。在他提出的十六字法治方针当中，有法可依和有法必依是相辅相成的，这一方面要求立法机关进一步加快立法工作，深入法治改革，完善法律法规，填补法律空白，借鉴优秀法律，使法律作为上层建筑推动社会生产的快速发展，使之不断适应当前改革发展面对的新环境、新问题；另一方面又要求法律面前人人平等，每个人都享受义务，履行责任，不可逾越法律的红线，必须要做到有法必依。

（2）法律权威

邓小平曾在1956年修改党章的报告中提出，要求所有党员都要遵守法律，没有人能例外。在十六字法治方针当中，邓小平进一步强调了他的法律权威观点，执法和司法必须遵守法律规范，如果违反就要受到追究，法律权威至高无上，所有人都应该遵守。马克思曾指出，法是一国之内占统治地位的阶级集中意志的体现，而我国是人民民主专政的社会主义国家，人民群众占统治地位，国家法律是人民意志集中表达，所有人都应遵守。

（3）全民普法

全民普法是全民守法的重要保证，不仅要做到尽快制定法律，还要尽快普及法律，使人人懂法。在这种背景下，邓小平主要从四方面入手：第一，推进法学教育研究，推动高等法律院校扩招，尽快解决"文革"造成的公检法人员短缺情况；第二，加快党员干部法律学习步伐，落实好执法必严、违法必究，改变"人治"观念，约束其行政执法的权力；第三，让法律学习走进中小学生的课堂，养成学生遵法守法意识；第四，在全国范围内推进五年一个周期的普法活动，推进全社会人民法律教育学习，至2011年已进行到"六五"普法，持续长逾三十年，有效推动了全民普法进程。

3. 邓小平法律思想的意义

邓小平法律思想与毛泽东法律思想一脉相承，同时又辩证地传承和发展，它吸收了其中有利于我国的法治建设过程中需要的部分，实现了理论上的创新。马克思主义法治理论主要解释了阶级斗争的问题，如何将理论运用于社会主义建设的政治、经济实际，就需要进行深刻的分析研究。正是基于这种实际需要，他进一步强调要"一手抓建设，一手抓法制"①，将经济和法制的建设摆在同样重要的位置。与此同时，邓小平进一步提出了十六字法治方针，牢固树立了法律权威性，将建设法治国家以宪法的形式加以确认，并着重加强执法、司法、行政队伍建设，为建立健全社会主义法制提供了强大保障，是中国由"人治"转向"法治"的重要转折点。通过一系列普法教育和普法宣传，提高了公民尊法守法意识，使法制观念深入人心，将中国的社会主义法制建设引上正轨。因此，邓小平法律思想实际上是马克思的法律理论在我国的进一步实践与深化。

三、江泽民的法律思想

1. 江泽民法律思想的形成

（1）时代背景

国际环境。随着东欧剧变和苏联解体，社会主义阵营分崩离析，与资本主义国家长达几十年的冷战宣告终结，世界开始从两极化到多极化格局发展，形成以美国超级大国为首，欧盟、俄罗斯、中国、日本等国分庭抗礼的崭新政治格局。与此同时，经济全球化程度日益加深，国家、区域、组织间的分工合作日益密切，为我国经济建设带来机遇。在这种复杂的国际形势下，如何守护我国的国家利益，保卫领土安全，稳步推进经济发展，成为以江泽民为核心的党的第三代领导集体的重要任务。

国内局势。党的十一届三中全会以来，国家通过修订宪法、制定法律法规，不断推进立法工作，通过邓小平提出的十六字法治方针，确立了法律的权威性，保证了依法行政，为依法治国铺平了道路，同时也为我国的现代化建设提供了法律支持。然而尽管普法工作持续开展，党员干部的普法教育活动不断深化，但受传统封建思想影响，以及西方资本主义腐化思想侵害，党内屡屡发生执法不严、违法不究、权钱交易等情况，社会主义

---

① 邓小平. 邓小平文选（第三卷）[M]. 北京：人民出版社，1993：154.

法制建设并未得到根本落实。为彻底解决这一问题，江泽民将"依法治国"基本方略写入党的十五大报告，着力推进法治国家的建设。

（2）理论来源

江泽民法律思想是马克思的法治理论在我国实践的硕果，是对毛泽东、邓小平法律思想的传承和发扬。尤其是邓小平法律思想中涵盖的，例如：要实现国家的现代化必须建设和法治并举；要坚持十六字法治方针，加强行政和司法队伍建设，实现依法行政；要加强普法教育和法律宣传，加快推进法律知识传播等一系列重要内容。由此可见邓小平法律思想的影响深刻。

（3）形成过程

江泽民法律思想产生于长期的基层工作实践，在其担任基层领导、省领导干部过程中，积累了丰富的指导地方区域发展的实际经验，其中蕴含丰富法律思想，但其真正从国家建设发展角度来思考、体现法律思想，则是在党的十一届四中全会上。1996 年，江泽民就实行和坚持依法治国，保障国家长治久安发表了重要讲话。随后提出"依法治国，建设社会主义法治国家"[①]的任务要求，这标志着江泽民法律思想的萌芽。

1997 年，江泽民在党的十五大报告中，总结了依法治国基本方略，要求在今后的工作当中，要着重推进政治体制改革，扩大民主范围，丰富民主形式，完善法制建设，加快我国的法治建设进程。在这里，江泽民首次将"依法治国"以党的纲领性文件形式加以规范，由此江泽民的法律思想最终确立。在他看来，依法治国是维护国家稳定的重要前提，必须坚定不移的贯彻执行。2001 年，江泽民指出："法治和德治，从来都是相辅相成、相互促进的。……我们要把法治建设与道德建设紧密结合起来，把依法治国与以德治国紧密结合起来"[②]，这标志着他法律思想的进一步完善。

2. 江泽民法律思想的内容

（1）依法治国

邓小平的核心法律思想就是要建立法治社会，将国家管理由人治转变

---

① 江泽民. 江泽民文选（第二卷）[M]. 北京：人民出版社，2006：258.

② 中共中央文献研究室编. 江泽民论有中国特色社会主义（专题摘编）[M]. 北京：中央文献出版社，2002：337.

为法治。江泽民继承了这一观点,他在党的十四大上指出,要注重立法,严肃执法,完善执法监督,杜绝以言代法,以罚代法的情况发生。他首次提出"依法治国,建设社会主义法治国家,是党领导人民治理国家的基本方略"①。这标志着我国治国方式的重大转变,从此国家权力的行使被置于宪法和法律的监督之下,使其运行变得法律化、制度化,有效地约束了国家权力滥用现象。同时这也是稳定市场经济、建设民主政治的需要,有利于维护和保障人民的民主权利。在 1999 年的宪法修正案中,明确规定"中华人民共和国实行依法治国,建设社会主义法治国家"。依法治国基本方略在这里被写入了宪法,有了宪法的保证。②

（2）以德治国

改革开放以来,人民物质生活水平不断提高,精神生活不断丰富,国家综合国力不断增强,成就举世瞩目,但问题也随之产生。例如:随着市场经济的发展,人们的思想观念、价值取向随之变化,享乐之风、奢靡之风屡禁不止,见利忘义、权钱交易时有发生;许多地方封建迷信活动抬头,邪教乘虚而入;西方腐朽思想渗透加剧,民族虚无主义、历史虚无主义盛行。面对这种情况,江泽民指出法律和道德是上层建筑的重要构成,道德规范和法律法规应相互补充。在 2001 年的全国宣传部长会议上,他提出要将"依法治国与以德治国紧密结合起来"。同年九月,印发《公民道德建设实施纲要》,作出了 20 字道德规范要求。

（3）建设中国特色社会主义法律体系

党的十一届三中全会以后,国家加快了立法步伐,出台了一系列法律法规,填补了很多领域的空白,但仍存在很多问题,主要是整体上立法滞后,一方面是由于先实践,后立法,往往容易导致一些领域无法可用,造成司法混乱;另一方面随着改革开放,社会发展速度加快,法律无法及时更新,造成立法滞后。另外,因地域差异、经济发展水平差异、历史文化差异等现实问题导致法条较多体现原则性、笼统性,致使出现弹性条款,量刑、处罚伸缩性大。针对这些问题,江泽民在党的十五大报告中明确提出,"到

① 江泽民. 江泽民文选（第二卷）[M]. 北京:人民出版社,2006:258.

② 蒋传光. 马克思主义法律思想的中国化及其在当代中国的新发展 [J]. 上海师范大学学报（哲学社会科学版）,2007（04）:8.

二〇一〇年形成中国特色社会主义法律体系"①。对此，国家进一步加快了立法步伐，据统计，自1992至2002十年间，立法总数相当于过去年立法的总和。我国的法律体系已初见雏形。

3 江泽民法律思想的意义

江泽民法律思想是马克思主义法治理论与我国融合的又一硕果。江泽民要求人们理性思考，靠理论和实践之间的联系，一切从实际出发，树立正确的科学实践观。在正确方向地指引下，党坚持了从实际出发的认识论观点，遵循实事求是的路线原则，领导人民立足实践，并在积极探索中逐步发现正确的治国方略，完成了由社会主义法制到社会主义法治上的重大认知转折，"依法治国"基本方略的提出，标志着我党执政理念和执政方式的战略性转变，它进一步确立了法律至高无上的权威性，使党的领导更加制度化、法律化，有利于进一步巩固党的执政地位，同时也为社会主义市场经济的健康发展奠定了良好的法制基础。"依法治国"基本方略的提出，是对邓小平的法律理论的深化，它有效保障了市场经济活动的有序运行，推动了社会生产力的进步，有效保障了民主政治的实现，人民的民主权利得到有效落实。此外，"依法治国与以德治国"基本方略、"建设中国特色社会主义法律体系"战略，都进一步推进了我国法治事业的发展，是我国法律理论体系的重要环节，是对毛泽东、邓小平法律思想的总结和创新，是我国法治事业建设的又一成果。

四、胡锦涛的法律思想

1. 胡锦涛法律思想的形成

（1）时代背景

国际环境。进入21世纪，世界政治经济格局发生巨变，以中国、印度等为代表的一系列发展中国家和地区迅速崛起，美国超级大国的霸权地位一去不返，发展中国家拥有了越来越多的说话的权利，世界多极化格局就此形成。作为世界上最大的社会主义国家，中国的崛起格外受到关注。与此同时，经济全球化与科技创新的发展也日新月异，中国早已加入WTO，

---

① 中国共产党第十五次全国代表大会文件汇编[M]. 北京：人民出版社，1997：33-34.

国家贸易合作程度加深。中国作为世界工厂，是工业生产的大国，但劳动密集型比重较大，研发创新能力不足也是实际问题。面对这种复杂情况，依宪治国应运而生。

国内局势。我国的国情是处于并将长期处于社会主义初级阶段，人民群众日益增长的物质文化需求和落后的社会生产仍是这个阶段的主要特点。党的十六大以后，和平、发展成为大势所趋，[①]同时期的各国家地区，也都在为区域间的沟通合作不断对话。2006 年，胡锦涛在中央政治局第 32 次集体学习时发表讲话，要坚持依法治国，建设社会主义法治国家，进一步体现出法治建设的重要意义。

（2）理论来源

从邓小平到江泽民，依法治国思想由方针政策到治国的基本方略，可以看出我国对法治理念的认识逐步加强，党和政府越来越重视依照法律来管理国家事务，管理经济文化事业，从这一角度看，胡锦涛法律思想实际上是与毛泽东、邓小平、江泽民法律思想一脉相承的，是马克思主义法治理论在我国的进一步融合。十六字法治方针是邓小平依法治国思想的具体体现，江泽民不仅将依法治国、建设法治国家写入党的纲领性文件，更创造性地将法治与政治、经济、文化进行糅合，提出依法治国与以德治国相结合。胡锦涛在此基础之上，将依法治国进行深刻剖析研究，并对其进一步继承发扬。

（3）形成过程

胡锦涛在纪念宪法施行 20 周年大会上讲到，要全面贯彻实施宪法，号召各族人民、国家机关、社会团体要以宪法作为活动准则，这是贯彻依法治国基本方略的基础。[②]这标志着胡锦涛宪政思想的萌芽。随后在党的第十六届中央委员会第三次会议上，胡锦涛首次提出科学发展观概念，在十七大的报告中给予充分阐述："科学发展观，第一要义是发展，核心是以人为本，基本要求是全面协调可持续，根本方法是统筹兼顾。"[③]在此基

①　新华月报社编. 时政文献辑览 [M]. 北京：人民出版社，2008：56.

②　胡锦涛. 在首都各界纪念中华人民共和国宪法公布施行二十周年大会上的讲话 [N]. 人民日报，2012-12-05.

③　胡锦涛. 胡锦涛文选（第二卷）[M]. 北京：人民出版社，2016：623.

础之上，胡锦涛形成了以人为本的人本法治观，使人民群众的主体地位得到升华，人民权益得到保障。这是胡锦涛法律思想形成的标志。

2004年9月，胡锦涛讲到，要依宪治国、依宪执政，在全社会范围内学习、遵守宪法，维护宪法权威。至此胡锦涛宪政思想形成。中共十六届六中全会通过的重大问题的决定上，明确写明到2020年，要达成构建社会主义和谐社会的目标，并进一步强调保障民主权利、完善法律制度、完善司法机制。胡锦涛在十七大讲话里，进一步阐述了科学发展观，同时要求树立社会主义法治理念。

2. 胡锦涛法律思想的内容

（1）宪政法制观

依宪治国是胡锦涛的法律思想中重要的一环。胡锦涛认为，依宪治国是依法治国的基础，依法治国首先要依宪治国，依法执政首先要依宪执政。因此，国家应首先树立宪法权威性，保证国家权力的行使受到宪法的制约，民主权利的获得受到宪法的保护，只有这样才能真正实现依宪治国。① 就此，胡锦涛通过多种方式落实保证。一方面是树立宪法权威，在纪念宪法施行二十周年大会上，胡锦涛指出宪法是维护国家完整统一的重要保障，是安邦治国的重要基础，任何违宪行为都应承担法律责任；另一方面是广泛宣传学习。胡锦涛2004年在召开中共中央政治局常委会会议时发出指示，要求在全国范围内组织开展学习宪法的活动。

（2）人本法治观

科学发展观的核心是以人为本。从法律思想的角度看来，就是人本法律思想。这体现在以人为本、尊重和保障人民的民主权利、实现人的全面发展等具体方面。胡锦涛在十七大指出，以人为本要长期贯彻落实，它有利于团结各族人民，维护长治久安，巩固共产党的执政地位，进而推动社会稳定发展；在会议中他同时强调，只有让每个人都可以用同等的身份参与到社会主义建设中，人权才能得到充分的尊重和保障，才能进而实现人的全面发展。我党作为先进的政党，要秉持立党为公、执政为民的态度，谨记权为民所用、情为民所系，始终与人民站在一起。

---

① 胡锦涛. 在首都各界纪念全国人民代表大会成立五十周年大会上的讲话 [N]. 人民日报，2004-09-16.

（3）树立社会主义法治理念

胡锦涛指出："坚持社会主义法治理念，就是要坚持依法治国、执法为民、公平正义、服务大局和党的领导。"①社会主义法治理念是社会主义法治的内在要求，是党长期以来立足中国国情进行社会主义建设的理想、信念、经验的总结，它立足于我国的市场经济和民主政治的实际要求，以科学的发展观为导向，以建设和谐社会为目标，具有彻底的人民性，是科学的、开放的、有关建立法治国家的治国理政理念，标志着胡锦涛法律思想的进一步完善和发展。

3. 胡锦涛法律思想的意义

胡锦涛在继承党的历代领导集体的法律思想理论的同时，开创性地提出了以人为本的科学发展观，坚持人民群众的主体地位，坚持四项基本国策，坚持依照宪法和法律，管理国家事务，坚持依法治国基本方略，牢固树立社会主义法治理念，这是马克思主义法治理论与我国现实实践结合的又一丰硕果实。以人为本观念贯穿胡锦涛法律思想始终，从树立法律权威，推进立法工作，强化依法执政，到加强普法宣传，我国一直都对法治建设十分重视，因为树立法治理念，建设法治国家是保障人民当家作主，维护人民的民主权利的需要，是秉持科学发展的要求，是维护市场秩序的重要武器，是建设和谐社会的重要基础。

五、马克思主义法治理论中国化最新成果——习近平法治思想

习近平法治思想"是马克思主义法治理论中国化最新成果，是习近平新时代中国特色社会主义思想的重要组成部分，是全面依法治国的根本遵循和行动指南"②。整体来看，习近平法治思想内容丰富，涉及法治理论的各个环节，其法治思想的核心要义在于法治建设论的"十一个坚持"，同时习近平法治思想对法治本质论、法治价值论、法治结构论等方面也做出了重大的历史贡献。在习近平法治思想指导下，我国全面依法治国方略稳步推进，并在实践中取得了重大成效，朝着社会主义法治国家的目标稳步

① 胡锦涛. 胡锦涛文选（第二卷）[M]. 北京：人民出版社，2016：428.
② 张文显. 习近平法治思想的基本精神和核心要义[J]. 东方法学：2021（01）：6.

93

前行。

1. 习近平法治思想的核心要义

习近平法治思想的核心在于"十一个方面的要求"①，从理论方位而言，其主要聚焦于"全面依法治国"的法治建设论，系统回答了在中国特色社会主义法治建设进入了新时代之后如何进一步推进"全面依法治国"；从理论辐射而言，"十一个方面的要求"虽然聚焦于法治建设，但是也辐射到了法治本质论、法治价值论、法治结构论、法治功能论等方面。从内容上看，"十一个方面的要求"是指坚持党对全面依法治国的领导；坚持以人民为中心；坚持中国特色社会主义法治道路；坚持依宪治国、依宪执政；坚持在法治轨道上推进国家治理体系和治理能力现代化；坚持建设中国特色社会主义法治体系；坚持依法治国、依法执政、依法行政共同推进，法治国家、法治政府、法治社会一体建设；坚持全面推进科学立法、严格执法、公正司法、全民守法；坚持统筹推进国内法治和涉外法治；坚持建设德才兼备的高素质法治工作队伍；坚持抓住领导干部这个"关键少数"。

2. 习近平法治思想的原创性贡献

习近平法治思想立足于中国特色社会主义进入新时代的法治国情，不断推进社会主义法治实践创新，在此基础上，提出了一系列的新理念、新思想和新战略，做出了一系列理论贡献，其中尤其是在法治本质论、法治价值论、法治辩证关系论三个维度更是做出了原创性贡献，从原创贡献的视角来看，这三个原创性贡献是对于中国特色社会主义法治理论的原创贡献，是对于社会主义法治理论的原创贡献，同时，也是对于更为一般的人类法治理论的原创贡献。

3. 习近平法治思想的实践成效

党的十八大以来，"全面依法治国"取得了显著成效，可以说，全面依法治国的推进和习近平法治思想的形成是一体两面，实践中孕育了理论，理论在实践中释放活力，理论和实践的结合取得了一系列的成果，极大地推进了马克思主义法治理论中国化的实践进展。

整体而言，习近平法治思想是新时代中国特色社会主义法治理论的集

① 公丕祥. 习近平法治思想：新时代伟大社会革命的理论产物 [J]. 法学论坛，2021（01）：
11.

中体现，所以其法治思想的创新也必然涵盖了法治理论、中国特色社会主义法治理论和新时代中国特色社会主义法治理论三个角度，是我国下一步继续推进全面依法治国实践的根本遵循和指导思想。

第二节　中国化马克思主义法治理论对传统法律文化的价值继承理路及创新性发展

一、中国化马克思主义法治理论对传统法律文化的价值继承理路

1. 马克思主义法治理论与中国传统法律文化的价值关联

（1）两种法治都定位于具体理性

相对西方法治文化对于抽象理性的强调，中国传统法律文化和马克思主义法治理论更加凸显具体理性。

无论是中国传统法律文化还是马克思主义法治都将个体预设为一种具体的个体，在这两种理论看来，其是鲜活的，不是抽象的，是生活在各种社会关系中的、多样的、现实的个体。基于这种多样性的现实性的个体引申出了一种具体理性。当然，在对待对于具体理性的过程中，中国传统法律文化和马克思主义法治却体现出了不同的关注焦点，中国传统法律文化关注的是具体理性中的人伦理性，而马克思主义法治理论更加关注的是具体理性中的生产理性。

在中国传统法律文化中，这种强调"重理求实"的理性指向主要关注基于家庭血缘亲情所导致的具体化的"人伦理性"。首先，法律必然对于家族伦理中的伦常秩序、尊卑长幼、嫡庶亲疏展开制度关照。而这背后蕴含的逻辑，是由于在自然血缘中每一个主体的人伦身份和人生阶段的不同，所以，必然在法律中地位不同。这种对于人的幼年、童年、成年和老年的关注，必然是对于每一个主体的不同的人生阶段进行一种差别性的对待。

其次，"家"不仅是规则产生的伦理基础，同时"家"作为血缘的纽带也是人们情感的自然归属，能激发出美好的向往，所以，在中国古代进行纠纷处理时，情感性的具体家庭伦理在一定程度上高于抽象性的社会公共伦理。这样，中国传统法律文化中这种基于具体人伦理性为基础上的特点，可以很好地弥补法律本身因为制度理性所具有的规则疏离感以及人类的"致命的自负"①，为法律的制定和法治的运行注入温度和情感。使我们在严格的法律下，能有效地防治理性计较而导致的精神消解，进而凝聚精神归属。

在马克思主义的法治中，同样也反对一种抽象的、一般的、个体的假设，在马克思的理论中，人是各种各样的社会关系的结合体，也就是说，人不是单独的可以被抽象出来的，这种抽象实际上是将个体从各种类型的社会关系中割裂出来而放置在一个"真空"中，但是人是一种在真实的关系网中的个体性存在，是一种感性的实践性的存在，而关于这是一种怎么样的感性实践存在，马克思主义和中国传统法律文化在这个方面则出现了差异。

首先，在马克思主义法治理论中对于个体的关系描绘侧重生产的关系性存在。不像中国传统法律文化那样强调家庭关系对一个人的影响，马克思最为关注的是经济关系对于具体的个体的影响，而在所有的经济关系中，马克思主义法治理论更加关注生产关系，所以，在马克思主义法治理论看来，主体受到法律的影响程度必然要受到事实的上生产关系的制约。

其次，不像中国传统法律文化关注小型伦理社会中的"熟人关系"，马克思主义法治理论更加关注的是大型商品社会中的"陌生人关系"。伦理宗法关系是在一个相对比较封闭的以血缘为基础的熟人环境中发生各种关系，其他的各种社会关系是建立在这种"血缘"关系基础上的②，这种伦理化的法治关系难以突破"血缘"的藩篱；而马克思主义法治所强调的经济关系，必然是在社会化大分工的背景下所产生的，这种经济关系在整个社会中必然会突破血缘、地缘的限制，呈现出占有、所有、使用、受益、处分、分配、交换、消费等多样性的经济方面的事实关系，而这种事实关系必然也会反映在法律关系上，所以，马克思主义法治理论更加强调的是"陌生人"

① 哈耶克. 致命的自负 [M]. 冯克利, 胡晋华, 等, 译. 北京：中国社会科学出版社, 2000：59.
② 曾宪义. 中国法制史 [M]. 北京：北京大学出版社, 2000：18.

社会的一种有丰富类型的现实的"生产理性"。

这样，法治理论在理性的类型方面就出现了一定的差异性，西方自由主义强调抽象理性，但是马克思主义法治和中华法制则关注的是具体理性，其中前者更加关注具体的生产理性，后者更加关注具体的伦理理性。

（2）两种法治都强调个体集体的同一和谐

相对西方法治强调个体至上，中国传统法律文化和马克思主义法治更加凸显个体与集体之间的同一和谐。中国传统法律文化强调家国统一，强调两者之间的和谐关系；而马克思主义法治则强调"人的本质是社会关系的总和"，强调"个体与社会"的辩证统一。

中国传统法律文化认为社会本由个体的人通过网状关系所构成，而不仅仅是个体的原子型的组合构成，社会是一种关系性的有机体，是从简单关系到复杂关系的演进。而在所有的关系中，最为简单、最为直接和处于整个社会基层的就是"家庭关系"。这样，在家庭之上，产生了"家族"，进而产生了"民族"，按照这一逻辑，"国"必然是"家"的进一步扩大，所以称之为"国家"。"国与法无二理也，治国与治家无二法也，有国法而后家法之准以立，有家法而后国法之用以通"（《桐城麻溪北氏族谱》）这样，个体通过家庭这一中介实现了和政府国家的"家国同构"的社会结构统一。所以，在一定程度上，中国人对待任何一种外在组织都具有一定的"家族式思维"和"拟家化认知"。"家"天然地承载了这种社会所有关系的解除和关联的核心。

在这种家国同构的关系中，个体与群体之间从根本上就不会存在一种根本性的紧张对立关系，两者之间是一种相互依存的统一关系。对于这种相互依存关系的理解，不仅是作为治理对象的民众具有这种朴素的关系，即强调"家国"和"君父"思想，同时作为治理主体的君主，也认为自己有这种基本的义务，强调"民本"和"子民"思想[1]。

马克思主义法治认为人的本质是社会关系的总和，同样，也认为"人"是"关系性"的人，人的各种"关系性"最后织成了一张社会关系之网，这张网，也就是"社会"的本质，是一种关系性的存在。所以，从人的"社

---

① 曾宪义. 中国法制史 [M]. 北京：北京大学出版社，2000：43.

会关系总和"这一"本质"概念来看，如果要衍生出"人的发展"这一命题，必然引出"人的发展"是"作为人的本质的各种社会关系的发展"这一观点，也就是说，这种发展不是"个体"脱离社会的"孤独型"发展，而是"个体"和"社会"相互结合的一种"关系型"发展，这样，个体的发展就离不开社会的进步，社会的进步也离不开个体的发展关系的生成，社会的进步和个体的具有根本上的一致性，从而将个体和社会之间的关系在根本上进行了"统一"。

实际上，在中国传统法律文化和马克思法治文化中，个体与自然，个体与世界，个体与国家，个体与政府，个体与个体之间都具有一种天然的根本的统一性，人与人之间更多强调的是一种熟人社会所具有的合作关系，而非是西方法治所强调的人与人之间的一种"人吃人"的竞争关系。这种对于统一关联的强调，可以有效防范利益个体的强化而导致的社会团结松散。但是如果从更深层次的角度来思考，就会发现，中华法制文化和马克思主义法治理论中的"统一"具有一定的差异性。

马克思主义法治理论中的"统一"并不像中国传统法律文化认为的那样，是由于家庭的原因，是一种伦理血缘和共同生活所导致的统一，而是根植于经济社会发展所导致的社会分工，也就是说，是根植于一个社会的生产力发展水平。一个社会的经济发展水平越高，生产力水平的提升也必然导致社会分工越复杂，进而导致生产关系越来越复杂，无论是生产过程中的劳动关系，还是生产结束之后的分配关系，交换关系和消费关系，都会随着社会分工的发展而不断发展。这样作为个体的人被社会整合的越深入，个体也就越离不开社会，而与此相对应的是，作为有机体的社会也同样就越来越无法离开一个个具体社会系统的组合部分——个体，所以，个体和社会之间形成了良性发展互动。

2. 中国化法治理论对中国传统法律文化的价值继承逻辑

（1）法治功能定位的逻辑继承——工具逻辑

相对西方法治将法治作为一种信仰进而对其进行至高无上的强调，中国传统法律文化和马克思主义法治理论则更加侧重于将法治作为一种制度工具进行功能定位，例如都凸显"法律保障国家的纲纪和政策的实施"①的作用。实际上，无论是西方法治理论、中国传统法律文化还是马克思主义法治理论，在一定程度上都十分重视法治的工具性价值作用，但是这三种法治观对于法治的工具性作用理解却有不同的方式。

首先，三者对于法治工具性作用的侧重点关注有所不同。西方的法治强调一种"规范导向型"的工具性作用，中华法制则更多强调一种"任务导向型"的工具性作用，而马克思主义法治则更多呈现"多样导向性"的工具性作用。其次，三者对于法治工具性作用的信仰程度有所差异。西方法治发展的其中一个独特性的特点就是法律和宗教之间出现了长时间的深度纠缠，法获得了宗教上的至高无上性，获得了文化上的尊贵感，进而超越了世俗王权，教会法体系成为第一个近代西方法律体系，成为信仰的对象。中国传统法律文化的发展历程与之不同，即使中国人对于法也存在一定程度的信仰，但这种信仰在很大程度上也体现出一种功利性的交易色彩，呈现出一种实用主义的选择性适用和选择性遵守的色彩，而绝非出自类似于西方的宗教色彩的信仰。马克思主义法治在对于信仰法律这一方面，理论主张则更加具有科学性和先进性。这种科学性和先进性主要体现于马克思对于是否应当尊重法治方面具有不同历史阶段针对不同类型的法治的分类型的认知的特点。中国化的马克思主义法治理论则强调对于"法治"的信仰，但是这种信仰更多是针对的具体而非抽象的法治的信仰，即对社会主义尤其是中国特色社会主义法治的信仰，从实践中看，法治信仰体现为已经将其列入了社会主义核心价值观，在从价值观对于法治进行强调的同时，也从更加深层的思维层次强调法治思维。

（2）法治执行空间的逻辑继承——规则协同

相对西方法治法律对于规则至上的强调，中国传统法律文化和马克思主义法治则更加强调在治理领域的规则协同。西方法治理论的"法律至上"可能更加注重法律的权威性，其法治运行的思路是"规则导向"，聚焦从规则到现实，更加凸显治理的规则性和制度性；而中华法制传统和马克思主义法治理论的"现实导向"则都更加注重治理的实效性，其运行的思路

---

① 张晋藩. 体现马克思主义唯物史观的中华法文化 [J]. 法学杂志，2020（03）：5.

是从现实到规则，更加凸显治理的问题性和现实性，而这种现实性的问题解决思路则有效地为不同规则的治理协作提供了文化根基。

（3）法治发展目的的逻辑继承——主体发展

相对西方法治聚焦"社会规则"，中国传统法律文化和马克思主义法治更加关注"主体发展"。中国传统法律文化礼法合一的一个重要特点体现为一种对于主体德性的肯定和否定的综合机制，以及随之带来的一种礼法合一的强制的制度效果，也就是说，这套机制是通过作用于"个体"再作用于"社会"，这种机理表现为对于主体德性而不是社会规则强调的制度性，在这种制度性的激励之下，必然能够实现个体人格的不断完善，而个体人格的不断完善又会进一步带来社会的不断发展进步，而社会的不断进步，就会不断得到奖励和完善新的社会性的人格，即最终实现整个社会在更多具有社会德性的主体的推动之下得到更好的完善和发展，实现了个体发展和社会进步的制度化完善的统一。可以说，中国传统法律文化的这一特点构成了中国传统社会不断稳定和发展进步的制度机理。中国化的马克思主义的法治理论，则在一定程度上也实现了对于社会规则完善和对于社会主体发展的辩证统一。但是在这种统一中，和中国传统法律文化相比，其又具有自身的独特的理论特色。首先，和中国传统法律文化不同，从其运行逻辑上而言，马克思主义法治侧重于对"社会"层面的规则强调，但是其在"社会规则"层面中和西方资本主义法治文化强调"效率"价值不同，其特别重视"平等"的价值。其次，和西方资本主义法治不同，中国化马克思主义法治理论和中国传统法律文化一样，也同样关注于作为社会主体的"人"的自身的发展，共产主义的最高目的就是实现作为主体的"人"的最终自由和最后解放，也就是说，其也试图通过实现对于"主体"的发展来实现对于社会规则的完善，最后实现"主体"的发展，实现"主体解放"和"规则完善"的统一。

综上所述，正是中国传统法律文化所具有的这种本土的价值负载和马克思主义法治理论的这种外来价值理想发生了碰撞，继而实现了两者之间的契合，最终实现了马克思主义法治理论在文化程度上的创新。中国传统法律文化和马克思主义法治理论的价值关联实际上是对西方资本主义法治价值的一种家族差异化的表达，这种价值关联或者价值家族性，提醒我们在开展马克思主义法治理论中国化的过程中，不仅要明确中国特色社会主义法治和西方法治在价值立场上的不同，也要明确其和中国传统法律文化在价值立场上的相似性，所以说，中国传统法律文化是今天开展马克思主义法治理论中国化所根植的必然性文化土壤。这种制度文化价值逻辑的继承则在更为深入的层面保障了中国化马克思主义法治理论发展的民族特质。

二、中国化马克思主义法治理论对传统法律文化的创新性发展

1. 法治伦理"先礼后刑"发展到"依法治国"和"以德治国"有效结合

在古代中国，虽然儒家、法家和道家都主张"法治"，但是其中儒家侧重"德治"，"法治"的存在是为"德治"服务的；法家则仅仅主张"法治"；道家则主张"德治"和"法治"并用。随着中华法制的不断发展，两者在治理中主要表现为"先礼后刑"的"先后"模式。

从礼刑的产生历史来看，就"礼"而言，主要体现为"周公制礼"的立法过程，"周公制礼"为"礼治"的开展奠定了基础；就"刑"而言，主要体现为"吕候制刑"，在西周的中后期，政局动荡不安，社会矛盾激化，在周穆王的命令下大臣吕侯制定了《吕刑》。这就可以看出来，礼适用于国家的"常态治理"，而刑则只能够用于"紧急态治理"。

从法律的内容渊源而言，西周的前期，西周奴隶主贵族的代表周公厘订了一整套以维护宗法等级制为核心的典章制度以及礼节仪式，随后，这套礼制的内容规定和行为要求逐渐成为封建社会主体的行为规范。随着封建社会的发展，礼也不断被系统化和规范化，逐渐全面覆盖了人与人、人与社会，人与宇宙的关系，渗透到人的生活的各个领域，礼开始成为中国传统文化的核心。同时，礼与法在功能上所具有的调整社会秩序、规范人们行为的共同性使得两者之间的融合成为可能。从历代法制实践来看，也的确是从逐步引礼入法，最终实现礼法深度融合。

从两者的关系地位来看，法治作为一种统治的工具，必须要由内容来决定，而这一内容就是封建伦理关系，从最初的以儒家经典学说指导立法、解释法律，到后来的春秋决狱——直接以儒家经典作为司法断案的根据，再到唐朝儒家经典和法制实践的立法、执法、守法环节实现了系统化的统一，

在这个过程中，礼不断法律化，法也不断道德化，礼法得以紧密结合。正如张晋藩所言："礼法互补，以礼为主导，以法为准绳；以礼入法，使法律道德化，法由止恶而兼劝善；以法附礼，使道德法律化，出礼而入于刑。"①

　　中国特色社会主义法治中的"德法"的关系模式是"结合模式"。中国共产党明确了法治和德治的优缺点的基础上——"法律是准绳，任何时候都必须遵循；道德是基石，任何时候都不可忽视"②，进一步明确了道德与法律的关系，提出"法律是成文的道德，道德是内心的法律"③。"法律和道德都具有规范社会行为、调节社会关系、维护社会秩序的作用，在国家治理中都有其地位和功能。法安天下，德润人心。"④提出要同时开展"依法治国"和"以德治国"。而这样，就必然会涉及两种治理模式之间的关系处理，但是在两者的关系上，却没有采取"先后模式"，而是在党的十五大大报告中明确提出了"以德治国"和"依法治国"的"结合模式"，这样就实现了从"先后模式"到"结合模式"的创新性发展。针对不同的领域选择侧重于不同的治理模式，不是简单的强调"先后"，而是实现了治理模式的"现实导向"，强调模式选择的"实事求是"，习近平世界更是强调："在新的历史条件下，……必须坚持依法治国和以德治国相结合，使法治和德治在国家治理中相互补充、相互促进、相得益彰，推进国家治理体系和治理能力现代化……法律有效实施有赖于道德支持，道德践行也离不开法律约束。法治和德治不可分离、不可偏废，国家治理需要法律和道德协同发力。"⑤

　　2. 法制内容"重公轻私"发展到公法私法、实体程序系统完善

　　中国传统法律文化的发展必然要有一个完善的法制体系作为静态的制度支撑，而从法制的体系构成而言，中国传统法制呈现独具特色的制度特点。就法制体系的形式特点而言，中国传统法律文化最大的特点就是强调成文法典作为法治的治理依据。和西方英美法系法治中对于判例的依赖而采取

① 张晋藩. 中国法律传统与近代转型 [M]. 北京：法律出版社，1997：253.

② 习近平. 习近平谈治国理政（第二卷）[M]. 北京：外文出版社，2017：133.

③ 习近平. 习近平谈治国理政（第二卷）[M]. 北京：外文出版社，2017：133.

④ 习近平. 习近平谈治国理政（第二卷）[M]. 北京：外文出版社，2017：133.

⑤ 习近平. 习近平谈治国理政（第二卷）[M]. 北京：外文出版社，2017：133.

不成文法作为治理依据不同，中国传统法律文化更加强调法治依据的确定性。从历史上看，郑国执政子产"铸刑书"活动，即将法律条文铸在象征诸侯权位的金属鼎上向全社会公布，是中国历史上第一次公布成文法活动。此后，晋国赵鞅开展了"铸刑鼎"的活动，成为中国法制史上的第二次成文法公布活动。而郑国邓析将子产所铸《刑书》自行修改，并刻于竹简，史称"竹刑"，由于"竹刑"相比前两种更加轻巧，所以，竹刑的诞生标志了大规模的正式成文化法典的传播开始。《唐律疏议》是迄今为止我国保存的最为完整也是最具有社会影响的封建法典，直接影响了中国封建法制的进程，而且对于东亚其他国家，例如朝鲜、日本产生了巨大的影响，在一定程度上塑造了"中华法系"的诞生①。就法制体系的内容特点而言，更多体现为一种重刑轻民、重公轻私的特点。而之所以产生这一结果，主要是由于中国古代更多是一种小农式的封闭式自然经济社会，所以，在社会人际关系特点上具有典型的熟人社会的特征，在这样的一个社会中，日常的人们之间的利益的调整更加侧重于依赖伦理规则，即更加侧重于"礼"来调控，如果利益关系之间的冲突一旦冲破了"礼"所能够调控的程度极限，"法"便出现，即此时法是以"刑"的形式作为一种底线的"补救"的功能而出现的。所以，在中国古代，法和刑几乎可以画等号。所谓"刑，常也，法也"（《尔雅·释诂》）。由于法或者刑所具有的兜底性的特征，所以，中国历代主要的法典也都是集中于刑法典方面。"夏有乱政而作《禹刑》，商有乱政而作《汤刑》，周有乱政而作《九刑》，（《左传·昭公六年》），从历史上看，中国古代最先出现的国家制定法是刑法②。随后，到了唐朝之后出现了专门的行政法《大唐六典》，可见，统治者对于法律的重视仍然是关注于公法领域，而对于私法领域由于"礼"的强大作用而不是十分重视。

从当代中国特色社会主义法制实践来看，我国已经形成了种类齐全的法律制度体系，这一体系中基本采取的是"成文法"的模式，即使出现了相关的指导案例，但是相关指导案例的出现，更多的也是为了更好地辅助对于"法律条文"的理解，而不是将"案例"作为"判断"进行遵循。尤

①　曾宪义. 中国法制史 [M]. 北京：北京大学出版社，2000：171.

②　夏锦文. 公法文化：中国传统法律文化的重要特征 [J]. 法制现代化研究，1997（00）：217—235.

其是十八大之后，更加侧重于对法典的编纂。从成文法的部门法属性来看，人民共和国在立法顺序上首先制定的法律基本都是私法领域的法律，如第一部法律就是《中华人民共和国婚姻法》，第一部法典是《中华人民共和国民法典》，这都体现为了对于公民私权利的重视，体现了对于传统法制内容的创新性的发展。

3. 法治作用从"牧民止诉"发展到保障权利、社会和谐

从法律的运用功能而言，中国传统法制的作用体现在两个方面，首先体现为政权统治方面，其次体现为社会管理方面。

就政权统治方面而言，传统法制最为重要的就是为了实现封建专制。历朝历代统治者在法治上最为看重的就是通过制定法律来实现对于统治的维护，而且，纵观中华法制的发展历史，这一趋势在不断强化，到明清时期达到了顶峰。就社会管理方面而言，中国传统思想深刻地受到了儒家"和谐"价值观的影响，所以"中华法系存在宽容与温情主义色彩"①。传统法制观认为法治的目的是息争止讼、平争止诉，体现了尽量避免诉诸法律解决矛盾纠纷的思想观念，这种法治观与当时统治阶级的现实政治诉求极度契合。"打官司"对于任何一个主体而言都是一件"不光彩"的事情，普通民众普遍对法律诉讼具有天然的规避心态，这种对于法治的"止诉息讼"的方式的倡导，甚至在强调法治作用的法家也有所体现，其提出"以刑去刑"的观点。

当前，中国特色社会主义法治对于个人则主要强调权利的保障和弘扬，充分体现个体的主体地位，将人民群众作为历史的主人和创造者，明确了运用法治进行执政的宗旨就是"为人民服务"，从"牧民"发展到了"为民"，同时，在"为民"的基础上，不仅把人民作为目的，而且把人民作为主体，尊重人民中的主体地位，注重通过法治保障人民主体作用的发挥，具体而言，就是通过法律赋予人民充分的管理权实现对于国家事务的管理，实现了"人民民主"。同时，在社会治理方面，则将传统法制中的"止诉息讼"发展为"调解和解"，在法治中设置了"调解程序""和解程序"，实现了诉讼双方当事人权利之间的有效自主处理，将起诉权、调节权、和解权同等对待，

---

① 武树臣. 中国传统法律文化 [M]. 北京：北京大学出版社，1996：754.

进一步推进了社会和谐。

4. 法治运行从"有限公平"发展到整体化、环节化全面公正

法治内涵公平并追求公平的价值，同样，中华传统法制在法治的各个环节同样内涵公平且追求法治的公平性，正所谓"法者，公天下而为之者也"（《日知录》卷八）。虽然这种公平是建立在阶级基础上的"有限公平"，但是相关的思想对于我国法治建设意义深远。

在立法环节，首先，强调立法的公开性。传统法制主张法令要"布之于百姓"，使"民知所必就，而知所必去"（《管子·七臣·七主》），春秋战国时期，子产就提出"都鄙有章，上下有服"（《左传·襄公三十年》）的主张，并铸刑书于鼎上，开创了中国成文法之先河。其次，强调立法的稳定性。法家认为"法莫如一而固"，"君之置其仪也不一，则下之倍法而立私理者必多矣"（《管子·法禁》），这就说明立法必须统一并保持相对稳定性，不能朝令夕改而使百姓无所适从。再次，提出了"事皆决于法"的全面性立法思想。法家在"以法治国"的思想引领下，试图通过完善的立法来实现国家生活的秩序化，提出了"一切皆有法式"的立法思想。又次，提出了要"法道"的规律性立法思想。管子认为"法自君出、法道"，意即只有君主有权立法，但君主也不能随意立法，而应以"道"为法，即必须"根天地之气，寒暑之和，水土之性，人民鸟兽草木之生物"（《管子·七法》），"令于人之所能为，则令行；使于人之所能为，则事成"（《管子·形势解》）。也就是说，立法要注意遵循自然法则，还要考虑民众的实际承受能力。最后，主张"不法古、不循今"的变法思想。法家认为历史是不断向前发展的，因而需要顺应时代的发展来制定法律。商鞅提出了"是以圣人苟可以强国，不法其故；苟可以利民，不循其礼"（《商君书·更法》）。

在执法和司法环节，首先，强调了法律执行的重要性。法家提出了"国无常强，无常弱。奉法者强则国强，奉法者弱则国弱"（《韩非子·有度》）。其次，强调了法律执行的平等性。传统法制已经充分认识到了执法和司法是实行法治的关键环节。正如先秦诸子所言"无党无偏，王道平平；无反无侧，王道正直"（《尚书·洪范》），《吕刑》里说司法官应该"咸庶中正"，此外，法家反对儒家"刑不上大夫"的观点，坚持"刑无等级"。法家的代表人物管子提出了"君臣上下贵贱皆从法"，商鞅强调"商君治秦，

法令至行,公平无私,罚不讳强大,赏不私亲近,法及太子,黥劓其傅"(《战国策·卷三·秦策一》)。法家的集大成者韩非则进一步提出"法不阿贵,绳不挠曲。法之所加,智者弗能辞,勇者弗敢争。刑过不避大夫,赏善不遗匹夫"(《韩非子·有度》)。最后,强调了法律执行的廉洁性。法家非常重视执法者本身的廉洁公平性,强调执法者本身要"必信""无私"。"必信"即有法必依,"见必然之政,立必胜之罚,故民知所必就,而知所必去"(《管子·七主七臣》);"无私"即统治者不因个人私欲而曲法害法或徇私枉法。秦律对司法官员贪赃渎职规定了"见知不举""失刑""不直""纵囚"等具体性的罪名。

中国特色社会主义法治继承这种传统法制对于法治公正的价值追求,并对此进行了充分的发展,这种发展体现在两个方面。

第一方面是立法环节权利义务的初始设置公平。通过权利义务的差异化设置实现了对于公平的追求。传统中华法制在公平领域最大的问题就是立法的不公平,这种不公平表现为"差等立法",即最为重要的就是对于立法领域内容义务设置差异性的发展,对于权利义务设置的差异性,即集中体现为"礼不下庶人,刑不上大夫"(《礼记》)。礼主要赋予了奴隶主贵族一定的特权,贫民和奴隶不得僭越,不能破坏;刑则主要针对贫民和异族,奴隶主在犯罪的刑罚上具有一定的特权。而今天社会主义法治在立法方面实现的"差别立法",和传统的"差别立法"完全不同,现今的"差别立法"通过保护妇女儿童、消费者、劳动者等社会弱势群体,实现真正的实质公正。

第二方面是法律执行和使用环节强调平等适用公平。就法律的适用标准而言,如上文所言,虽然中国传统法制在立法领域的权利义务的内容设置方面并不公平,但是在执法和司法领域却追求一种执法和司法公平。在一定意义上说,要维护这种不公平的立法,恰恰必须需要一种公平性的法律适用,而这些都是公平正义价值在一定程度上的体现。但是,这种法律适用层面的公平更加追求一种法律执行过程中的"实质性公平"和"结果性公平"而非一种"程序性公平"和"过程性公平"。这样,导致了对于"程序正义"和"过程正义"的忽视,而中国特色社会主义法制建设非常重视"程序公正"和"过程正义",通过《中华人民共和国民事诉讼法》《中华人民共和国行政复议法》《中华人民共和国仲裁法》等诉讼仲裁程序法的设置保障了双方当事人的程序权利，进而通过"程序公正"实现了法治使用的"结果公正"。

综上所言，虽然中国传统法律文化有一定的时代局限性和内在局限性，但是今天仍然应当需要认真的发掘、继承和弘扬中华法制。"任何一种外来文化，都只有植根于传统才能够成活，而一种在吸收、融合外来文化过程中创新传统的能力，恰又是一种文明具有生命力的表现。"[①]一方面，中国传统法律文化和我国当前社会主义法治具有宗旨上的趋同性，要看到中国传统法律文化本身所具有的超越时代的积极性要素，另一方面，对于中国传统法律文化优点的继承也构成了马克思主义法治理论中国化的文化资源。中国特色社会主义法治理论要强化具有本土化民族色彩的中国传统法律文化的传承、转化和发展，进而为今天在全球化法治的视角下的法治中国的观念展开提出民族性历史依据，同时为现代法治理论的丰富提供民族性历史智慧。

① 梁治平. 法辨：中国法的过去、现在与未来 [M]. 贵阳：贵州人民出版社，1992：12-13.

第五章　全面依法治国方略对中国传统 法律文化的承续与超越

中国传统法律文化是中国传统文化中的重要组成部分，是依法治国的重要思想来源，中国共产党深入挖掘传统法律文化中的思想精髓，在吸取中国传统法律文化中"人本"主义、"礼法合一"以及"德政"与刑罚结合的思想基础之上，创新发展了依法治国理论。

全面推进依法治国不可盲目割裂现代中国法治建设与传统法律文化的内在联系，否则虽可借用外来的形式，虽可以称之为"法治"，也只能在法治话语霸权主义体系下亦步亦趋，要想有所创获必须尊重历史的连续性和不可替代性，"一方面吸收输入外来之学说，一方面不忘本来民族之地位。此二种相反而适相成之态度，乃道教之真精神，新儒家之旧途径，而二千年吾民族与他民族思想接触史之所昭示者也"①。璀璨夺目的百家之言积淀而成古老的中华法律文明，以其独特的东方风华延续着，并将在全球秩序重构的时代浪潮中以新的形式获得发展，为全面推进依法治国、建设法治中国贡献智慧力量。

---

① 陈寅恪. 金明馆丛稿二编 [M]. 上海：古籍出版社，1980：252.

第一节　全面依法治国方略对中国
传统法律文化的承续

一、全面依法治国呼唤重视传统法律文化

慎思源起是认识和理解问题的理论基础和逻辑起点。近代以来充斥着创新与守旧、前进与倒退的法治建设的艰难历程，标示着现代法治建设与传统法律文化紧密关联、不可割裂。法律传统作为一种历史文化力量具有深厚的社会基础，其中诸多优秀元素，对法律发展有着积极功能，成为促进法治中国建设的推动力。在经济全球化带动法律生活交融互动的时代条件下，全面推进依法治国，建设法治中国，必须深刻反思近代以来中国法治建设的成功经验和历史教训，善待传统，从历史向度、文化维度、时代角度勾画关于中国特色社会主义法治国家的认识框架。

1. 依法治国是传统法律文化的当代传承

全面推进依法治国，建设法治中国是一个由问题倒逼而产生，又在认识和解决问题过程中不断突破、升华的探索历程。1978 年，党和国家做出发展社会主义民主、健全社会主义法制的战略抉择之时，在仅有的 134 件法律和有关法律的决议中只有 23 件具备法律效力[①]，规范性法治资源相当匮乏。无法可依的法制现状迫使我们进行大量的法律移植工作，这既是形势所迫也是延续清末变法修律以来的传统。短短的 30 年，中国完成了西方国家几百年的法治探索路程，2011 年中国特色社会主义法律体系形成，"有法可依"的局面为"四个全面"的战略布局提供有力的制度保障。中国人在得益于法律移植建构社会秩序和促进社会进步方面的高效、便捷之时，

[①]　信春鹰. 全球化与多元法律文化 [M]. 北京：社会科学文献出版社，2007：12.

也清醒地认识到小到法治理论的学理阐释、法庭的布局，大到部门法体系的架构、司法制度的运作无一不倒映西方法治模式的影子。以罗马法为基石的西方模式似乎应成为中国法治现代化的走向，但是，现实的情况却证明为消解现代法治与传统法律文化的张力，中国正在走出一条中国特色的法治之路：无讼、耻讼的传统使纠纷处理中调解优于诉讼，并发展为国际认可仿效的"东方一枝花"；维系家族伦理的"亲亲相隐"原则使现代证人制度免除了被告人的配偶、父母、子女出庭作证的义务，融入"情"与"理"的因素；"矜老恤幼"等恤刑、慎刑的儒家文化在刑事立法中的体现貌似背离了西方式平等、正义的法治理念，却赢得了广泛的社会认同……由此，越来越多的法律人意识到法治作为世界人类文明的成果，具有普遍性特征和指导意义，但就其起源和各国的实践来看，又是一种"地方性知识"，没有统一的标准和模式。依法治国无论治道（观念）还是治术（技术）均不等同于西方语境下的法治模式，而是党领导人民治理国家的基本方略，即权力主体在东西两种异质文化碰撞交流中做出的政治选择和法治实践方式，是一种脱胎于传统法律文化的独特中国式法治文化。

凝结于中国现代法律制度条文内的法观念的塑造深受传统法律文化的影响。法观念来源于社会物质生活的法权要求，直接体现生产力和生产关系发展的客观规律，是当今全面依法治国之治道并推动中国法治现代化的探索进程。回溯中国法治发展历程，从维新变法、清末修律、民国法制到依法治国方略的提出，无一不是社会剧变下法观念更新的产物。法观念区别于法的精神，是主体对社会中法的理性的主观反映，作为法律意识的最高层次，法观念的获取并非来自天马行空的臆想，而是主体之于客体的实践统一。而实践是一个历史性课题，"我们总是从我们自己的历史、自己的传统和自己的经验出发去看待世界、解释世界的"[①]。从人治社会到法治社会，由传统法制转向现代化法制的实践发展过程中，中国传统法律文化作为一种历史惯性机制影响人们对法律现象解读的思维习惯、心理定式和实践倾向。因此，对传统法律文化的解读、批判无疑成为法观念更新的关键变量和构建新时代全面依法治国的理论起点。

---

① 梁治平. 古代法：文化差异与传统 [M]. 桂林：广西师范大学出版社，2015：63.

2. 传统法律文化是依法治国的重要思想资源

传统法律文化与当代中国法治建设的逻辑相关性使重新解释、重组和改造其中内在的思想、价值、行为模式等因素，从而促进法观念的更新，确立一种新的时代精神成为可能。先秦诸子学派缔造的原创法文化，历经朝代更迭、时移世易，融汇为体现中华民族文化性格的基因密码，成为全面推进依法治国无法割舍的"文化脐带"。它不同于西方以发达的私有制和长期累积的法治实践为基础形成的自由、平等、民主、人权等法治理念，传统法律文化的内核或特质是以儒家学说为基础建构的伦理法体系，即伦理化的法律文化。伦理法立足五伦形成的差序关系结构，以德为统率，形成重德守礼的基本原则——三纲五常，以此为正当性原则指导传统社会的法律表达和法律实践。三纲五常因漠视个人权利和对等级特权的维护，自五四新文化运动起饱受诟病，但从法哲学角度分析，其对合理与稳定社会秩序的论证、实质正义的偏向、人伦情感体验的注重不仅与当今构建和谐法治、倡导法治为民、德法综合为治相暗合，而且有效弥补了西方形式平等的机械正义观在法治中国建设过程所引起的不适。

同时，文化本身的延续性使历经两千年的中华法制文明内蕴丰富，不乏超越时空的理论和经验，如"立善法于天下，则天下治；立善法于一国，则一国治"与良法善治理论；氏族社会后期萌芽，殷周时期形成，春秋战国体系化，秦汉唐宋臻于完善，明清走向极致的"民本"思想与以人为本法治观；"大道之行也，天下为公"的儒家大同法律思想、"刑过不辟大臣，赏善不遗匹夫"的法家公平法律价值观与公平正义的法治观念……因此，向内挖掘多元性的本土法治资源和历史悠久的法制传统，将法治的普遍性原理与中国特殊的法治实践相结合，通过现实具体情境中的民族文化、历史传统、制度体系获取真实意义，才能及时更新法观念、创新法律文化，为全面推进依法治国提供理论根基和思想源泉。

"我国古代法制蕴含着十分丰富的智慧和资源，中华法系在世界几大法系中独树一帜。要注意研究中国古代法制传统和成败得失，挖掘和传承中华法律文化精华，汲取营养、择善而用。"[①] 在中国崛起、实现中华民族

---

① 习近平. 习近平谈治国理政（第二卷）[M]. 北京：外文出版社，2017：118.

伟大复兴的历史时代，法治现代化进程遭遇内部的困境与挣扎，外在的冲击与催促。回溯中华文明的重要组成部分——传统法律文化，加强传统法律文化现代性价值的挖掘，为中国在世界舞台重述身份独特性、保持自尊自信的民族精神、坚持自主型发展理念提供源源不竭的精神动力。

二、全面依法治国对中国传统法律文化的科学承续

1. 以礼入法、德主刑辅与德法综合为治

礼法融合、德主刑辅的治国模式自汉代绵延数千年，在法律制定和适用过程中形成中华法系的独有特色。首先，"一准乎礼"的立法指导原则。"德礼为政教之本，刑罚为政教之用，犹昏晓阳秋相须而成者也"的立法指导思想将礼与刑、德治与法治上升为"体"与"用"的哲学高度，将"礼"作为国家法律的灵魂，而刑罚则是保证礼贯彻执行的国家强制手段，即"以法卫礼"。在此思想指导下，确立贯穿礼之精神的罪刑制度体系，如"准五服以制罪""八议""官当"，同罪异罚，维护礼教之差序格局；存留养亲，奉行儒家孝道原则；"亲亲相隐"，维护尊尊亲亲的价值体系，最终实现法律与道德的圆融。

其次，定罪量刑，以礼为出入。"礼者，禁于将然之前；而法者，禁于已然之后"[①]，礼是积极的行为规范，重在教化与规劝，具有防患未然的预防功能；刑是消极的惩罚方式，对违礼行为进行制裁与处罚，具有事后惩治和威慑功能，二者互为表里，相辅相成。而对于"出礼入刑"案件的审判，自西汉始奉行以《春秋》微言大义听讼理狱、原心定罪，"故胶东相董仲舒老病致仕，朝廷每有政议，数遣廷尉张汤亲至陋巷，问其得失，于是《春秋》决狱二百三十二事，动以经对，言之详矣"[②]，汉以后，以经义作为司法审判依据的风气不绝于世。

最后，礼法互补，以礼注律。律无明文者，以疏为根据，疏和注相当于今天的法律解释，古时疏更是"以礼注律"的产物。西晋时期，张斐、杜预为《晋律》作注，主要原则就是将儒家礼之精髓融入对法律的解释中。

---

① 王聘珍. 大戴礼记解诂 [M]. 北京：中华书局，1983：22.

② 瞿同祖. 中国法律与中国社会 [M]. 北京：商务印书馆，2017：384.

"礼乐崇于上，故降其刑；刑法闲于下，故全其法"①，主张"以礼率律""刑之本在于简直，故必审名分"②，而名分则是儒家三纲五常的伦理思想，倡导"定分"以"止争"。在汉以降的封建时代，儒家的礼治思想在法律的制定、适用、解释等领域得以凸显，并与法之公允、严苛交融渗透，最终形成"道德法律化"或"法律道德化"的中国法制特色。

以礼入法、德主刑辅与德法综合为治的时代对接。"阳为德，阴为刑"③。刑德相养犹日月相望，德主阳，表示生发、动态、积极向上的追求和理想；刑与法主阴，表示安定、静态、稳定有序的现实主义诉求，象征生生不息而又井然有序的"德""法"对立统一于中国哲理体系并成为治国理政的基础性依据。首先，道德和法律独特功用为德治与法治作为比肩而行的治式选择提供正当性可能。法律是一种底线性伦理，以权利义务设定行为模式调整人们的外部行为，对于行为动机、内心信念、精神领域则需要道德的教化和濡化，心主身从，引导向上向善之行；而道德的抽象性及脆弱性影响其制约行为的效果，这就需要法律以其普适性、权威性、强制性力量进行补救，道德和法律的相互依补关系使德治和法治具有同构性。其次，德治与法治统一于调整人们的交往关系。道德和法律为人们的行为提前设定确定的预期，以预判交往过程中的利害得失进而选择行为方式，道德是长期的生产生活中产生的稳定性规范，而代表规则之治的法律更是一种理性化规范，规范的可预期性提供了克服未知、增强安全感的机制，有利于形成安定有序的社会氛围。再次，德治为法治提供内生性价值根基。法治作为国家治理体系和治理能力现代化的既定目标和路径已成事实，而法治要想获致广泛的社会认同乃至成为人们内心的信仰则必须仰赖法律与道德的价值连接。道德与法律以正义为根本的价值遵循，而正义要求人性的发展和完善，因此道德既源于正义同时正义本身也是一种道德精神和原则，从这个意义上，道德不仅成为评判良法恶法的价值标准，更为具有国家强制力的法律提供社会道德支持力。"观俗立法则治、察国事本则宜"④，在

① 房玄龄，等. 晋书 [M]. 北京：中华书局，1974：929.

② 房玄龄，等. 晋书 [M]. 北京：中华书局，1974：1026.

③ 董仲舒. 春秋繁露 [M]. 曾振宇，注. 开封：河南大学出版社，2009：283.

④ 商鞅. 商君书 [M]. 张觉，点校. 长沙：岳麓书社，2006：20.

当今法治建设进程中，一方面，传统社会"礼"的精神和内核是三纲五常，以礼入法尊奉上下、尊卑、等级有差的法理结构，其差序性与宗法性已然无法适应市场经济衍生的平等、自由等法治精神，维护特权和等级制度的"亲亲尊尊""有别"的道德评价体系，应当被平等、人权等现代法治理念所取代；另一方面，德的引导支配与法的井然有序相生相伴，以德治涵养法治，以法治保障德治，消弭崇利废义、精神荒芜等全球经济融通带来的负面效应，以实践为导向诠释德治与法治的中国化意蕴，夯实中国人的价值观和世界观，推动社会形成崇德向善、尊法守法的良好风气。

2. "重民思想"与人本法治观

礼法合治和德主刑辅的观念衍生出的重民思想，滥觞于西周，发达于汉唐，成熟于明清。《尚书·五子之歌》："民为邦本，本固邦宁"[1]，是最早关于重民思想的论述。先秦时期，百家争鸣，重民思想得到空前发展，尤其儒家学派赋予重民思想作为治国方略的重要地位，并将其理论化，成为"仁"学体系的重要组成部分。西汉董仲舒以阴阳五行学说改造儒家思想，并被统治者奉为一尊，重民思想也成为古代正统思想的重要内容，而唐代将重民理论进一步具体化，如克勤克俭、重视养民、轻徭薄赋、慎罚省刑、宽仁治世等，自此历代圣明贤主无不以施仁政、重民生作为治国要义。重民思想对古代法制建设具有重要指导意义，如立法指导思想、立法实践、司法制度、守法意识等方面无一不有重民思想的投射。

其一，重民思想在立法上体现为慎刑、尚德、宽简。西周从夏殷"重刑苛罚"招致亡国的教训中，意识到"庸庸，袛袛，威威，显民"[2]的道理，提出"敬天保民、明德慎罚"的立法原则，在此原则指导下规定了避免冤假错案的"五听"制度，兼闻舆论民情的"三刺"程序。汉家法周，涉及人命攸关的狱刑事，沿用周代"斋居决事"，表示慎重和悲悯，对于在监服刑的犯人，有重新讯问、平理冤狱的"录囚"制度；唐代还规定了完备的死刑复核制度，"诸决大辟罪，在京者，行决之司五复奏；在外府，刑部三复奏。（在京者，决前一日二复奏，决日三复奏。在外者，初日一复奏，

① 陈戌国. 尚书校注 [M]. 长沙：岳麓书社，2004：34.

② 陈戌国. 尚书校注 [M]. 长沙：岳麓书社，2004：126.

后日再复奏。纵临时有敕，不许复奏，亦准此复奏。)"①。明朝会通唐代"三司推事制"，形成大规模的官署协同审判重大案件的会审制度，凡属大案、要案、疑案等都要适用会审制，体现"与其杀不辜，宁失不经"的审慎态度。除了上述体现慎刑观的立法实践，历代统治者尤为注重律法的宽平简约。《汉书》载"罔密而奸不塞，刑蕃而民愈嫚"，刑蕃被认为是乱世的标志之一，否定刑蕃肯定刑措的治世标准，要求立法上宜从宽简，宽即宽宥、宽恕，要求轻刑爱民；简即简明、少罚，要求省刑保民，唐朝初年正是在宽简的立法思想指导下实现盛世之治，"自高祖、太宗除隋虐乱，治以宽平，民乐其安，重于犯法，致治之美，几乎三代之盛时"②。对于社会底层出身的明初统治者更加理解"法贵简当"的价值所在，"夫网密则水无大鱼，法密则国无全民"③，要求制法要疏而不漏、以礼导民。

其二，重民思想在司法实践方面体现为刑中、恤刑、务限。刑中，就是刑罚要公允、适当，意指法官在惩罚犯罪时处刑得当。汉文帝时，有诏言"法者，治之正，所以禁暴而卫善人也""法正则民悫，罪当则民从"④，法正、罪当是对刑中的发展，秦汉及后朝对法官用刑不当还规定"失刑罪""故失人罪""故出人罪"等司法责任，务求判决宽严适中、公平可称。刑事司法审判过程中，常可见对罪犯的恤悯宽怀之辞，刑名幕友在涉及死刑案件时要反复为民请命，求得一线生机。农耕社会对时节较为重视，自唐朝起，对民事案件的审理规定了严格的"务限"制度，根据唐《杂令》避开每年三月三十日至九月三十日的农忙时节，以免当事人讼事缠身，贻误农耕生产，该制度被后世沿袭并在实践中不断具体化，体现了保障民生的法律思想。

其三，重民思想在守法上体现为崇礼法、重己身。不同于欧洲文艺复兴时代的人文主义是通过神的折射来发现人的价值，儒家倡导的仁是依赖他人的存在而有意义，所谓"仁者爱人"。在血缘为纽带的宗法社会中，人的影像只有在社群中才有显现，只有做到兄友弟恭、父慈子孝、夫义妇

---

① 仁井田升. 唐令拾遗 [M]. 栗劲，霍存福，王占通，等，编译. 长春：长春出版社，1989：692-693.

② 沈家本. 历代刑法考（一）[M]. 邓经元，骈宇骞，点校. 北京：中华书局，1986：53.

③ 王伟凯.《明史·刑法志》考注 [M]. 天津：天津古籍出版社，2005：5.

④ 班固. 汉书 [M]. 赵一生，点校. 杭州：浙江古籍出版社，2000：425.

顺才能实现自己的存在价值，己身是齐家、治国、平天下的基点，完成宗法伦理的行为是守法的第一步，也是人终其一生的目标。义务本位的传统重民思想由于历史的局限，在内涵上存在不足，"重民"实际是统治者的"牧民""畜民"之道，但其中蕴含的理论对今天的法治建设仍具有启发意义。

人本法治观是传统重民思想的历史延续及价值重构。一方面，人本法治观区别于人治。人治是与法治相对立的概念，以"孝亲"为基础的宗法伦理和以"忠君"为核心的国家伦理使法律不仅丧失形式理性更缺乏独立性，成为依人治而存的附庸；宗法社会结构中重民以使民作为一个顺从的工具性群体来统御，难以指望其真正关注人的尊严和需求。现代人本法治观是实质法治的核心内容，实质法治与形式法治共享法治的基本要素：承认并尊重法律构成一国之内的最高权威，即实现法律而非人的统治，同时，实质法治认为法治与特定价值具有必然的内在联系，主张人的主体性和目的性是现代法治的根本价值追求，人本法治在此基础上扬弃和超越传统重民思想，眼光向下，将重心落在具体的、现实的人的法治要求和现实利益。另一方面，人本法治观诉诸历史的、现实的人的法治权益。在社会主义语境下，人本之"人"具有"群"的含义，首先应以最广大人民群众的根本利益为本，使涉及人民的政治、经济、文化、社会等领域的各项基本权利得到制度化保障，尤其要充分利用信息技术提供的便利条件拓宽人民参与重点领域立法，使互联网这个最大变量成为立法为民、民主立法，增进人民尊严感、幸福感的最大增量。当然，人本法治并非一味牺牲个人利益成全国家或集体利益，在司法过程中，当代表国家意志的法律规则在具体案件适用导致不正义的结果时，法官应该规避该规则的适用，引导人们认同法律的价值并产生守法主义道德观。

3. "家国同构"与"法治国家、法治政府、法治社会"建设

家国同构是从夏商周三代"家国一体"演进而来，由儒家以"拟制血缘"理论为基础建立的伦理社会结构。"有天地，然后有万物；有万物，然后有男女；有男女，然后有夫妇；有夫妇，然后有父子；有父子，然后有君臣；有君臣，然后有上下；有上下，然后礼义有所错"[①]，天道、天理在社会的

---

① 姬昌. 周易 [M]. 廖名春，校点. 沈阳：辽宁教育出版社，1997：60.

投射就是儒家的核心观点——"礼"，天地、万物、夫妇、父子、君臣都在礼的确认制约下，关系稳固而有序。其中，亲亲原则保障父权统帅的家庭关系，尊尊原则维护君权至尊至上的君臣关系，亲亲尊尊成为传统家国关系的重要支撑并主导家国同构的范式。

一方面，家庭关系与政治关系的同构。家庭作为最小的社会单位，主要由父母、兄弟、子女构成，"亲亲尊尊"原则指导下的家庭成员关系并非互相平等，而是"父为子纲，夫为妻纲"，父权或夫权处于绝对的支配地位，父权家庭中所有的妻妾、子女、奴婢均是男性家长的私产，可以典卖、抛弃等。家庭中的伦理结构映射在政治上则是君臣、君民、臣民的等级架构，君是政治结构的最高统治者，并有"君父"之衔，而"溥天之下，莫非王土；率土之滨，莫非王臣"①，君权对于天下臣民的威权和支配地位如父权之于妻妾、子女，同出一辙，由此看来，"父为子纲"和"君为臣纲"本质是同一的，父慈子孝的伦常关系与君仁臣忠的统治关系同质同构。

另一方面，家规与国法的同构。"亲亲孝为先"，以孝为首的伦理道德是调整家庭关系的主要手段，但家庭成员悖逆道德的行为，往往要接受家规的惩戒。家规的内容丰富，除有教化的内容还有奖惩措施，犹如小国法，《颜氏家训·治家》中说："笞怒废于家，则竖子之过立见；刑罚不中，则民无所措手足。治家之宽猛，亦犹国焉。"②可见，惩戒规条在维护家庭秩序中的作用相当于刑罚之于国家治理，所以家规又称"家法"。与此对应的国家治理，并非单纯依赖法律和暴力手段，而是倡导以仁义治天下，"一家仁，一国兴仁，一家让，一国兴让"③，家法族规强调孝悌之义上升到国家层面就是忠君爱国，家与国同构的格局，使得家规与国法在理念上达成一致，最终，国法成为家规的直接渊源，而家规则成为国法的补充与细化，两者相互补充、相互渗透。

新的历史时期，以家的伦常为核心缔造社会名分进而实现家庭关系和政治关系同构的价值基础已然过时，但容纳这一要求的形式体系却得以传世，如由近及远、就近取譬进行家风、乡风、社风、国风建设的逻辑进路，

---

① 孔子. 诗经 [M]. 李择非，整理. 沈阳：万卷出版公司，2009：182.

② 颜之推. 颜氏家训 [M]. 呼和浩特：内蒙古人民出版社，2003：18.

③ 胡平生，张萌. 礼记（下）译注 [M]. 北京：中华书局，2017：1169.

从某种形式而言，使法治中国建设实际成为家国同构的过程，无论个体法律信仰的培养还是集体尊严的形成，抑或追求家庭幸福和推进法治强国建设，总体是一个彼此沟通交融的进程。同时，在传统家国同构论证过程中，基于重生的道德原理对人的价值并非完全漠视，尤其对人的本体性价值予以关怀，因此对法治国家、法治政府、法治社会建设过程中个人法治信仰的培养有重要借鉴意义。首先，批判性解读家国同构与法治国家、法治政府、法治社会的原点一致性并赋予时代价值。"天下之本在国，国之本在家，家之本在身"①，家国同构遵行"修身、齐家、治国、平天下"的逻辑路径，其出发点是人，不仅强调人的基础性价值和社会性价值，更关注本体性价值，重视发挥个人的价值和力量，将人文情怀和普世情感圆融。个人是家国最基本的细胞，个体生命承担着天地生民的责任，"己欲立而立人，己欲达而达人"②，一己一人、一姓一家的修习，在家庭领域形成伦理家风，渐进而至邻里、乡间、社群、邦国，乃至胸怀天下，由近至远，包罗万千。家国同构在今天法治国家、法治政府、法治社会建设的语境下赋予新的时代意义，不仅强调个人对群体的责任，而且重视通过法律予以确认和保护个人的自由及权利，从而构架权利（权力）—义务（责任）的互应模式，权利（权力）愈大，义务（责任）越大，反之亦然。其次，理性对待家国同构与法治国家、法治政府、法治社会相通性的哲学基础。家国同构以天地人三位一体的生命哲学为其哲学基础，基于此衍生天理、国法、人情的传统法理观，以此指导中国传统立法和实践侧重情理与法理、个案正义与社会正义的动态平衡。法治中国的建设以公平正义为其法理基础，必然需要综合考量法律实施的社会效果和法律效果，要求司法实践兼顾法治的形式理性和社会适应性，即贯通法、理、情三者，例如司法实践既要坚守自主性和中立性，同时保持对转型社会需求的敏感性，但也要警惕伴随司法认知的开放性，政策导向、社会舆论、道德评判等过度介入造成法律虚无主义的风险。最后，社会主义核心价值观为当代家法家规注入新的时代内涵。齐家关涉普通人生活共同体的组织建构，以社会主义核心价值观引导家法家规的改造，保留中华传统文明精髓的"孝""善""信"等因素，添加"民主、

---

① 孟轲. 孟子 [M]. 太原：山西古籍出版社，1999：114.

② 孔子. 论语 [M]. 程昌明，译注. 沈阳：辽宁民族出版社，1996：67.

自由、平等、法治"的现代元素，运用现代家法的教化功能和行为规制功能，潜移默化塑造家庭成员的人格，形成尊重个性、敢于承担的优秀家风，为基层善治、法治国家建设营造良好社会环境。

4. "贵和尚中""无讼息争"与和谐法治

贵和尚中、看重和谐是中国传统法律文化的重要内容。《中庸》有言："中也者，天下之大本也；和也者，天下之达道也"①，"和"是最高的社会理想，"致中和"万物才能"丰长而物归之"。儒家进而以礼划定伦常等级，寻求人际关系的平衡，"礼之用，和为贵，先王之道，斯为美"②。以和为贵、崇尚中道的价值导向必然视讼争为破坏社会和谐的不祥之兆，《易经·讼卦》言："讼，有孚、窒、惕、中吉，刚来而得中也。终凶，讼不可成也。"③争讼要适可而止，争讼到底视为大凶，曾掌宰鲁国大司寇的孔子喟叹："听讼，吾犹人也，必也使无讼乎"④。"无讼"成为司法的终极价值追求。所以，历代官员以辖区多发诉讼视为失德，教化不力才会导致有民健讼，"囹圄空虚""历久无讼""刑措不用"成为评价地方治理的溢美之词。从中央到地方，大小官员无不以"无讼"作为治政目标。但是，社会生活中人与人之间现实利益迥异，冲突与矛盾必不可免，所谓"饮食必有讼"，无讼只是遥不可及的幻想，而息讼则成为退而求其次的现实选择。

相传尧时"历山之农者侵畔""河滨之渔者争坻"⑤，于是命舜前去整治，舜在历山、雷泽之处多方运作、以德示范，竟使争讼的民众摒弃前嫌、重修旧好。如果说远古传说仅是人们理想的折射，现实生活则为息讼提供丰沃的土壤。首先，社会环境为息讼提供可能。封闭的乡土社会，人口的流动极其微弱，基于血缘关系聚族而居形成的村落，人与人之间关系枝蔓相连、复杂微妙，而事关户婚、田宅、钱债及轻微刑事案件，此类"民间细故"，多属亲属、邻里之间的纠纷，贵和持中的伦理道德和守望相助的地缘关系，讲求"息讼罢争，讲信修睦"（《南赣乡约》），反对"忘恩犯分，遽兴词讼"。

① 胡平生，张萌. 礼记（下）译注 [M]. 北京：中华书局，2017：1007.

② 孔子. 论语 [M]. 程昌明，译注. 沈阳：辽宁民族出版社，1996：7.

③ 姬昌. 易经 [M]. 梁海明，译注. 太原：山西古籍出版社，1999：28.

④ 孔子. 论语 [M]. 程昌明，译注. 沈阳：辽宁民族出版社，1996：134.

⑤ 韩非. 韩非子 [M]. 秦惠极，校点. 沈阳：辽宁教育出版社，1997：137.

其次，家法族规、国典朝律为息讼提供制度基础。《朱氏家谱》告诫族人："和乡里以息争讼。居家戒争讼，'讼则终凶'，诚笃言也。"南北朝颜之推的《颜氏家训》、五代初期章仔钧作《上虞雁埠章氏家训·戒争讼》、明代王守仁《十家牌法》都不乏"无讼""息讼"的法律思想。乡规民约和国朝典章都以"明礼以厚风俗"作为宗旨，清康熙时颁行"圣谕十六条"，其中"笃宗族以昭雍睦，和乡党以息争讼"无疑是敦风化俗、和睦亲邻、推行息讼的最高指示。最后，反求诸己的自我约束观念。作为社会主流的儒家思想，倡导"克己"和"忠恕"以归仁，克己即要求奉礼守信、修身养性、平息止争，维护人们相处的良善关系；忠恕观要求人们推己及人、宽厚容忍。对儒家规则的服膺伴随教化的渗透，融为每个人的行为习惯，故息事宁人、适可而止成为社会的普遍做法。

　　调解成为息讼氛围下纠纷解决的现实选择。"礼"的教化、严格的司法诉讼制度以及人情成本等，都增加了民众对诉讼的恐惧，厌讼、耻讼或视诉讼为畏途成为一种普遍心理。而集行政、司法于一身的地方官吏日常事务庞杂，加之基于政绩的考量对诉讼也持消极态度。诉讼以外的调解成为百姓解决纠纷的替代性选择，从西周的"调人"制度，到秦朝的"什伍"制度；从唐宋时期的乡保、都保制度，到明清时期的里甲、保甲制度，孕育了丰富的调解文化，民间自调、官批民调和官调成为三种主要的调解方式，而经过调解而解决的纠纷称为"和息""和对"，所以古时调解又称"调息"。不管采用何种调解方式，要想实现达致中和而非一时息事宁人，"理"则成为调解过程中的重要依凭，理是天理、人情、族法家规、国法多元合一的具有正当性的秩序规范体系，不同于西方机械的形式平等主义，传统中国社会以"合乎理"为原则确定是非正义。"论者谓唐律一准乎礼，以为出入得古今之平"[1]，依差序有等之礼才可得平，平即公平、合理之意，易言之，合理是等与差、同与异的有机结合。可见，传统中国法中的公平正义实质是讲求有"差别的和谐"[2]。贯穿和而不同、有差别和谐的调解制度，一定程度上有利于维护当时社会秩序的稳定，维系人与人之间的和睦关系，减轻了当事双方的讼累。

---

① 司马朝军. 四库全书总目精华录 [M]. 武汉：武汉大学出版社，2008：372.

② 张中秋. 传统中国法的精神及其哲学 [J]. 中国法学，2014（02）：202.

"和合"文化、无讼思想的现代性转换。优秀的共产党人批判地借鉴了中国古代的"和合"文化、无讼思想、调解制度，早在陕甘宁边区时就创立了"马锡五审判方式"。相信群众、依靠群众、方便群众，坚持审判与调解相结合，既坚决执行政府的法律又照顾当地群众的生活习惯是马锡五审判方式的重要特色，也是中国共产党人对传统法律文化的创造性发展。当前社会主体多元、利益多元，受制于经济发展水平，人民对美好生活的向往与现实社会发展存在一定差距，导致矛盾频发且日益复杂化，"法的重要价值在于'和'、在于促进和实现事物的和谐"①，全面推进依法治国就在于通过法治调和解决新时代的主要矛盾。一方面，坚持中国特有的以合理为内核的法正义观对西方式平等正义观的矫正。"权利决不能超出社会的经济结构以及由经济结构制约的社会的文化发展"②，在社会主义初级阶段经济发展水平不充分的条件下，"权利就不应当是平等的，而应当是不平等的"③，合理区分应成为立法者对中国现实的观照。另一方面，司法调解、行政调解、人民调解、民间调解是处理非激化型人民内部矛盾的重要手段，也是中国古代智慧的延续，既符合中国人根深蒂固的诉讼观念，也契合了中国社会的多重价值诉求，是和谐法治建设不可或缺的资源。同时，必须厘清调解需具备精巧的法律技能和丰富的实践经验，如若牺牲对事实本身的清晰调查和以是非曲直为代价，简单追求恢复一时和谐的"和稀泥"掩盖了案件真相，使矛盾在社会中看似微波无澜实则暗流涌动，终将酿为大规模冲突，成为社会动荡的隐患。

5. "刑无等级"与"法律面前人人平等"

中国传统法律文化中法家文化主张赏罚公正，主张"刑无等级"。其中，积极的部分在于法家所制定的法律的确有其主观性，至少法家是主张君主本人也要守法，王子犯法与庶民同罪，做到言语不合法则不听，事不中法则不为等。法家的思想必然有着时代的烙印，但是商鞅的"刑无等级"与韩非的"法不阿贵"直接否定了商周以来"刑不上大夫，礼不下庶人"的思想。

---

① 孙国华. 论法的和谐价值 [J]. 法学家，2008（05）：17.

② 中共中央马克思恩格斯列宁斯大林著作编译局编译. 马克思恩格斯选集（第三卷）[M]. 北京：人民出版社，2012：364.

③ 中共中央马克思恩格斯列宁斯大林著作编译局编译. 马克思恩格斯选集（第三卷）[M]. 北京：人民出版社，2012：364.

有利于作战和奖励军功，对以前制度下世袭爵禄的贵族也是一种打击。"刑无等级"与西方近代以来的"法律面前人人平等"有质的不同，"法律面前人人平等"根据的是"天赋人权"和"人人生而平等"。西方的"天赋人权"属于自然权利，该观点是在资产阶级革命时期提出的。"人人生而平等"本应是"人皆生而平等"，该观点是美国独立战争时期最有影响力的一句"预测理论"，如若让"法律面前人人平等"这一观点在中国适用，不应是照搬，而应该立足于中国最基本国情，在中国历史进程中对中国传统法律文化有所扬有所弃的辩证否定中推行"法律面前人人平等"以适用于依法治国方略，因而笔者认为"法律面前人人平等"对"刑无等级"是有所承续的。

6. "法之必行"与"法律的权威在于实施"

中国传统法律文化中曾有说法：诚信是法的生命。《白虎通义·性情》中曾提到过"信者，诚也，专一不移也"。唯有国家的政令注重诚信，才能得到民之信服，法才具有生命力、权威性。这也是传统法律文化中值得思考和借鉴的成分。法律的权威在于实施，即法律的生命力在于实施。我们必须要肯定法律至高无上、神圣不可侵犯的地位，人民群众是历史的创造者，立法为民，这是由我国国体和政体决定的，同时，法律不仅仅是保护人民根本利益的工具，法律也理应是被人民尊重和敬仰的。无论古今，即便是曾将法律用于维护统治阶级既得利益的中国古代封建社会，法律的存在也必须得到君臣子民的尊重和敬仰。唯有将法律始终置于至高无上、不可侵犯的地位，才能保证法律的权威性，无论是对君臣还是对百姓，无论是对执政者还是对人民，法律这种客观存在物在处于敬仰与尊重的前提下，都将服务于国家、服务于社会、服务于人民。在社会主义国家，法律是为人民服务的，法律要切实保护广大人民群众的根本利益，一旦违背了依照自然规律、自然法则制定成文法，那么这种作为工具但又本应具有至高无上地位的法律将丧失其生命力，进而无法护佑人民。

秦国法家商鞅提出了"法之不行，自上犯之"的观点。明相张居正说过："天下之事，不难于立法，而难于法之必行。"（明·张居正《张居正奏疏》）确实，历史一次次地向我们证明，光有法而不用或不好好用，只做表面文章，那制定再多法律也只是徒劳无功的依法治国，重点就在于能严格实施法律，做到有法必依。

第二节　全面依法治国方略对中国传统法律文化的超越

依法治国这一基本方略独有的内容是中国传统法律文化难以企及的。这体现为三个超越：依法治国人民主体对中国传统法律文化君主主体的超越；依法治国广泛客体对中国传统法律文化狭隘客体的超越；依法治国民主目标对中国传统法律文化专制目标的超越。

一、依法治国人民主体对中国传统法律文化君主主体的超越

依法治国是我党领导人民进行社会主义建设的基本方略，人民是主体，是依法治国的力量源泉。在我国法治进程中，人民作为主体力量始终推动着我国解决与发展不相适应的各种问题达到与时俱进的目的。

1. 立法为民

法属于人的意志。使用法的主体正是我们国家的千千万万的公民，徒法不足以自行。因此，人的主观能动性，在一定程度上，会对法产生这样或那样的影响，左右其进程，从这个角度去理解，"法治"本质上也要靠"人"去"治"，也就是人治。但是，多数人的意志、意愿的结合，以及反应才是法治，它展现了人民的合意。相反，人治只是小部分人和某些人的意志和意愿的展示，这是缺乏普遍性的。我国立法工作始终坚持人民主体地位，始终恪守以民为本、立法为民理念。若希望得到人民的拥护，那就要站在人民的立场，为人民说话，为人民考虑，也就是说，要在立法过程中反映人民的意志。人民是依法治国的主体和力量源泉，同时，在立法的过程中，人民的重要性也相当明显。说到立法，就不得不提到人民代表大会制度，正是这个制度保证了人民行使国家的主人的权利，从此，可以看出这个制

度的重要地位，因为它是我国的根本政治制度。立法是为了人民、依靠人民、造福人民、保护人民，宗旨是保障人民利益，保证人民的权利和自由，同时，人民也应该自觉地认识到要承担应尽的义务。在我国，人民主权和政党意志是高度统一的，中国共产党时刻代表最广大人民的根本利益，也就是说，坚持人民主权的主要方式就是坚定不移地坚持党的领导。党的政策和国家法律高度一致，两者都反映了人民根本意志。党的政策起先导作用，时时刻刻指引着法。党的政策是立法的依据，时刻指引着司法。无论是立法，或是政策，在制定和实施的过程中都站在广大人民的角度，为他们做考虑，反映人民的想法和意志，这样，人民才会拥护法律，使人民知道既要守法，也要用法，人民才能学法遵法守法用法，才能增强关于知法和用法方面的意识。《中华人民共和国宪法》第二条明文规定：中华人民共和国的一切权利属于人民。其中，全国人民代表大会、地方各级人民代表大会是人民行使国家权利的机关。人民依照法律规定，通过不同的途径和各种各样的形式，管理国家事务，管理经济和文化事业，管理社会事务。

加强和推行民主立法，使立法为民得到充分体现。拓宽多种途径和方式，让广大人民广泛参与立法。只有这样，人民作为国家主人的地位才能得到保障、社会主义民主才能得到发展，同时还是使民主制度化、法律化，使社会主义法制得以健全的重要环节。以尊重人民的意愿为前提建立法律，是民主和依法治国的结合点，把这一点坚持好，实行好，社会主义民主法治建设就会成功，反之，就会失败。

2. 一切权力属于人民

《中华人民共和国宪法》总纲第一条规定：中华人民共和国是工人阶级领导的、以工农联盟为基础的人民民主专政的社会主义国家。这就是我们国家的国体。国家的主人是包括社会各阶层在内的中国最广大人民，我们的国体就是对这一点的最充分的体现。《中华人民共和国宪法》总纲第二条规定：中华人民共和国的一切权力属于人民。人民行使国家权力的机关是全国人民代表大会和地方各级人民代表大会。我国的政体通过这一项规定得以充分体现。保障人民当家作主的根本政治制度——人民代表大会制度，通过这一项规定同样得以充分体现。中国人民与我党在依法治国中发挥主体作用，其主体作用地位都是由宪法规定并内在统一的，我党领导依法治国，在其中承担主要责任，努力推进其在国家范围内有效实施。人民是依法治国的主体，监督这一项工作在社会中的成效也是要依靠人民，最终，这一切带来的最大红利理所应当属于人民。因此，坚持人民主体地位和我党的领导，并举两个坚持，正是全面推进依法治国的内涵，依法治国是广大人民群众在党的领导下，依照宪法和法律规定，通过各种途径和形式管理国家事务，管理经济文化事业，管理社会事务，保证国家各项事务依法进行，应始终坚持将党的领导、人民当家作主以及依法治国三者统一，这就是我们此行此举的意义。

二、依法治国广泛客体对中国传统法律文化狭隘客体的超越

人民是依法治国的主体和力量源泉。推动我国法治建设应该在着力解决不适应、不符合的问题中做到砥砺前行、与时俱进。人民是依法治国的主体和力量源泉，在社会主义法治国家建设中，人民是社会历史的创造者，而马克思历史唯物主义是描述关于人类社会历史发展的一般规律的科学，它与人民的关系密切，坚持人民的主体和力量源泉的地位，就是对马克思历史唯物主义的坚持。人民群众是社会生产力，社会生活的活动主体是人民，社会历史创造主体也是人民，这些道理正是通过历史唯物主义得到揭示。

1. 整体国家社会服从于法

所谓整体国家服从于法，这充分体现了依法治国公正司法的一面。

国家是阶级性的产物，在这种阶级的社会之中，法律的存在必然要具有权威性才得以作为统治阶级的工具为广大人民根本利益服务。法律是至高无上的，法律的存在意义就在于维护一种社会的安定与和谐，从而促进该社会经济、政治、文化的顺利发展。我国是社会主义国家，贯彻落实依法治国基本方略就要求整体社会服从于法。依法治国究其根本，是要求整体国家、整体社会、人民敬仰法律的权威性和至高无上性。中国古代社会，是实行君主专制和集权主义的社会，在这种社会中，人民只是服从者，法律只是统治阶级的工具而仅仅只是工具，这种工具是为了维护统治阶级利益而服务的，因此人民作为服从这种统治工具的客观存在物是不具有任何民主权力的，由此可以看出，基于这种封建社会的中国传统法律文化，在

探寻法治的道路上，必然受到封建社会传统的限制。而在具有先进性的社会主义国家实行法治，则能够更好地服务于人民，其前提就是整体国家要时刻谨记，将尊重给予法律。

2. 一切机构组织服从于法

《中华人民共和国宪法》总纲第五条规定：中华人民共和国实行依法治国，建设社会主义法治国家。社会主义法制的统一和尊严，需要通过强大的国家来维护。宪法是最高准则，一切法律、行政法规和地方性法规不可以与其相抵触。一切国家机关和武装力量、各政党和各社会团体、各企业事业组织都必须遵守宪法和法律。一切违反宪法和法律的行为，必须予以追究。任何组织或者个人都不得有超越宪法和法律的特权。

国家机构在组织和活动中，必须要依法办事，这就是社会主义法治原则。依法治国，建设社会主义法治国家，是社会主义法治原则的核心。社会主义法治原则的基本要求，是有法可依、有法必依、执法必严、违法必究。社会主义法治原则在国家机构组织和活动中的具体体现：其一，有法可依是所有国家机关的设立和活动的前提。所有国家机关的职权都有法律依据，这就要求国家立法机关要加强立法工作，不断完善社会主义法律体系；其二，依法组织和建立国家机关及其职能部门，并且各种国家机构都必须依法定程序行使宪法和法律赋予的职权，一切国家机关的工作程序都必须符合法律的要求，工作结果也要符合法律规范，这对于依法行政来说显得尤其重要；其三，国家权力机关要加强法律监督，保证同级其他国家机关在宪法和法律的范围内活动。对任何国家机关违反宪法和法律的行为，都必须予以纠正，并追究有关责任人员的法律责任。

3. 一切社会成员服从于法

当前，全社会厉行法治，其基本要求是全民守法。在坚持人民主体地位的原则的前提下，促使依法治国的推进。依法治国的主体是人民，其力量源泉也是人民。法律实施的重要主体是人民群众，建设法治社会的根本力量是人民群众，这是通过中国特色社会主义法制建设的伟大实践证明的。增强全社会厉行法治的积极性和主动性，就是要通过培养全体社会成员遵守和执行法律的主体意识和责任意识，使其知法、守法、信法，积极投入社会主义法治建设之中，共同推进法治社会建设实践，在其中发挥主体作用。全民守法的要求就是所有社会公民对法律普遍遵守，并且要普遍执行。增强全社会的法治理念，增强公民的法治精神，是全民守法的任务，目的是要让全体社会成员树立法治的信心。如若大部分公民不信任法律，谈何法制社会的形成？法律面前人人平等是全民守法的任务，宪法和法律规定的范围，是所有组织和个人的活动范围。宪法和法律，是所有人民，所有组织以及国家机关的行为准则，在依照宪法和法律的规定的前提下，行使权利或者权力、履行义务或者职责。领导干部带头遵守宪法和法律，也是全民守法的任务。切实维护国家法制的统一、尊严和权威，更加注重和发挥法治在国家和社会治理中的重要作用，提高运用法治思维和法治方式深化改革、推动发展，化解矛盾、维护稳定的能力。全社会营造良好的法治氛围，是全民守法的要求，确立守法光荣、违法可耻的观念，使其成为普遍的道德准则和文化意识，使其让全社会认同，让全体社会成员的法治观念得到切实增强，让全体社会成员的法律意识得到牢固树立，让公民的合法权益的维护得到引导，促使法定义务得到自觉履行。如此，公民自觉守法、遇事求法、解决问题靠法的行为习惯才能得以养成。

三、依法治国民主目标对中国传统法律文化专制目标的超越

依法治国的民主目标是依法治国这一基本理念中极为重要的一种体现，这种民主目标与中国传统法律文化中的专制目标形成了鲜明的对比，这是中国传统法律文化不及之处，也是依法治国独有的特色。

1. 依法治国始终以社会主义民主为目标

社会主义民主就是要以保障人民当家作主为核心，实现制度化、规范化、程序化的社会主义民主政治。我国实行人民代表大会制，依法治国作为治国理政的基本方略，始终坚持人民主体地位，始终坚持人民乃依法治国之力量源泉，将社会主义民主作为依法治国的目标等同于在全面贯彻落实依法治国的进程中将主权交予人民。习近平总书记强调，要坚持和完善人民代表大会制度的根本政治制度，中国共产党的多党合作和政治协商制度、民族区域政治制度及基层群众自治制度等基本政治制度。建设服务政府、责任政府、法治政府、廉洁政府，充分调动人民积极性。坚持和完善

人民代表大会制度、坚持党的领导与多党合作的政治协商制度以及坚持完善民族区域自治制度与基层群众自治制度的根本目的都是在于维护社会主义民主，这也是处于社会主义性质的基本国情之下，依法治国理念的现实目标。为了实现社会主义民主，中国共产党始终坚持自身法治与德治教育，注重领导阶级的自身修养，为更好地领导广大人民群众建设社会主义经济、政治文设做准备。依法治国作为我党领导人民治理国家的基本方略，始终坚持法律至上原则，始终坚持公正司法，坚持以人为本，这些都足以表明，依法治国始终是以社会主义民主为目标的。

2. 依法治国始终以法治之力为广大人民根本利益服务为目标

在社会主义国家中，作为领导阶级的无产阶级始终将维护好最广大人民的根本利益作为一切活动的出发点和落脚点。在社会主义国家，我们实行的是社会主义法制，这种法制要求法律作为具有权威性的统治工具，要始终为人民根本利益服务。党始终将人民视作自己的衣食父母，始终做到爱戴人民要像爱戴自己的父母那样全心全意。作为国家领导阶级的中国共产党，要始终心系人民，要始终坚持与人民心心相印，与人民同甘共苦、共同奋斗。建设社会主义法治国家，是历史的、人民的、理性的选择。法治之所以是法治，是因为无论将其应用于何种性质的社会，无论是社会主义国家还是资本主义国家，它都可以描绘一幅该性质社会的社会状态蓝图。在这幅蓝图里，将法律应用于该社会的优越性可以充分显现，由于该社会肯定了法律的至高无上性，从而作为统治工具但又非机械工具的法律约束了国家的权力，该国家的人民之间可合理配置权力的使用方式。因此，我们社会主义国家要建设社会主义法治，就必须要有与之相适应的一套理念。无论在社会主义国家还是资本主义国家，都必须肯定法律至高无上的地位，法治非同人治，非同于我国古代的君主专制，在社会主义国家的法治，应当是有法可依，依法而治。依法治国始终以法治之力为广大人民利益服务为目标，需要放在首位的始终是人民的利益，最根本的梦想始终是人民的梦想。

3. 依法治国始终以法治建设推进社会主义民主政治法治化为目标

社会主义的主要基础就是民主。从中国近现代的革命史可以看出，作为社会主义国家领导阶级的无产阶级无论出于何种历史时代皆是主张民主的。主张在社会主义国家实行民主制度、主张民主立法、民主建国。然而我们需要清楚地明白一点，这种民主的主张，是立足于社会主义国家基本国情的基础上建立起来的，是社会主义事业得以发展和人类寻求解放必须经历的过程。只有无产阶级成为一种社会的统治阶级，并在这个社会实行民主，才有进行工业革命的必要性和可能性。作为统治阶级的无产阶级在社会主义国家这个大环境下，其实行改革和无产阶级革命的根本目的就是建立一个由无产阶级领导的民主国家。我党作为社会主义国家的无产阶级领导者，在马克思主义实践探索与革命历程中，唯一的目的就是保障社会主义国家的广大人民群众可获得民主，始终不遗余力地为人民争取当家做主的权力。中国共产党自成立那天起，就将实现人民民主作为自己一生的奋斗目标。随着时间的推移，在总结了半殖民地半封建社会的统治经验和教训的基础之上，全心全意投入社会主义革命之中，为的就是能够开天辟地，能够为国家的人民建立一个属于人民自己的民主主权家园。中华人民共和国成立以后，我国总结了历史经验并付诸实践，运用了马克思主义唯物史观，着眼于经济、政治文化建设，目的在于保障人民当家做主的政治地位，从而实现维护广大人民群众根本利益的政治诉求。在中华人民共和国成立以后我党始终坚持一步一个脚印，最终我国建设社会主义民主政治的愿望得以慢慢实现。历经数年的实践探索，社会主义民主观已经在中国这片国土上生根发芽。改革开放以来，我国社会主义民主政治建设之所以能取得历史性成就和重大进步，皆离不开我党的有力领导。目前，一个亟需认真研究和解决的问题，是怎样去显现社会主义民主政治的本质要求，其中包括显现的方式、效率、作用，这是一个大而复杂的问题。之所以这样说，是因为我国是一个统一的多民族国家，历史悠久、人口众多。近代以来，由于闭关锁国和封建文化的下行导致经济文化落后，各地区、各民族之间的方方面面的情况差异很大。在这种情况下，保证人民民主方式，发展人民民主成果，就是一个空前的历史性新课题。而我们的实践探索只能借助马克思主义国家学说的基本原理，并将其与中国的具体实际相结合，走出有中国特色的社会主义民主之路。我们曾经在民主政治的道路上出现过严重偏离正确方向的情况，在错误的社会主义民主政治方向上碰过几次壁。但我们理应清楚一点，那就是无论是领导者改变还是领导者的思维方式改变，法和制度也不可以改变。在社会主义国家实行民主，就要从制度上、法律上保障人民民主，发展人民民主，这有利于促进社会主义民主政治的稳妥发展，更有利于促进社会主义经济建设的稳步发展。因此，我们理应在实践的过程中慢慢发现，依法治国这一基本理念作为推动社会主义民主政治建设和民主政治法治化建设毋庸置疑是最具有权威性和现实意义的。

第六章　中国传统法律文化时代转化的典型例证

中国传统法律文化内涵丰富，其中许多优秀法律文化对当今中国法治事业的建设仍然具有重要的借鉴意义。保障当代中国法治价值的实现，需要借鉴中国优秀传统法律文化，继承其中有利于现代法治发展的内容，避免法治建设误入歧途，使人们收获更多的认同感和归属感，为发展本土法治文化提供植根的土壤，促进中国特色社会主义法治事业的顺利进行及和谐发展。吸纳中国传统法律文化蕴含的人伦道德、反腐倡廉、和谐安定等有益的内容，更好地服务于当今中国特色社会主义法治事业的建设。

第一节　"无讼"思想影响下的调解制度建立

中国的传统文化发展过程中，"以和为贵"是儒家思想中最重要的组成部分。调解制度作为独特的东方智慧，可谓是由来已久，中国古代统治者在法律的实施过程中，竭力倡导用调解手段解决矛盾冲突。这种和合思想注重对秩序与和谐的追求，认为要"重和轻讼"，反对人们之间的斗争，将调和作为实现社会和谐的方式。荀子有言："天地合而万物生，阴阳接而变化起，性伪合而天下治。"[①] 在战国之前，人们十分喜讼，"饮食必有讼"是春秋时期人们对于讼的态度，这样的情况一直持续到战国时期。随着百家争鸣的逐渐落幕，统治者选择儒家思想作为治国理政的指导思想，使儒家思想逐渐成为整个中国古代社会文化的主流思想。儒家思想的核心是倡导"和谐"，在以和为贵的儒家传统观念中，"讼"乃不和谐之根源，因

---

① 高长山. 荀子译注 [M]. 哈尔滨：黑龙江人民出版社，2004：379.

此不倡导讼，而是主张"无讼息讼"，用调解的方式解决纠纷。在长期的封建社会发展过程中，这样的传统观念在一定程度上促进了社会和谐。虽然无讼息讼不代表没有纠纷，但是却可以将大部分矛盾在地方就得到化解，这一制度一直延续到了今天的法治建设之中，成为与诉讼同样有效的纠纷解决机制。对于"无讼"的追求，对于今天中国特色社会主义调解制度的建立以及和谐社会的发展有着重要的意义和价值，可以促进社会安定团结、稳定社会秩序。

一、"无讼"思想的本质特征

1. 以儒家文化为根源

"无讼"思想能够长久存在并且盛行，与儒家先贤的大力推崇，与儒家文化的在古代中国社会的重要地位是息息相关的。虽然道家与法家对于"无讼"思想的发展多有贡献，但要想真正把握该思想的本质，还是应当回归儒家的理论学说。[①]儒家思想体系以"礼"为统帅，孔子在此基础上正式提出了"无讼"观点，并在游说各国推行仁政时积极传播"无讼"理念。而后随着君主专制中央集权的建立与发展，统治者变"百家争鸣"为"独尊儒术"，董仲舒所提出的"天人相与"的观点将封建皇权进一步神化，适应了统治者的需要，儒家思想被奉为正统思想。同时董仲舒又提倡"古者修教训之官，务以德善化民，民已大化之后，天下常亡一人之狱"（西汉·董仲舒《对策三》）。中所蕴含的"德主刑辅"理念也成为传统法律的主干，在这种氛围中"无讼"思想得以迅速推广并普遍化便再正常不过了。它所描绘出的大同世界的理想画卷背后所彰显的正是儒家所倡导的"仁政"，期盼以伦理纲常与道德教化最终实现人际关系和睦，没有纷争的和谐社会。与此同时，个人的人格被无限度地抹杀，重家庭而轻个人，重干涉而轻自由，服从于家庭和睦、社会安定等大义之下，为"一己私利"而对簿公堂无疑是破坏了以和为贵的社会风气，于伦理道德不符，诉讼进一步被打上"万恶之源"的标签，"无讼"的理想成为某种意义上的共识。

---

① 梁治平. 寻求自然秩序中的和谐 [M]. 北京：中国政法大学出版社，1997：203.

2. 以和谐为核心

中国古代一直以和谐为最高追求，不论是儒家、道家还是法家，在他们的理念中都可以窥见对于和谐、没有纷争的社会的向往，而"无讼"思想正是追求和谐的具体体现。老子所提出的"道法自然"与孔子所倡导的"克己复礼"，虽然表达不同，但本意却皆蕴含了相同的价值判断，即对和谐这种美好状态的追求。[①]虽然在传统社会中要求全然排除诉讼是不可能的，因为只要有人际关系的联结，只要有社会活动的开展，矛盾与纠纷就一定会滋生，诉讼的产生有其逻辑内涵，但是诉讼的产生也不可避免地对"无讼"所追求的和谐目标造成破坏。所以在古人眼中诉讼无疑是他们追寻和谐道路上的绊脚石，终其一生，他们都在为无讼的理想苦苦挣扎，却无法意识到该理想本就是空中楼阁，是不现实的。"无讼"思想以及追求和谐的理念对中国社会来说都是举足轻重、不可或缺的，它作为一种永恒的理想埋藏在中国人内心深处，对民众的诉讼观念产生了潜移默化地影响，直接或间接地引导着各种诉讼活动的进行。

3. 注重道德的力量

传统"无讼"思想以伦理纲常为依托，这也使得古人在处理矛盾纠纷时更重视发挥道德的力量。法律与道德相辅相成，由于人们一直以来都受到仁义礼教的影响，官府颁发的法令中也不可避免地体现着道德的影子，民众遵循法律的过程实则是对道德进一步认同的过程，这也有助于民众化被动为主动，自觉服从法律，维护全社会的秩序。除此之外，道德还在法律所规制不到的地方约束着人们的行为，内化为一种习惯与修养，这也是传统社会数千年来伦理道德占据主导地位的必然结果。因道德治理的作用显著，统治者不再一味地寻求严酷的刑罚以威慑，而是采用更为柔和但也更为长效的礼教治理国家，同时辅以舆论引导，在一定程度上限制了专制的形成与发展。[②]通过道德的教化，百姓能自觉遵守法律，减少了刑罚的使用，也维护了国家的秩序，也说明法律与道德共存有其合理性。

---

① 李游. 和谐社会的司法解读：以中西方司法传统的演变为路径 [M]. 北京：法律出版社，2013：2.

② 马小红. 礼与法的历史连接 [M]. 北京：北京大学出版社，2004：136.

二、"无讼"思想在传统社会的实现途径

在古人眼中"讼"如同瘟疫一般可恶可怕，它极易败坏社会风气，需要竭力控制，但无讼的理想社会在当时的社会背景下显然是可望而不可即的，在这种情况下，首要考量的不再是如何做到"刑设而不用"，而是退而求其次，在现有条件下如何高效地平息争讼，避免讼端恶化造成恶果。为了尽可能地止讼，贯彻"无讼"思想的内涵，古人用了很多招数，但归纳起来不外乎以下四种途径：第一是道德教化以杜绝讼源，第二是多方调解以消除讼意，第三是严惩讼徒以儆效尤，第四是出台法令予以约束。

1. 道德教化

古人认为争讼的源头在于道德层面的堕落，人心不古，唯利是图，导致人际关系紧张，摩擦纠纷频发，诉讼增多。因而，对争讼者采取道德教化便成为首选之策，通过唤醒其良心自觉，使其自省自责，达到从源头解决的效果，向没有争端没有诉讼的和谐社会靠近。古代社会被称颂的所谓"贤臣"也大多是以善用此方法而闻名于世，可以说一个百姓称颂的地方官，其在道德教化上的水准也是较高的，善于通过道德劝导的方式在源头将争讼杜绝。

而提到以道德教化息讼止讼，就不得不提及孔子的事迹。据相关资料记载，在孔子担任鲁国司寇时，有一父亲状告儿子不孝，孔子听闻并没有对他们立即进行审问，而是将他们拘留起来关在一起，在囚禁室中相对而坐，三个月都不曾过问，反倒去反省自己"不教民"的过错。此举的效果也是显著的，这种无声的教诲感化了争讼者，告状者最终主动要求止讼。后世官员也在孔子的事迹中受到启发，纷纷效仿，他们所采用的道德教化不仅在行动中有所体现，在裁决文书上也留有印记。一方面，这些官员在遇到诉讼时会亲自上门到百姓家中进行教育，与争讼双方促膝谈心，将道德理念用最通俗易懂的方式讲给百姓听，以达到止讼的效果；除此之外，还有一些官员会在遇到争讼难决的情形时做出"引咎辞职"的姿态，不惜以头上的乌纱帽去感化争讼者，使他们自身感到过意不去从而自动息讼。另一方面，法官对于争讼者以及其他百姓的教化还体现在裁决文书中，以"寓教于判"的方式使得百姓能重温判决书中所提及的伦理道德，保证止讼的

长效性，进而实现无讼的终极目标。

2. 多方调解

调解息争是古代地方官最主要的职责之一，与道德教化不同，调解化解诉讼纠纷并不注重厘清讲明孔孟之道的大道理，使人知耻、感化而自愿息讼，而是侧重于在讼争中充当"和事佬"的角色，以和稀泥的方式回避案件中的是非，追求的是息事宁人，且常有社会各方面的力量参与其中。古时的调解归纳起来大约有以下三种形式：一是民间调解，二是官批民调，三是官府调处。

民间调解在明清时期被称为"私休"。争讼者不是先寻求官府进行决断，而是先寻求亲邻、宗族解决，以民间的道德权威代替官府的决讼功能。这种民间调解一方面是民间宗族、村社等为了维护自身团体的体面而采取的积极主动的行动，另一方面也是朝廷与各级官府有意鼓励的产物。它和缓而体面的特点也大大契合了争讼者的需求，促使他们主动寻求民间势力进行调解。宗族、乡绅等势力在调解息争的过程中往往比官府更有权威与效率，他们消除了官府的森严与隔阂感，使得争讼双方易于接受，同时比起官府，他们也更了解争讼的要害所在，更能说到点子上。费孝通先生对此也有记录："负有调解责任的是一乡的长老。最有意思的是保长从不发言，因为他在乡里并没有社会地位，他只是个（代官府征收钱粮的）干事。"[①] 由此可见乡绅所持有的道德权力在调解纠纷中的重大作用，与此相比法律规定倒相形见绌了。

官批民调是官府授权民间处理的解决纠纷的模式。法官在接到诉状后，认为情节轻微不值得传讯，或涉及亲族关系等不便公开传讯，便可授权乡保、族长或亲友进行调处，而他们在接状后须立即召集原告被告双方进行调解，最终要将事情的真实情况以及最终的处理意见呈状说明，请求官府批准销案。官府调处是指官府调停纠纷。在调解的过程中往往采用柔性的方式，遵循"调处以情"的原则，不以法律而以伦理道德为依据。但是这种柔性的调解却只注重止讼的结果，以期达到息事宁人的效果，而不注重过程，忽视案件中最本质最重要的是非曲直，这种不明确、和稀泥的敷衍态度使

---

① 费孝通. 乡土中国 [M]. 北京：三联书店，1985：56.

得争讼双方当事人在法律上的权益难以保障。

可以说古代这种"由提倡无讼而发展起来的调处息讼,把国家与社会力量紧密结合在一起,是在自然经济条件下,解决民事纠纷的较好的方法,其制度之完备、经验之丰富、实施之广泛,在世界古代法制史上是绝无仅有的"①,也为后世调解制度的确立与发展提供了深厚的根基。

3. 严惩"讼徒"

在经过道德教化与调解后,如果还有人要诉讼到底,那无疑就是官员眼中的"恶徒"了,须以严惩以儆效尤。此处所指的"讼徒"包括三种人:一是职业讼师,二是唆使他人诉讼之人,三是因自身利害得失屡次诉讼之人。

在古人眼中,最可恶的无疑是那些讼师,他们以帮别人代写讼状为生,在背后为争讼者出谋划策,看似是帮助争讼者维护自身的权益,实则却是在挑起矛盾纠纷,不仅破坏了本来和谐的人际关系,还成为社会稳定的威胁。除了惩罚讼师,古代官府还特别注意对那些热心助讼、教唆诉讼,并企图在其中谋取不正当利益的人施以惩戒。为了减少此种现象,官员会尤其注意避免让当事人的亲友卷入争讼,劝他们不要多事,更不要管闲事,否则只追究唆使者的责任。而对于那些为了自身利益在诉讼上纠缠不休的人,一些官员甚至不会查明他们屡次诉讼的缘由,而是仅仅将屡次诉讼本身作为犯罪加以惩治,即使法律中并没有"屡讼"这一罪名。通过对这三类具有代表性的"讼徒"进行惩处,百姓不敢滋讼,诉讼之风在一定程度上得到遏制,达到了统治者心目中维护社会秩序稳定的效果。

4. 法令约束

除上述三种措施外,为限制甚至禁止百姓诉讼,统治者还定了相应的"务限法"。该法令禁止民众在农忙时节去官府提起诉讼,并且对禁止的诉讼种类做了明确规定,大致可概括有关户婚、田土、钱债方面的民事诉讼。这样做的目的一方面是以法律的强制性保障止讼、息讼的效果;另一方面,特地选定农忙这个时间点,也是契合了中国古代小农经济发展的需求,保证生产生活的有序进行。另外,官府也会提升民众诉讼的成本,以此倒逼他们维系一个较为安定、和谐的社会环境。唐朝将准予进行民事诉讼的时

①　梁治平. 法律的文化解释 [M]. 北京:三联书店,1994:402.

间限缩为五个月，到了宋朝时间进一步限缩至四个月，而发展到明清时期，直接规定四月初到七月底都禁止诉讼，即便在准予诉讼的时间段，也会对具体日期做出严格的限制，将能够提起诉讼的日期称为"放告日"，从一开始的一月九天渐渐缩减为一月六天，官府受理民事诉讼的天数仅仅只剩下四十八天。这样的严格限制从客观层面大大降低了民众提起诉讼的可能性，同时也在主观层面使民众产生了诉讼麻烦、不愿诉讼的想法，达到了止讼、息讼的目标。

三、"无讼"思想时代转化的理据

"无讼"思想历经漫长的发展，与历史中不同的社会时期相碰撞、融合，其内涵也在不断丰富，但是其以和谐为核心的思想本质却是不变的。在当下法治社会建设中，"无讼"思想道德性与自治性中的有益成分与社会治理的理念存在诸多契合与相通之处，这既是"无讼"思想区别于其他思想的先天性优势，也是"无讼"思想得以进行时代转化的理论依据，对于社会主义法治文化建设以及社会治理具有重要意义。

1. "无讼"思想的有益成分与国家治理现代化理念相契合

《中共中央关于坚持和完善中国特色社会主义制度、推进国家治理体系和治理能力现代化若干重大问题的决定》中指出："发展社会主义先进文化、广泛凝聚人民精神力量，是国家治理体系和治理能力现代化的深厚支撑。必须坚定文化自信，牢牢把握社会主义先进文化前进方向，……坚持创造性转化、创新性发展，激发全民族文化创造活力，更好构筑中国精神、中国价值、中国力量。"[1] 同时，党的十九大指出，要"推动中华优秀传统文化创造性转化、创新性发展，……更好构筑中国精神、中国价值、中国力量，为人民提供精神指引"[2]。具体而言，在矛盾纠纷化解层面，必须积极引导人民群众依法维权和化解纠纷，充分发挥人民调解的第一道防线作用，完善人民调解与司法调解的联动体系，整合基层矛盾纠纷化解的资源和力量，

① 中共中央关于坚持和完善中国特色社会主义制度推进国家治理体系和治理能力现代化若干重大问题的决定 [N]. 人民日报，2019-11-06.

② 习近平. 决胜全面建成小康社会 夺取新时代中国特色社会主义伟大胜利——在中国共产党第十九次全国代表大会上的报告 [N]. 人民日报，2017-10-28.

充分发挥非诉纠纷解决机制的作用，不断促进社会公平正义，将矛盾纠纷化解在萌芽状态、化解在基层。在社会规范建设层面，必须充分发挥社会规范在协调社会关系、约束社会行为、维护社会秩序等方面的积极作用。加强居民公约、村规民约、行业规章、社会组织章程等社会规范建设，推动社会成员自我约束、自我管理、自我规范。

除此之外，党的十九大根据当前乡村社会发展情况和治理经验也首次提出了"加强农村基层基础工作，健全自治、法治、德治相结合的乡村治理体系"①，在乡村层面对于国家治理体系和治理能力现代化提出了要求。要在乡村振兴的背景下加强农村基层基础工作，构建乡村治理新体系，深化"三治融合"理念的实施。《关于加强和改进乡村治理的指导意见》也指出，要"健全党组织领导的自治、法治、德治相结合的乡村治理体系，构建共建共治共享的社会治理格局"。自治是善治的基础，法治是善治的核心，德治是善治的保障。乡土文化是中国人难以割舍的乡愁，在乡村振兴背景下，应尊重中华优秀传统法律文化，不断挖掘其中精华，对其进行创造性转化和创新性发展，激发法律文化的现代活力，发挥其在基层社会治理中重要借鉴意义和参考价值。在自治、法治、德治相结合的治理体系中应使德治与法治并驾齐驱，共同发挥有利作用。

2. "无讼"思想的有益成分与社会主义核心价值观相契合

"无讼"思想虽然有其消极的一面，但在当今中国其积极的一面所带来的价值，尤其是对于社会治理方面的价值却不容小觑。具体而言可以归纳为以下几点：有利于社会秩序的稳定；有利于道德教化的深化；有利于司法资源的节约。这些积极成分与当下推行的社会主义核心价值观的理念是契合的。

党的十八大提出，倡导富强、民主、文明、和谐，倡导自由、平等、公正、法治，倡导爱国、敬业、诚信、友善，积极培育和践行社会主义核心价值观。这些词汇所凝聚的价值取向深深根植于中华优秀传统法律文化之上，与"无讼"思想中蕴含的和谐有序、道德伦理、诚信友善等积极因素有极高的适配度。首先，社会主义核心价值观中的"和谐"体现了对文明社会、秩序

---

① 习近平. 决胜全面建成小康社会 夺取新时代中国特色社会主义伟大胜利——在中国共产党第十九次全国代表大会上的报告 [N]. 人民日报，2017-10-28.

社会的追求，与"无讼"思想的目标具有一致性。其次，社会主义核心价值观中的"诚信"是一种人与人之间相互交往的规范，强调人际关系应建立在诚信的基础之上，"无讼"思想中的道德教化也包含了这一基本原则，缺少诚信会使得人与人之间相互猜忌，人际关系紧张，矛盾摩擦便会频发。最后，社会主义核心价值观中的"友善"体现了谦让、互谅的原则，契合了"无讼"思想在调解时所遵循的传统伦理纲常，以安定和睦为目标，要求争讼双方当事人各退一步。除此之外，也有学者认为"无讼"思想虽然表现为对诉讼的不喜，看似排斥法律，与社会主义核心价值观的内涵背道而驰，但其对和谐社会的追求恰恰印证了它在本质上对正义以及人性的尊重。二者产生的历史背景不同并不影响它们在根本方向上的一致。

习近平总书记在党的十九大报告中指出："要把社会主义核心价值观融入社会发展各方面，转化为人们的情感认同和行为习惯。"[1]冯玉军教授认为："社会主义核心价值观是全国各族人民在价值观念上的'最大公约数'，是社会主义法治建设的灵魂。"[2]正因为"无讼"思想与这些价值观念具有内在统一性，可以说，该思想的积极成分早已经随着价值观融入了百姓的日常生活，内化为人们内心深处的一套道德标准，潜移默化地影响着他们的为人处世。现如今，虽然历史条件已经发生了翻天覆地的变化，但人们对于和谐社会的追求却没有变，并且随着传统社会道德观念的传承，人们仍习惯性地将集体利益置于个人利益之上，即便有着现代功利主义的影响，人们对于个人得失的计较也并不太过看重。随着熟人社会的逐渐瓦解与消散，人与人之间的联结开始从以血缘关系为纽带逐步转为以互联网为纽带，并构建出一张新型的社交关系网，人们在社会变迁中敏锐地抓住了这张关系网的本质——互助。人与人的关系非但没有变远，反倒因为这看不见的网变得更近，在这张网下人们彼此依赖，继续共同维护着秩序的稳定，传统道德观念在这里依然发挥着举足轻重的作用。

---

① 习近平. 决胜全面建成小康社会 夺取新时代中国特色社会主义伟大胜利——在中国共产党第十九次全国代表大会上的报告 [N]. 人民日报，2017-10-28.

② 冯玉军. 论中国特色社会主义法治道路的内涵、特征、优势 [J]. 河北法学，2021（02）：11.

3. "无讼"思想的有益成分与良法善治理念相契合

（1）契合依法治国与以德治国相结合的需求

道德与法律自古以来就被视为调整民众行为的两种手段，二者相辅相成，紧密相连。治理国家不能只偏重其中一项而完全忽略另一项，正如古代社会所推行的"重刑主义"并没有持续太久一样，必须双管齐下，发挥道德和刑罚的双重作用，使二者相互补充，一齐发力。

传统古代社会以"礼"为尊，人们注重伦理道德，并将其作为调处纠纷的依据。民众也多按照此套标准行事，在日常生活中遵循各种伦理纲常，并将其内化为约束自身的行为准则，由此矛盾与纠纷减少，社会也能维持和谐与稳定。古人对于道德伦理的重视程度远远超过法律，也正是这份推崇使得人与人之间的关系能始终维持在一个较为平稳、和睦的状态之中，德治的理念由此被颂扬并一直延续到现在，即便是在构建社会主义法治社会的当下，我们仍然应保留这一优良传统，使其与法治相结合。

现如今，我们致力于构建社会主义和谐社会，"和谐"的内涵被不断填充、扩大，除了道德，还对法律提出了要求。从以往的经验不难看出，单单依靠道德治理无法适应当下的经济发展与社会变迁，熟人社会被打破，道德处理不了愈加复杂多变的矛盾纠纷；但是完全排斥道德治理，单单依靠法律也是不现实的，这种矫枉过正会不可避免地导致"法律万能主义"，过度宣扬、夸大法律的作用，想依靠法律达到一劳永逸的结果只会使得社会治理朝着僵化、教条化的方向倾斜。当依法治国的内涵被严重庸俗化，逐渐沦为一种空泛且肤浅的口号，其所起到的真实效果也将大打折扣。实际上，人类社会的发展历程早已证实法律不是万能的，其所能调整的社会关系有限，若是不顾实际，一股脑儿地将所有社会关系全然置于法律框架下，妄想着通过这些法律条文规制人们的生产生活，那就是对人类个性与自由的一种抹杀。每个人的界限都要划得很清，开口就是权利义务法律关系，谁同谁都要算账，甚至父子夫妇之间也都是如此。[①]这种冷漠、利己的法治社会并不是我们所期待的，我们所建设的法治社会仍应以道德为根基，注意人际关系之间的互谅互让，在对个人正当权益积极维护的同时仍能保

---

① 冒宇晶. 浅谈儒家法律思想的积极因素及其影响 [J]. 江苏教育学院学报（社会科学版），2002（04）：52-53.

留道德的柔性，使得法治社会同样充满温情，人们尊法守法，同样也友善互助。法律与道德从来就不是相互矛盾的对立面，也不是择其一舍其一的关系，法律可以保障人们的正当权益，道德可以填补法律有所疏漏的地方，二者互为表里，缺一不可。

　　正因如此，"无讼"思想所蕴含的道德教化才更值得当代所借鉴。严格的法律使人们不敢犯罪，从外在约束着人们的行为，而道德的教化作用则是从内在发力，在解决矛盾纠纷的同时化危机为契机，让人们在守法上由被动转为主动，从而有效地预防并减少犯罪的发生。正所谓"礼禁于未然之前，法施于已然之后"。传统"无讼"思想中的德治理念，在当今社会仍有着极为重要的现实意义。在新形势下，我们也要不断填充、更新道德内涵，使原先的道德伦理能与新型的社会关系、生产活动相适应，使道德规范既能延续，又能与社会主义法治社会相契合。

　　（2）契合自治、法治、德治相结合的需求

　　在当下推行的基层社会治理体系中，"无讼"思想以其调处息争的精神很好地契合了基层自治需求。调解建立在矛盾双方当事人自愿的基础之上，解决矛盾化解纠纷，为基层的法治建设营造了良好的环境与氛围，展示出与现代法治理念的融合性。有学者认为在当下的法治环境下，"无讼"思想所表现出的调解并不符合法治内涵，不利于百姓捍卫自身的个人权利，其实这种看法是有失偏颇的。民间调解虽然不是诉讼解决纠纷的方式，看似与法律无关，但它仍旧是百姓维护自身利益的高效渠道，且相比于司法途径，该种方式更为柔性，易为群众所接受，更适应基层治理的模式。调解自始至终都贯彻着民众的意思自治，矛盾双方在调解中的地位是平等的，个人权利被最大限度地尊重。需要注意的是，在一些少数民族地区，他们所继承与奉行的传统风俗习惯并不在国家法律规制的框架内，很容易造成调解结果与国家制定法的冲突，应"注重民族地区传统法治文化传统的沿袭变化和经验教训，做到汲取营养，去其糟粕，择善而用"[①]。

　　"无讼"思想在调解纠纷的过程中特别强调亲情与人伦，以期通过感情的劝导来舒缓矛盾双方剑拔弩张的关系，在平息纠纷的同时还注重双方

---

① 彭振. 民族地区基层法治的蜕变与振兴 [J]. 河北法学，2020（10）：150.

人际关系的修补与维系，在调解中实现沟通。这样做不仅能帮助当事人明辨是非曲直，厘清责任划分，还能使双方当事人都自觉接受并实际履行调解的结果，在维护权益的基础上再一次对双方当事人进行教育与劝导，大大减少了矛盾再次发生的可能性，做到了预防与治理相结合。因此，将"无讼"思想的精华融入现代法治理念，特别是基层治理中是非常有必要的，它不仅能缓和基层矛盾，改善社会中道德失序的现象，同时也加强了基层社会组织与群众之间的联系，有利于各项政策的传达与落实，对于构建新时代法治社会大有裨益。

四、"无讼"思想时代转化的典型例证

"无讼"思想在传统社会的具体实现途径主要体现为调解，多以道德伦理、家族家规等为依据调和人与人之间的矛盾纠纷。而随着社会的不断发展，"无讼"思想的实现途径也在不断演进，从单一的调解朝着更加多元化、更加系统性的纠纷解决模式转变，新时代"枫桥经验"便是在当下法治、德治与自治三治融合背景下最具有代表性的基层社会治理模式。

"枫桥经验"始于20世纪60年代的浙江，历经多年发展，在基层矛盾纠纷解决方面已经形成了较为完备的体系。作为当代基层社会治理的典范，它始终坚持群众路线，在为群众解决矛盾时注入了法治与德治思维，对于推动基层治理中的三治融合，建立健全矛盾纠纷多元预防解决机制有着重要意义。对新时代"枫桥经验"深入分析可以发现，它"在进行基层治理、处理矛盾时，并不是单打独斗，也不是零敲碎打，更没有顾此失彼，在治理主体、治理内容、治理手段等方面都充分体现了系统治理的方法"[1]，不仅能高效解决纠纷，维护社会秩序的稳定，还能在对纠纷进行调解的同时维系群众间的人际关系，从而营造一种良好的社会风气，在矛盾的预防层面发挥作用。现阶段，"枫桥经验"除了矛盾化解，也更多地把侧重点转向基层社会的道德与法治建设等内容。一方面可以以法治为保障，增强群众对调解工作的信任度，另一方面也是为了继续深化道德的力量，构建和谐的社会环境。

---

① 陈和香. 关于"枫桥经验"的哲学思考 [J]. 特区实践与理论，2020（03）：51.

新时代"枫桥经验"仍以调解制度为支柱，贯彻了预防性法律制度的目标，而人民调解制度与司法调解制度就是该经验在具体实践中最具有代表性的体现。它们在诉讼与非诉讼两个层面灵活运用调解的力量化解民事纠纷，将矛盾消弭在事前、解决在基层，也是"无讼"思想时代转化的典型例证。

1. 人民调解制度

"无讼"思想在实践中常以人民调解制度为载体。古代传统社会将诉讼视作霍乱的源头，百姓对其避之不及，然而并非排斥诉讼就能杜绝矛盾的产生，人与人之间的相处必定会发生摩擦，此时调解变成了首选。在"无讼"思想指导下的古代调解制度，在中国古代司法实践发展进程中发挥了一定重要的作用。它不仅适应了封建小农经济自给自足的发展模式，缓和了社会矛盾，巩固了统治阶级的统治，使社会秩序稳定、国家兴旺，还为现代的人民调解制度打下了坚实的基础，为后世留下了宝贵的经验。当代调解制度延续了"无讼"思想的积极内涵，有利于调和矛盾增进团结，有利于在调解过程中弘扬与深化中华传统美德，且符合社会主义新型人际关系建设的需求，被很多西方学者形象地喻为"东方一枝花"。自古以来，我们就强调以和为贵，亲邻善友，矛盾双方当事人都对诉讼有排斥心理，因而调解作为解决纠纷的一种方式也越来越受到重视。人民调解制度是一项具有中国特色的纠纷解决制度，在调处纠纷、化解矛盾、维护人际关系和谐与社会稳定方面发挥着重要的作用。人民调解制度是指在第三方，即人民调解委员会的主持下，对有争议的双方当事人摆事实讲道理，以国家的法律法规以及相关的社会公序良俗为依据，对当事人进行说服教育、规劝疏导，促使他们互谅互让，自愿达成协议，消除纷争。

人民调解委员会是基层群众自我管理、自我教育、自我服务的民主自治组织，调解人员与争议双方之间是一种平等关系，因此人民调解不具有诉讼性质，处理的也是当事人之间的民间纠纷，并不涉及刑事纠纷。除此之外，人民调解所达成的协议也是一种群众自治组织调解民间纠纷结果的记录和一般文书，没有强制执行的效力。

人民调解制度具有自治性、群众性以及民间性的显著特点。该制度善于发挥与利用群众的力量，将矛盾尽量化解在源头，在调解过程中也充分遵循双方当事人的意愿，做到在调解过程中化危机为契机，同步开展道德教育与普法宣传，使得该制度在基层社会治理中大放光彩，促进我国法治社会建设。

2. 司法调解制度

现阶段，当提及"无讼"思想时，一般都将其与人民调解制度挂钩，而将在法院提起诉讼看作人民调解制度的对立面。然而，即使在诉讼手段中也包含着调解的影子，"马锡五审判方式"就是审判与调解相结合的生动写照，更是促动着当代司法调解制度的发展与完善。它虽处在有审判权的机关主持之下，却也体现了"无讼"思想的精神，与人民调解有异曲同工之妙，不但不会对程序正义与当事人主义的已有成果造成破坏，相反，它在调解的全过程都贯彻了当事人主义，使得当事人的合法利益得到有效维护。同时它还能节省司法资源，高效化解社会转型时期的大量矛盾纠纷，有利于社会秩序的稳定与和谐，为法治中国的建设提供了安定的社会环境。

"马锡五审判方式"是抗日战争时期陕甘宁边区实行的一整套"注重调查研究、方便群众诉讼、就地解决纠纷"的司法理念和审判制度的简称。该审判方式受到深刻的社会背景、社会转型等诸多因素的影响。特定的历史条件与社会现实迫使当时担任边区高等法院陇东分庭庭长的马锡五同志在司法实践中以巡回审判为载体，探索就地审判、法官下乡、深入农村、调解和解等多层面的解纠方式，有效解决了解放区迫切需要解决的诸多司法难题，受到群众普遍欢迎，他的这一审案方式也在边区政权所辖范围内得到普遍地推广。[①] 该审判方式的精神实质是以民为本，强调调查研究的重要性，具有不拘形式、手续简便、诉讼方便等特点，以实质性解决纠纷为价值目标。

"马锡五审判方式"最重要的两大工作法宝则是注重审判和调解相结合，以及依靠群众，这也契合了"无讼"思想的调解与自治内涵。一方面，该方式并不是简单武断地去判决，而是根据不同情况，"宜调则调，宜判则判"，充分发挥调解的力量，根据当事人的性格和心理状况，采用多种不同的方式，来扭转双方的对立情绪，用法律、人情、道理、利弊等让当

---

① 丁一，陈毅清. 从马锡五审判方式中找到新启迪 [N]. 人民法院报，2016-09-01.

事人心服口服，以期从根本上解决问题，从源头处化解矛盾，而非一判了之。实践证明，凡是以调解结案的，由于调解结果贯彻了当事人的意愿，当事人对于调节结果的执行都具有较高的自觉性，甚至不少人还能做到当场兑现，真正做到案了事了。这是因为调解的结果是其本人所认可和承诺的，而判决带有法院的强制性，故前者当事人一般没有抵触情绪，减少了上诉的可能性，降低司法成本，也更易为当事人所接受和自动履行。[①]另一方面，该审判方式充分依靠群众，倾听群众意见，在当时的历史条件下，依靠知情群众，结合具体情况，在维护政策法律的原则性的基础上提出切实可行的结案方法，无疑是党的群众路线最生动的实践，可以从根本上减少人民群众的诉累。[②]

第二节　传统廉政法律文化的继承和发展——反腐倡廉

中国传统文化包含丰富的内容，其中优秀的廉政文化也是其重要的组成部分，它们在我国漫长的历史长河中产生了深刻的影响，时至今日仍然具有重要的现实意义。廉政文化以"尚廉、戒贪、弃腐"为重要价值准则，以"廉洁从政的相关法律法规"为支撑，成为我国先进文化中不可或缺的一部分，其主要内涵是从政者的思想道德、社会文化氛围、职业道德以及社会公德。当下，我们不仅要传承这份历史遗产，更要将传统廉政文化中的精华与现代的廉政建设相结合，将其转化为推进廉政建设的动力，不断强化我党的执政能力。

---

① 王贵，龙呈德. 基层法院调解艺术 [M]. 北京：人民法院出版社，2006：12.
② 贺小荣. "马锡五审判方式"的内在精神及其时代价值[J]. 法律适用，2021（06）：3-7.

一、中国传统社会腐败治理的主要经验

"廉者，政之本也"，我国传统社会把腐败治理视为影响统治根基的重要问题，在长期的治国理政实践中形成了丰富多彩的经验谱系。习近平总书记强调："历史的经验值得注意，历史的教训更应引以为戒。……积极借鉴我国历史上优秀廉政文化，不断提高党的领导水平和执政水平、提高拒腐防变和抵御风险能力，……"① 当前我们更加需要注重学习与借鉴古人崇廉拒贪、刑德并用、以义制利的智慧，积极推进腐败治理工作向治本迈进。

1. 建章立制，突出惩戒

"治国莫大于惩贪"，我国历代统治者均把惩治贪腐与制定良法视为维系其统治合法性的重要基石。依规治腐、严惩贪腐是传统社会当权者试图摆脱人情羁绊的一种治理方式，也是腐败治理问题上人治与法治相结合的一种尝试。

我国最早的腐败治理实践在舜帝时便出现，当时已制订出"冒于货贿，侵欲崇侈"罪名来对贪腐官吏进行处罚。西周时期已出现关于惩治贿赂罪的专门规定"五过之疵"②。到了秦时，实现大一统的现实需要加之法家思想的广泛影响使重刑主义盛行，反腐法规条文骤增。《睡虎地秦墓竹简·为吏之道》中规定了官吏赏罚"五善"与"五失"的标准，体现出"以法为教"的治理精神。在《睡虎地秦墓竹简》中的《法律答问》《秦律杂抄》《除吏律》《内史杂》等律文，对贪污腐化罪行进行了细化，将官吏挪用公款行为视同"盗窃罪"，并要求严格执法，提出"律所谓者，令曰勿为，而为之，是谓'犯令'；令曰为之，弗为，是谓'法（废）令'殹（也）"③。

汉汲取秦立法反腐经验并加以发展，形成儒法兼综的治理局面。一方面完备反腐法规，如《二年律令·盗律》将贪污腐化的罪行细分为"主守盗""受赇和受赇枉法"，并规定"受赇以枉法，及行赇者，皆坐其臧（赃）

---

① 习近平. 习近平谈治国理政 [M]. 北京：外文出版社，2014：390.

② 周密. 中国刑法史 [M]. 北京：群众出版社，1985：80.

③ 睡虎地秦墓竹简整理小组. 睡虎地秦墓竹简 [M]. 北京：文物出版社，1990：126.

为盗"①。另一方面，当权者开创选拔任用的举孝廉制度，强调官德的日常教化养成。隋唐时，腐败治理制度化水平大为提升，《开皇律》和《唐律疏议》的颁布使反腐立法日趋成熟，"计赃量刑"原则的运用使刑罚更加规范化。尤其是封建社会的法规典范《唐律疏议》使惩治贪腐有了更加完备的法律依据，有效减少了人情对依规治腐的羁绊，在唐初取得"官吏多自清谨"的治理成效。宋代强调以重刑惩治贪官墨吏并辅以省官益俸政策。宋太祖提出"王者禁人为非，莫先于法令"（《大诏令集》），《宋刑统》中有对贪污腐化罪行的惩处细则，朝廷还陆续颁布了一些单行法规，要求司法与监察双管齐下。此外，北宋时期还颁布了《禄令》《元丰寄禄格》等律令，将官员俸制加以规范。

元代在积极借鉴前朝治腐经验的同时还特别倚重监察，使监察制度有了较大发展。当朝者制定了较为详细的监察之法，如《元典章》《大元通制》《至正条格》等。元世祖还改提刑按察司为肃政廉访司，赋予其众多监察职权，"如民事、钱谷、官吏奸弊，一切委之"（《元史》）。

明太祖朱元璋要求为官者应严格自律，先后颁布《御制大诰》《御制大诰续编》《御制大诰三编》《大诰武臣》等律文。这些律文对官吏玩忽职守、受赃科索等罪行作出异常严厉的处罚，"总共罗列凌迟、枭令、夷族罪千余条，斩首弃市以下罪万余种"②。

清承明制，强调明刑弼教。顺治时颁布《大清律集解附例》，雍正时修订《大清律例增修统纂集成》，乾隆五年又颁布《大清律例》，都对贪腐犯罪做出详细规定。此外，朝廷还陆续颁布了一些单项条例，如《钦定台规》《侵贪犯员罪名》《侵贪案条例》《职官犯罪逃脱治罪例》等，遂形成德治与法治并重的腐败治理模式。

然而，"良法"不等于"善治"，传统社会的腐败根植于剥削阶级自身，"王者法天"的皇权专制与"亲亲相隐"的宗法制度相结合导致历代统治者皆无法摆脱人治大于法治的治理困境，也使腐败治理成效受限。

2. 强化监察，重典治吏

"立政之道，察吏为先"，历代统治者都把吏治与监察视为腐败治理

---

① 张家山二四七号汉墓竹简整理小组. 张家山汉墓竹简 [M]. 北京：文物出版社，2006：16.

② 杨一凡. 明初重典考 [M]. 长沙：湖南人民出版社，1984：31.

的两大抓手，建立起较为健全的运行体系。

春秋战国时期，行政官僚体系初具雏形，周成康时，开创"举贤才"制度，提出君主主业为"举贤良，务功劳，布德惠，则贤人进"（《管子》）。在监察方面，首设"御史"专司监察。秦时，中央集权专制体制正式建立，建立起以军功定爵位、因贤能授官衔的"军功爵制"。在监察方面，秦始皇"岁雠辟律于御史"（《秦简·尉杂》），设立中央监察机构御史府，并建立起以御史大夫为长官包括御史中丞、侍御史、郡御史等职位的垂直化监督体系。

汉朝历经"七国之乱"后，当权者特别注重防范地方势力割据分化，在权力运行上更加倚重吏治与监察。在吏治方面，铨选官吏时，主要看其是否有"孝廉、茂才、贤良方正、贤良文字、敦厚有行"（《后汉书·蔡邕传》）等品行。在监察方面，《监御史九条》《六条问事》将监察对象、内容与程序加以规范化。此外，汉代在中央实施"三独坐"制度，并设立"十三部刺史"专职负责地方监察事务。

隋唐是吏治与监察制度大发展的时代，赞曰"文物仪章，莫备于唐"（《唐律疏议》）。在吏治方面，隋炀帝创立了科举任官选士制度。唐时开创三省六部制，吏部居首且专司官吏管理事宜。在监察方面，唐太宗建立起谏议与监察独立运行的双向监察体系，即以御史台为中心的"一台三院"三级监察体系和以谏院为中心的谏官体系。

宋朝时，宋太祖将"事为之防，曲为之制"（《续资治通鉴长编》）定为治国之策，吏治与监察进一步强化。吏治上，朝廷一方面通过科举考试来大量遴选官吏，另一方面发展了门荫制度与"荐举保任法"，举荐有才识之人担纲任职。监察上，当权者强化了对监察体系的垂直管理，提出"御史进用，宰执不得预（《宋史·选举志六》）"，并扩大了谏官权柄，允许"风闻弹人"。在地方监察上，颁布《诸路监司互察法》，设立"提刑按察使司"职位，开创了地方巡视制度之先河。

元朝时，当政者遵循"祖述变通"理念，吏治与监察均有所改革。吏治强调要"以吏治国"，中断隋唐时的科举取仕制度，将大量胥吏提拔为当朝权臣。监察设置地方行御史台、肃政廉访司，颁布首部单行监察法规《宪台格例》，强化了地方监察。

明朝时，明太祖提出要"惩元之弊，用重典以新天下"（《菽园杂记》），使吏治与监察有较大革新。在吏治方面，一方面提出铨选官吏要严格遵循用人"六毋"原则，重视选用廉洁奉公的清官能吏；另一方面推行"考成法"，要求加强对官吏的日常管理，注重"立限考事""以事责人"，大大提升了吏治效能。在监察方面，创设都察院，加强全面监督。地方监察则设置十三道监察御史和十三个提刑按察司两个相互独立的体系实施双重监察。

清朝时，当权者秉持"参汉酌金"理念，注重"礼法合治"，吏治与监察得到进一步发展。当权者强调"国之安危，全系官行之贪廉"（《清实录·世祖实录》），加强整饬纪律严明吏治。在官吏铨选时，朝廷建立起多元化的选拔通道，设有科举、考职、荫生、保举和捐纳等五种方式，并特别注重考察为官者的清廉品行，要求"殚忠尽职，洁己爱人"（《清实录·世祖实录》）。在监察方面，清代颁布独立的监察法规《钦定台规》，成立都察院，并辅之以密折上奏制度，强化官吏稽查。

中国传统社会，"皇天无亲，惟德是辅"（《尚书·蔡仲之命》），君主被塑造为社会最高的道德楷模以增强自身执政合法性，官吏则是君主敬天保民和向民众展示君主美德的承载者，因而历代君主都高度重视吏治，并通过强化监察来约束与规制官吏行为，监察官员在充当"天子耳目"的同时还承担着督察百官肃清纲纪的职责。

3. 完备考绩，涵养官德

"赏罚者，邦之利器也"，严格的考课稽查与良好的官德修养，作为为官者的外在硬要求与内在软约束可以发挥奖优罚劣、激励担当作为的功效，是传统社会治国理政的重要内容，亦为历代统治者高度重视。

中国最早的考绩制度出现在舜帝之时，考绩主要有两种形式，一种以朝会的形式实行"三载考绩，三考黜陟幽明"，另一种是以巡视的方式进行"五载一巡守，群后四朝"。（《尚书正义》）及至春秋，考绩制度进一步发展，将考绩内容细化为"六廉"，并以此作为官吏赏罚的依据。战国时期又萌生出按照功劳考核的"书劳"制度和按照政绩考核的"上计"制度。对比考绩的硬性约束，统治者更重视"为官之德"的软约束。早在春秋战国时期，诸子百家已经初步形成官德思想，如老子提出为政者唯有"去甚、去奢、去泰"，才能"常德不离"（《老子》）；孔子强调为官者要"克己复礼为仁"

（《论语·为政》）；荀子则认为为官者还要做到"以礼分施，均遍而不偏"（《荀子·君道》）。作为历史上第一个大一统封建王朝，秦代建立起以皇权吏治为核心的官僚体制，考绩与官德成为支撑这一体制运转的两大柱石。秦始皇提出考绩要"度其功劳，论其庆赏"，强调战功与实绩的重要性，遂将单一化的考绩制度发展为注重能力与军功的复合型考绩。秦代还将诸子百家迥异的官德理念统一为"五善五失"的官德规范，注重培养为官者忠诚、清廉、慎行、恭敬的职业操守。

两汉时期，官德与考绩得到进一步发展。在考绩方面，西汉时期颁布《功令》和《上计律》，并将考绩拓展为三种形式、两个系列，实现考绩程序化与制度化。在官德方面，经学博士刘向以"六正""六邪"来细化官德培养内容。

隋唐时期，考绩与官德建设趋于成熟。唐高祖时专门成立吏部考功司，提出"大小之官，悉由吏部，纤介之迹，皆属考功"（《通典》），并将"四善二十七最"设为考绩具体内容，三品以上官员则由皇帝亲自考核。这一时期，"德礼为政教之本"成为君主的吏治理念，以《贞观政要》和《臣轨》等书目来宣扬官德教化，以科举考试来将官德教育加以贯彻与落实，要求为官者"至忠""慎独"与"清廉"。

宋代汲取五代十国动乱之教训，倡导"德刑并举"，进一步加强考绩与官德建设。在考绩方面，磨勘与历纸成为考核官吏的新方式。磨勘是指朝廷任命指定的官员对官吏进行考核，历纸则强调对官吏日常工作的考核。在官德方面，宋明理学"对华夏文明特别是伦理道德有再造之功"①，将官德建设推进到新高度。特别是宋神宗时，王安石改革科举，推行"崇文右儒"，将考试内容侧重于仁义道德经义的论述。加之《朱文公政训》《百官箴》等一批经典官箴著作问世，进一步在民间强化了官德教育。

元代重视考绩而忽视官德建设。元世祖任用卢世荣来"定百官考课升擢之法"，颁布《考功课吏法》，规定由中书吏部掌管考绩之事，"拟三十个月一次考功过为最殿，以凭迁转施行"（《元典章》二卷《圣政一·饬官吏》）。考核侧重于地方官吏，主要考核"户口增，田野辟，词讼简，

---

① 王泽应，唐凯麟. 中华民族道德生活史·宋元卷 [M]. 上海：中国出版集团东方出版中心，2015：3.

盗贼息，赋役均"（《通制条格》卷六《选举·五事》）五方面绩效。

明代始建，明太祖汲取元代贪腐激起民变的教训，特别强调以考绩来强化吏治和注重官德教化。在考绩类型方面，明代将考绩分为"京察"与"外察"两类，京官六年一考，外官三年一考。在考绩标准上，明代确立"八法"标准，即"年老、有疾者，致仕；罢软无为、素行不谨者，冠带闲住；贪、酷并在逃者，为民；浮躁、才力不及者，酌酌对品改调"（《明会典》）。在官德建设方面，明代强调"礼法并用"，通过大力兴办明初社学、编纂官箴、制定严刑峻法等方式来强化官德教养，形成"教官四千二百余员，弟子无算，教养之法备矣"（《明史》）的兴盛局面。

清代考绩制度更加规范化与系统化。考绩标准统一，实施对京官三年一考的"京察"和对外官三年一考的"大计"，对"文官"要求考核其"仓库之盈亏，办事之能否"，对"武将"考核其"射之优劣，训练之勤惰"（《大清世宗宪皇帝实录》）。为强化官德养成，皇帝亲撰官箴，如顺治写《御制人臣儆心录》、雍正撰《州县事宜》，要求为官者"置之案间，朝夕观览，省察提撕"（《官箴书集成》）。在科举、铨选过程中强化官德教化，将良好的官德修养置于铨选官吏的首位，如雍正提出对官吏"择其勤敏练达、立心正直者，保送引见补用"（《钦定台规·第二种》）。

"贤者在位，能者在职"，历代统治者都将考绩与官德建设视为"保邦之大计"，希望通过官德的软约束和考绩的硬要求来达到吏治清明、基业永固的治国理政效果。从历史发展来看，一个朝代初期可以通过官德与考绩达到上述治理目标，但到了后期往往陷入考绩流于形式、官德败坏的治理失效境地。究其根源，皇权的绝对主宰地位与官吏的强烈依附性决定了传统社会考绩与官德建设始终难以摆脱人治的随意性，甚至考绩与官德实质上已被异化为服务皇权、效忠当权者的专制工具。

二、中国传统社会腐败治理经验的现代性转化

习近平总书记强调："了解历史，才能看得远；永葆初心，才能走得远。"[1] 中国传统社会历经数次朝代更迭，不少当政者都努力探索政权永续

① 习近平. 论中国共产党历史 [M]. 北京：中央文献出版社，2021：261.

的治国理政之道，形成了一套领先于世界的中华政治文明谱系，腐败治理就是其中重要的组成部分。这些腐败治理经验有着广泛的民众心理基础，又与我国当前腐败治理治本之需高度契合，极富文化张力与生命力，因而需要做好新形势下的传承与转化工作。

1. 持续推进高压反腐，不断完善制度法规建设

传统社会，腐败治理更多的是为统治阶级服务，形成封建专制特权，这是其无法革除的体制弊端。新形势下，不管是高压反腐抑或依规反腐，其核心是以公权来对抗私权、以法治来遏制私欲、以底线来强化廉洁奉公行为范式的养成，因而可以达到治本之效。

党的十八大以来，习近平总书记高度重视腐败治理工作，既要求"百尺竿头更进一步"务必将腐败犯罪彻底铲除，又强调"要善于用法治思维和法治方式反对腐败"①。在纵深推进腐败治理过程中，首先，继续发挥铁腕治腐对党政干部的震慑作用。最新《中华人民共和国刑法修正案》中对腐败犯罪保留死刑与终身监禁的制度，加大了法律的惩治威慑力，今后还应该对腐败犯罪执法更加从严从重。其次，要求各级党政干部树立依法治腐理念。司法机关在严格执法过程中绝不允许出现"以言代法、以权压法、逐利违法、徇私枉法"②的情况。再次，增强制度对权力的有效规制。各级党政机关要以权力清单明晰化、责任清单法定化、运行程序法定化、信息公开法定化来实现制度对权力的有效规约、程序对权力的有效规制、问责对权力的有效制衡。最后，坚持腐败治理全链条法治化。新形势下要将全面依法治国与全面从严治党进行有效衔接，实现全链条、全过程法治化管理。在立法环节，要不断补充与完善反腐败法律法规，做到治腐有法可依；在司法环节，要规范量刑标准与严格审判程序，树立依法治腐的权威；在执法环节，要严格执法，对腐败犯罪做到"有案必查、有腐必惩"。只有多管齐下，才能既震慑潜在的腐败犯罪分子，又鼓舞民众参加反腐的决心与斗志。

---

① 中共中央文献研究室编. 习近平关于全面从严治党论述摘编 [M]. 北京：中央文献出版社，2014：71.

② 习近平. 决胜全面建成小康社会 夺取新时代中国特色社会主义伟大胜利——在中国共产党第十九次全国代表大会上的报告 [N]. 人民日报，2017-10-28.

2. 以人民为主体推动多元参与，形成监督合力

"得众则得国，失众则失国"（《大学》），要防止党政干部以权谋私、滥用权力，就必须鼓励人民群众多渠道参与反腐，构建起多元化的监督体系。中国古代监察体系在这一方面卓有成效，孙中山先生称御史台谏是"一种很好的制度"①。新形势下，我们在深化推进腐败治理过程中，既要传承中国传统监察制度的有益经验，又要破除忽视人民参与的局限性，建立起结构合理、程序正当、制约科学的多元监督体系。

习近平总书记指出："人民的眼睛是雪亮的，人民是无所不在的监督力量"②。在实现腐败治理压倒性胜利过程中，一方面，要大力畅通监督渠道，尤其是信息化时代，要注意发挥各类社交媒体的优势，通过微信聊天软件一键举报等方式来便利民众参与监督；另一方面，要通过制度设计来保证人民反腐的参与权，以责任清单、负面清单等方式来确保党政机关信息公开。建立起多元协调发力的立体监督体系，要将监督主体由单一扩展到多元，充分发挥人大代表、各级党组织、纪检监察机构、新闻媒体、社会团体以及普通民众等不同群体的监督作用；要将监督类型由一维扩展至多维，积极履行人大监督、党内监督、行政监督、司法监督、审计监督、舆论监督、网络监督等监督职能，实现社会的全过程立体化监督。监督主体的多元与下沉，监督过程的动态化与精准化，将有力推动我国腐败治理由消极反腐模式向关口前移、全过程防控模式的转变。

3. 强化官德教育，创新党政干部管理

"吏不廉平，则治道衰"（东汉·班固《汉书·宣帝纪》），习近平总书记强调，抓住了领导干部就抓住了腐败治理的牛鼻子，要坚持官德建设、创新干部管理。

"廉政"作为一个重要的道德范畴概念，是官德的核心要素之一，也是对新时代党政干部的重要要求。廉政教育是反腐倡廉的筑基工程，也是构建党政干部道德人格的重要方式。新形势下，廉政教育要不断更新形式与内容，不仅要让党政干部充分认识到贪污腐化的危害性，还要通过教育达到让廉洁意识"入耳、入脑、入心"的目的，形成廉政认知、认同与行

① 孙中山选集（下）[M]. 北京：人民出版社，1956：581.

② 习近平. 论坚持全面依法治国 [M]. 北京：中央文献出版社，2020：74.

动相统一的长效教育效果，培养党政干部德义有闻、清慎廉洁、恪勤务实的官德修养。

中国共产党的根本宗旨是全心全意为人民服务，这就决定了人民的评价是衡量我们腐败治理成效的最高标准，也意味着各级党政干部要树立正确的政绩观。政绩观是解决党政干部工作究竟"为了谁"的根本性问题。只有树立正确的政绩观，将人民满意作为工作的出发点，各级党政干部才能处理好"潜绩"与"显绩"的关系，才能做到为民办实事、为民谋福利。廉洁奉公是传统官德的重要要求，在对党政干部的选拔、任用、考核过程中要始终坚持"为官重德""德统帅才"的传统智慧，将干部工作管理与日常生活中的德行操守有机结合，构建完备的党政干部管理体系。

第三节　传统法律思想精粹的承继——
德法共治、以民为本

一、德法共治——中国特色的治理手段

中国古代统治者在治理国家的过程中，十分重视"德"的重要作用。人们认为统治者的"德"应配"天"，其应以仁爱治天下，法治与德治并驾齐驱，才能真正治理好国家。中国传统的法律文化以儒家思想作为主要导向，对于儒家思想所主张的以德治国、统治者以德服人有着充分认同。在儒家思想观念中，治国理政不应该一味依赖刑罚和讼狱，而是要以道德的教化为主要手段。而在现代法治建设的过程中，在一些情况下，我们只注重了法治，在一定程度上忽视了德治的重要作用。作为中国优秀传统法律文化的德法共治，是中国特色的法律文化，适应中国社会的发展，为中华民族伟大发展提供了强大的理论基础。中国特色社会主义法治强调的"德治"与"法治"也正是源自于此，这是社会主义精神文明建设的根基

和优势。进入新时代，我们国家在传统德法共治的基础上提出了依法治国和以德治国相结合的中国特色社会主义治理制度，这是对儒家思想的合理借鉴和利用，在法律和道德层面双管齐下，有助于规范人们的行为，维护社会和谐。

二、"以人为本"——对民本思想的继承与超越

虽然传统的民本思想由于社会背景、实践主体和实践范围的限制已经不能适应当代中国社会的发展需要，但一个国家的文化价值观是该国家长期积淀下来的结果，我们应该重视民本思想的当代价值，也要深入分析中国传统民本思想的精华与糟粕，使民本思想发挥其应有的价值。从各个方面来看，当代中国所提出的"以人为本"思想中的法治精神是对中国传统法律文化中的民本思想的一种继承和发展，与传统的民本思想相比又具有明显的先进性。

1. 人民是依法治国的主体和力量源泉

《中共中央关于全面推进依法治国若干重大问题的决定》指出："人民是依法治国的主体和力量源泉，……"[1]坚持人民主体地位，是全面推进依法治国必须遵循的一项重要原则"。这是党和国家在顺应当今时代发展对中国传统民本思想内容的弃糟取精、传承与创新的具体表现，也是我国在建设中国特色社会主义法治国家中坚持马克思主义的历史唯物主义基本原理的重要体现。

2. 刑法实践中的人本精神

"'努力让人民群众在每一个司法案件中都感受到公平正义'，是习近平总书记在中央政治局第四次集体学习时，对政法机关提出的努力目标和明确要求，体现了我国经济社会发展的必然要求和人民群众的殷切期待。"[2]"以人为本"的思想是我国刑法立法所秉承的价值理念，它不仅体现在我国刑法的各项具体规定中，而且也体现在我国刑法的司法实践中。

---

① 中共中央关于全面推进依法治国若干重大问题的决定 [M]. 北京：人民出版社，2014：6.

② 杨绍华，申小提. 努力让人民群众在每一个司法案件中都感受到公平正义——访最高人民法院党组书记、院长、首席大法官周强 [J]. 求是，2013（16）：11.

只有在刑法的立法和司法实践中共同坚持"以人为本"的价值理念，才能真正做到以人为本，才能更好地推进我国的民主、法治建设，真正实现依法治国。

（1）在刑事案件审理中践行刑法的人本精神

我国刑事诉讼法规定的基本原则包括两大类：一类是一般原则，一类是特有原则。刑事诉讼的一般原则主要是指在刑事诉讼中必须坚持以事实为根据，以法律为准绳原则；公民在法律面前一律平等原则；各民族公民有权使用本民族语言文字进行诉讼原则；审判公开原则；保障诉讼参与人的诉讼权利原则等。刑事诉讼所特有的原则是指侦查权、检察权、审判权由专门机关依法行使原则；人民法院、人民检察院依法独立行使职权原则；分工负责、互相配合、互相制约原则；犯罪嫌疑人、被告人有权获得辩护原则。

刑事诉讼基本原则对我们进行刑事案件的审理具有重大的指导意义，是公安司法机关长期实践经验和优良传统的总结，不仅反映了刑事诉讼的客观规律和对公安司法机关严格、公正执法的基本要求，而且也体现出了在刑事案件的审理过程中在惩罚犯罪的同时，要充分实现刑法保障人权的价值目标。例如，《中华人民共和国刑事诉讼法》第十一条明确规定：人民法院审判案件，除本法另有规定的以外，一律公开进行。被告人有权获得辩护，人民法院有义务保证被告人获得辩护；第十二条明确规定：未经人民法院依法判决，对任何人都不得确定有罪，同时还明确提出在刑事案件的审理过程中人民法院应充分考虑案件中应从轻、减轻或免除处罚的情节。这些规定充分体现出了我国司法机关在刑事案件的审理过程中亦将"以人为本"作为必须遵循的价值理念。

（2）在执行刑罚过程中践行刑法的人本精神

我国刑法要求在执行刑法的过程中坚持合法性原则，惩罚与改造相结合、教育与劳动相结合的原则，人道主义原则，个别化原则。以此来确保刑罚执行中对犯罪人的基本权利的保护和刑罚根本目的的实现。

我国的刑罚执行机关在执行刑罚的过程中把以人为本、保障人权作为其执行刑法所必须遵循的价值理念。在刑罚执行过程中，充分做到尊重犯罪人的人格，关心犯罪人的生活，做到文明监管，严令禁止对犯罪人使用残酷的、不人道的刑罚执行手段。在惩罚与改造相结合、教育与劳动相结合的原则的指导下，我国的刑罚执行机关明确认识惩罚是改造的前提，改造是惩罚的目的；劳动是教育的手段，教育是劳动的目的。在执行刑法的过程中，根据犯罪人的需要，组织犯罪人从事生产劳动，对犯罪人进行思想教育、文化教育与技术教育，帮助犯罪人积极进行自身改造。同时，刑法执法机关还根据犯罪人本人的具体情况，如年龄大小、性别、生理状况、性格特点、掌握知识技能的程度、犯罪性质与情节的轻重、犯罪人的人身危险性大小、受刑种类与刑期等不同情况，给予不同的处理，采取不同的教育改造方法。

例如，2002 年 10 月 25 日某中级人民法院因故意伤害罪判处高某（女）有期徒刑五年，由于当时高某怀有身孕，在公安机关侦查、检察机关起诉、法院审判期间都未对其采取拘留、逮捕等强制措施。判决后，恰逢高某产下一子，正在哺乳婴儿，法院遂未将其收监执行，但也未办理任何相关手续。两年以后，高某突然被收监，并被告知其刑期从 2004 年 10 月 25 日起算，也就是在判决书记载之日起两年之后开始执行她的刑期。高某被收监后对她的刑期起算时间表示不服，向监狱管教干警申诉，认为自己是在 2002 年 10 月 25 日被判决的，刑期自然应从判决书记载的日期开始起算，已经过去的两年时间并非自己抗拒执行，而是法院并未办理相关的手续将其收监，故自己在收监后的刑期应当除去过去的两年时间只有三年的刑期了。据详细了解，该法院在得知高某的申诉情况后，撤销了原判决，重新作出了新判决，内容是高某被判 5 年有期徒刑，刑期从 2002 年 10 月 25 日起算，并办理了通知有关机关将其收监等手续。同时告知高某，对其犯罪行为的处罚以原判决书为准。

本案件的刑罚执行机关从实际情况和人本主义精神出发，未将生产后处于哺乳期的犯罪人进行强制收监，待相关情形消失后再予收监执行。虽然在此期间法院并没有将犯罪人做暂予监外执行处理，但这实属司法机关的工作失误并非犯罪人的过错导致，因而上诉法院在充分考虑案件的实际情况后认为，如果将高某的刑期从 2004 年 10 月 25 日开始起算的话，她的罪犯的法律身份将比判决中所确定的时限无故延长了两年，在法院判决后收监前，高某的法律地位仍然是罪犯，而不是自由之身，各种权利的行使都会受到种种限制和不便，本着尊重与保障人权的原则最终法院判定高某的刑期仍从 2002 年 10 月 25 日起算，这不仅体现了刑法在执行期间的公平与公正，同时还充分体现了我国的刑罚执行机关在执行刑罚的过程中坚持以人为本、尊重人权的执行理念。

（3）在司法实践中注重公众情感坚持刑法以人为本的价值理念

《中华人民共和国刑事诉讼法》第六条明确规定：人民法院、人民检察院和公安机关进行刑事诉讼，必须依靠群众，必须以事实为依据，以法律为准绳。对于一切公民，在适用法律上一律平等，在法律面前，不允许有任何特权。这就要求我们在司法实践中必须做到依靠群众，重视公众的情感。公众情感是社会人情与事理的载体，蕴含着广大社会群众普遍的价值理念，反映着社会公众的情感追求，如果刑事司法在运行的过程中与社会公众善良、正义的情感价值观相违背，必将遭到公众的排斥，从而影响刑法的社会公信度。同时，随着现代社会媒体与网络的迅猛发展，广大社会群众与我国的刑事司法的联系也日益密切，公众情感也不断地通过媒体和网络得以充分表达，这就要求我们在刑事司法的实践中必须坚持以人文关怀为基础，充分考虑公众的情感要求，考虑公众对案件判决的认同度。公众对案件判决的认同度充分反映了公众对我国立法和司法的要求，只有我国的立法和司法能够顺应和满足公众的需求，才能得到公众的信任、支持和尊重，才能确实起到保障公民权益、维护社会安定团结的作用。

随着"以人为本"理念的进一步深入，我国刑法在司法上也提出了"司法为民"的理念，这就要求我国的刑事司法在保证其规则性、专业性、逻辑性、严密性的同时还要合理尊重和吸收公众的情感，从而做出合法、合理、合情的判决，达到法律和公众情感所共同追求的公平和正义。

第七章 《民法典》对中华优秀传统法律文化的传承与发展

传统法律文化作为整个中华民族在规范社会、治理国家过程中经验智慧的结晶，是实现中华法治文明伟大复兴的精神支柱和可资利用的重要"本土资源"，也是民法典赖以建构的民族文化的密码。《中华人民共和国民法典》（以下简称《民法典》）虽然广泛借鉴吸收了西方私法文明成果，但并非纯粹的法律移植，其在编纂过程中注重将传统法文化中的精华作为社会文化的根基，实现了传统文化的现代转化。以个体主义和整体主义为视角，传统法律文化中的"民本"思想、家事司法中的"敬亲孝亲"观念、社会生活中的优秀文化传统，以及国家治理模式和纠纷解决模式等，作为传统法的民族精神与当代民法典在跨时空的融合中实现了和谐共进。这不仅对构建当代民法话语理论体系具有重要价值，还能使现代民法获得新的生命力，建立起富含民族文化基因的民法新格局。

第一节 《民法典》的法文化基因

中国法制文明历史文化源远流长，还创立了极具影响力的中华法系，但却始终未建立一部独立的体系化民法。直至鸦片战争爆发，在西方文化的冲击下，清政府开始着手修订《大清民律草案》，该草案包括总则、债权、物权、亲属、继承五编。其中，前三编由日本法学家松冈义正起草，完全罔顾中国传统，进行了全盘西化，后两编以"守成"为核心意旨，由修订法律馆和礼学馆进行起草，却几乎不加改造地照搬礼教与律例，沿袭了过多封建宗族家法。二元化的价值结构直接造成了中西方法律文化的抵牾，使"国人也同时或多或少地承受了法律移植的'排异反应'"①。中华人民共和国成立后，我国又开展了五次民法典编纂工作。1954年在借鉴《苏联民法典》的立法模式下开启第一次编纂并形成了《民法典草案》，又一次脱离本土化的全盘照搬宣告了本次起草以失败告终；1962年开启了第二次编纂，其在"阶级斗争为纲"的社会背景下，"完全抛弃了现代民法典，创建了包括总则编、财产的所有编和财产的流转编三编"②，后因"文化大革命"再次以失败告终，在前两次的编纂中传统文化与现代民法愈加脱离。1979年开启了第三次《民法典》的起草，其广泛吸收各国先进民法思想，结合国情建立了八编制的《民法典草案》。此次编纂虽未成功，但该草案将现代民法文化与中国传统文化相融合，为之后诸多单行法所借鉴。2001年我国开启第四次《民法典》起草，因学界争议较大，全国人大常委会仍采取了制定民事单行法的立法政策。此时，我国的立法内容与技术已趋于完善，能够对现代民法进行改造使之与我国的本土法律文化相契合。2015年我国正式开启了第五次《民法典》编纂工作，于2020年正式通过了《中华人民共和国民法典》。不可否认我国《民法典》吸收借鉴了西方先进法律文化思想，但较于历次失败经验教训，其最大的成功之处在于对传统法的传承与发展，诚如习近平总书记所言："民法典系统整合了新中国成立七十多年来长期实践形成的民事法律规范，汲取了中华民族五千多年优秀法律文化，……"③正因结合了社会现实与文化传统，才有效防止了民法失效与文化断裂的风险，传统文化与《民法典》也终于在历经抵牾、割裂、偏离、联结之后真正实现了深入的融合。

① 范忠信，黄东海. 传统民事习惯及观念与移植民法的本土化改良 [J]. 法治现代化研究，2017（02）：60.

② 苏艳英. 中华传统文化与现代民法文化的整合——民法典的法文化解读 [J]. 政法论丛，2020（06）：124.

③ 习近平. 论坚持全面依法治国 [M]. 北京：中央文献出版社，2020：279.

一、隆礼重法，德法兼治

在中国古代的实际生活当中，有许多民事法律规范和民事习惯法，有些民事法律规范和契约还被铭刻在青铜器上，成为中华法制文明的独特景观。但中国古代没有独立的民法典，这是与古代中国的社会经济条件和"为国以礼"的国情相适应的，民事法律关系的调整，主要依靠礼，"礼达而分定"（《礼记·礼运》）。

"礼"是古代中国特有的一种社会现象，影响到国家政治和社会生活的方方面面。在制度层面，礼是体现统治阶级意志的各种行为规范的总和，其内容包括政治、经济、军事、司法、行政、道德教化、婚丧嫁娶、宗教祭祀等各个方面。在道德、伦理层面，礼是封建贵族阶层内部用来调整和调节个人与他人、宗族、群体之间关系的一整套伦理原则或规范。在文化或意识形态层面，礼就是传统中国的核心价值观。荀子云："君人者，隆礼尊贤而王，重法爱民而霸，好利多诈而危。"（《荀子·大略》）。中国古代的法律是礼治统治下的法律，礼指导着法律的制定，礼与法的相互渗透与结合构成了中华法系和中华法文化最本质的特征，礼的宗旨不仅是立法的指导、执法的原则，而且许多礼的节文本身就是法的规范。"故人无礼不生，事无礼不成，国家无礼不宁。"（《荀子·大略》）礼本身所具备的道德规范意义使得在礼的统领下，道德和法律共同肩负起维系社会秩序的使命，如"车之两轮、鸟之双翼"，不可偏废。"仁义礼智信，忠孝廉耻勇"既是礼的要求，也是法所体现和维护的核心价值观。正如中华法系的典范《唐律疏议》中所言："德礼为政教之本，刑罚为政教之用，犹昏晓阳秋相须而成者也"（《唐律疏议·名例》）。

当然，随着历史的发展演变，"礼"的内涵也是在不断发展变化的。正如《商君书》所言："三代不同礼而王，五霸不同法而霸""礼、法以时而定；制、令各顺其宜"。习近平总书记强调："在新的历史条件下，……把法治中国建设好，必须坚持依法治国和以德治国相结合，使法治和德治在国家治理中相互补充、相互促进、相得益彰，推进国家治理体系和治理能力现代化。"[1]从某种意义上讲，社会主义核心价值观就是中国新时代的

---

[1] 习近平. 论坚持全面依法治国 [M]. 北京：中央文献出版社，2020：165.

"礼"。《民法典》的颁布，正体现了新时代的隆礼重法、德法兼治。《民法典》在总则第一条中就开宗明义提出弘扬社会主义核心价值观[①]，并将以人为本、诚实守信、孝老爱亲等中华民族传统美德上升到法律层面，体现了整个《民法典》最突出、最重要的立法目的和宗旨。《民法典》第四条规定："民事主体在民事活动中的法律地位一律平等。"第六条规定："民事主体从事民事活动，应当遵循公平原则，合理确定各方的权利和义务。"第七条规定："民事主体从事民事活动，应当遵循诚信原则，秉持诚实，恪守承诺。"第八条规定："民事主体从事民事活动，不得违反法律，不得违背公序良俗。"……法律条文的字里行间传递着社会主义核心价值观的内容，透露出中国法治与德治相结合的治国传统。把社会主义核心价值观提升到法律层面，这具有重大的历史意义和现实意义：它既传承中华法系的文化气质，又彰显今日中国的精神风貌，不仅映照出中华民族的精神内涵和价值追求，而且指导着我们今后的民事立法和司法的总体方向，完成了一次中国国家精神和民族精神的立法表达，可以说是新时代引"礼"入法的典范之作。

二、仁者爱人，定分止争

孟子曰："君子所以异于人者，以其存心也。君子以仁存心，以礼存心。仁者爱人，有礼者敬人。爱人者人恒爱之；敬人者人恒敬之。"（《孟子·离娄下》）中华民族自古以来就有以人为本、宽仁爱民的传统。相传周文王曾经向姜太公请教治国的根本道理，姜太公的回答简单明了："爱民而已。"爱民要像父母爱护子女、兄长爱护弟妹那样，见其饥寒就为他忧虑，见其劳苦就为他悲痛，施行赏罚就像自己身受赏罚一样，征收赋税就像夺取自己的财物一样。"利而勿害，成而不败，生而勿杀，与而勿夺，乐而勿苦，喜而勿怒。"（《六韬·文韬·国务》）这就是爱民之道。在这种爱民思想指导下，中国从西周时期开始就以宽仁恤刑原则对待鳏寡孤独、老幼废

---

① 《民法典》第一条规定规定："为了保护民事主体的合法权益，调整民事关系，维护社会和经济秩序，适应中国特色社会主义发展要求，弘扬社会主义核心价值观，根据宪法，制定本法。"

残等社会弱势群体。①如《周礼》规定，"地官大司徒"的职责是"慈幼""养老""振穷""恤贫""宽疾""安富"（《周礼·地官·大司徒》）。慈幼，是免除十四岁以下者的兵役，使"幼有所长"。"养老"是对七十岁以上老人实行特殊的照顾，即免除家人的徭役，并由官府馈赠酒肉，使"老有所养"。"振穷"与"恤贫"是救济无力生产以自给自足的人群，使他们能有安定的生活。"宽疾"是由官府收养聋、哑、盲、肢体残缺、侏儒等残疾之人。"安富"是使富人安心生产、安心生活，安居乐业。可见，体恤弱者，是中国传统法文化中的一项重要内容。

孔子曰："周监于二代，郁郁乎文哉，吾从周。"（《论语·八佾》）周朝所建立的文化集上古之大成，是中国传统文化的根源，儒家思想则建立在周文化的基础之上，承前启后，发扬了周代爱民恤刑的文化传统，形成"仁者爱人"的"仁政"学说。儒家的"仁"是一种含义极广的伦理道德观念，其最基本的精神就是"爱人"，儒家所倡导的"仁政"，其基本精神就是对百姓有深切的同情和爱心。以人为本、矜恤弱者的"仁政"思想，在中华民族几千年的历史上辗转传承，一以贯之，对中华法系的影响十分深远，历代在立法、司法中均体现出宽仁恤刑、爱惜民命的人文关怀。如按《唐令》规定："诸鳏寡孤独贫穷老疾不能自存者，令近亲收养。若无近亲，付乡里安恤。如在路有疾患，不能自胜致者，当届官司收付村坊安养，仍加医疗，并堪问所由，具注贯属，患损之日，移送前所。"②清代也规定："凡鳏寡孤独及笃废之人，贫穷无亲属依倚，不能自存，所在官司应收养而不收养者，杖六十。若应给衣粮，而官吏克减者，以监守自盗论。"（《大清律例·户律》）

今天的民法典汲取中华民族传统文化精华，同样传承了"仁者爱人""以人为本"的传统，坚持以人民为中心，以保障人民群众追求幸福美好生活为重要目标，其全面规定了民事主体的民事权利，包括物权、债权、人格权、身份权、继承权等民事权利。例如，为保护弱者合法权益，在第一千

① 张晋藩. 全面依法治国与中华法文化的创造性转化研究 [M]. 北京：中国政法大学出版社，2019：21.

② 仁井田升. 唐令拾遗 [M]. 栗劲，霍存福，王占通，等译，长春：长春出版社，1989：165-166.

零四十一条明确规定："保护妇女、未成年人、老年人、残疾人的合法权益。"第一千零四十二条规定："禁止家庭暴力。禁止家庭成员间的虐待和遗弃。"而且还设置了对于胎儿利益的特殊保护，完善了监护制度，对未成年人和无民事行为能力或者限制民事行为能力的成年人实施全方位的监护和保护。①

《老子》所说的"甘其食，美其服，安其居，乐其俗"，自古以来就是中国人所向往的理想生活。"住有所居"一直是人民对美好生活向往的重要组成部分。为推动"住有所居"取得新进展，《民法典》设立了居住权制度，明确居住权人有权按照合同约定，对他人的住宅享有占有、使用的用益物权，以满足生活居住需要。②这是基于中国的国情和社会现状，应对老龄化的挑战，帮助老人实现以房养老的一个法律保障，体现出了"矜恤弱者"的法律温度。

使老有所依、老有所养，幼有所育、幼有所教，既是中华民族的传统美德，也是民法典所传承的法律精神。如《民法典》第二十六条规定："父母对未成年子女负有抚养、教育和保护的义务。成年子女对父母负有赡养、扶助和保护的义务。"第一千零六十七条规定："父母不履行抚养义务的，未成年子女或者不能独立生活的成年子女，有要求父母给付抚养费的权利。成年子女不履行赡养义务的，缺乏劳动能力或者生活困难的父母，有要求成年子女给付赡养费的权利。"第一千零六十九条规定："子女对父母的赡养义务，不因父母的婚姻关系变化而终止。"这方面的规定还有很多，这些规定体现了传统价值取向和对个人、家庭的保护，与优秀的传统价值观和法律文化一脉相承。

人格权是人最基本、最重要的权利。作为世界民事立法的首创之举，中国民法典将人格权独立成编，规定自然人的人格尊严和人身自由受法律

---

① 《民法典》第十六条规定："涉及遗产继承、接受赠与等胎儿利益保护的，胎儿视为具有民事权利能力。但是，胎儿娩出时为死体的，其民事权利能力自始不存在。"第二十六条至第三十九条，全面细致规定了监护人和被监护人的权利、义务、责任、救济途径。

② 《民法典》第三百六十六条规定："居住权人有权按照合同约定，对他人的住宅享有占有、使用的用益物权，以满足生活居住的需要。"第三百六十七条："设立居住权，当事人应当采用书面形式订立居住权合同。"

保护，将其作为民事主体的基本权利，对生命权、健康权、名誉权、隐私权等民事主体享有的各项具体人格权进行保护。[①]加强人格权保护，体现了中国立法回应社会大众对相关权利保护的关切。这既是对"以人为本"的传统法文化的继承，也高扬了"与时俱进""法与时转"的创新精神。

孟子云："民之为道也，有恒产者有恒心，无恒产者无恒心……是故明君制民之产，必使仰足以事父母，俯足以畜妻子，乐岁终身饱，凶年免于死亡。"（《孟子·滕文公上》）这就是儒家的仁政理性，它的基础是让老百姓有生活上的基本保障，只有这样才有可能实现社会安宁、政治稳定。基于此，历代统治者都注意通过"制民之产"来维持和改善老百姓的生活，以奠定政权稳定的基础。而"制民之产"的前提就是"定分止争"。所谓"分"就是名分，从法律角度说就是"权利归属"。"定分"，就是定名分，定谁所有，用现在的话来说，就是确定权利归属。商鞅曾做过这样一个比喻：一只野兔在前面跑，后面可能有一百多人追着想抓住它。并不是因为一只兔子可以分成一百多份，而是因为它的权属没有确定。但是，市场上摆了很多的兔子却没有人去抢，为什么呢？因为市场上的兔子已经有了归属，名分已定。[②]所以，"定分"是"止争"的基础和前提，只有确定权利归属，才能减少权利归属的不确定性。法律首先要全面、明确、合理地配置权利义务关系，划定明确的权属界线，才能厘清每个人的行为界限，合理保持个人的自由空间和利益范围，确保自己的行为不会逾越界线，进而防止纠纷的发生，维护社会秩序的安定。这是中国古人对于法律功能的理解和追求，也反映出中国传统法律文化中对财产权的重视。"定分止争"是法治的重要功能，是任何时代的法律都需要发挥的基本作用。这一点，在《民法典》上有更为充分的体现。

民法典是保护民事权利的宣言书，其核心在于保障私权。故《民法典》

[①]　《民法典》第九百九十条规定："人格权是民事主体享有的生命权、身体权、健康权、姓名权、名称权、肖像权、名誉权、荣誉权、隐私权等权利。除前款规定的人格权外，自然人享有基于人身自由、人格尊严产生的其他人格权益。"第九百九十一条："民事主体的人格权受法律保护，任何组织或者个人不得侵害。"

[②]　《商君书·定分》："一兔走，百人逐之，非以兔为可分以为百，由名分之未定也。夫卖兔者满市，而盗不敢取，由名分已定也。"

在总则中就开宗明义，规定"民事主体的人身权利、财产权利以及其他合法权益受法律保护，任何组织或者个人不得侵犯"。对于其中的财产权又做出专门的强调，第一百一十三条规定"民事主体的财产权利受法律平等保护"。《民法典》还专设物权编，第二百零七条规定："国家、集体、私人的物权和其他权利人的物权受法律平等保护，任何组织或者个人不得侵犯。"第二百四十条规定："所有权人对自己的不动产或者动产，依法享有占有、使用、收益和处分的权利。"《民法典》通过确认权利主体就特定的财产享有支配权，并对该财产进行占有、使用、收益和处分，从而产生了排他的效力和优先的效力，有利于形成安定有序的财产秩序。当公民拥有踏实感和安全感，我们所生活的社会就更有希望。民法典通过界定产权、定分止争，保障了公民财产权利，维护了社会和国家财产秩序，促进了资源的优化配置，从法律上稳定人心，给公众强大的法治信心，为全社会注入了稳定的因素。

三、和合为贵，爱家睦邻

"礼之用，和为贵，先王之道斯为美。"（《论语·学而》）所谓和，指和谐、和平、祥和，合指结合、融合、合作。中国古人认为治国处事、礼仪制度、文化道德应当以"和合"为价值标准。孔子强调"君子和而不同，小人同而不和"（《论语·子路》），既承认差异，又和合不同的事物，通过互济互补，达到统一、和谐。管子则将和合并举，认为畜养道德，人民就和合，和合便能和谐，和谐所以团聚，和谐团聚，就不会受到伤害。[1]秦汉以来，和合概念被普遍运用，中华和合文化得以产生、流传和发展，人与人之间应当相亲相爱，和睦相处成为被中国人普遍认同的人文精神，在历史上产生了重要而深远的影响。正如墨子所言："诸侯相爱则不野战，家主相爱则不相篡，人与人相爱则不相贼，君臣相爱则惠忠，父子相爱则慈孝，兄弟相爱则和调……凡天下祸篡怨恨可使毋起者，以相爱生也，是以仁者誉之。"（《墨子·兼爱》）

---

[1] 《管子集·兵法》："畜之以道，则民和；养之以德，则民合。和合故能谐，谐故能辑，谐辑以悉，莫之能伤。"

这种传统体现在法律文化当中，则是倡导和谐，注重调和，使冲突之各方相互包容，共存并处。而"和合"的前提则是遵礼法，守道德，正所谓"德教洽而民气乐""礼义积而民和亲"（《汉书·贾谊传》）。由于中国古代家与国相通，亲与贵合一，"忠臣出于孝子之门"，"家齐而后国治"，家不仅是一种情感牵挂，更是一个人安身立命、修身立德的起点。《礼记·大学》中说："所谓治国必先齐其家者，其家不可教而能教人者，无之。"所以礼的出发点和归宿就是"亲亲尊尊""父慈子孝"，"以正君臣，以笃父子，以睦弟兄，以和夫妇"（《礼记》）。礼之所去则刑之所取，违礼则入罪，所以"不孝""不睦"等行为，在古代都是法律所禁止的大罪。

今天，虽然"不孝""不睦"已经不属于刑法调整的范围，但尊老爱幼一直是中华民族的传统美德，"亲恩不可忘，百善孝为先"依然是中国人推崇的价值观。我国民法依然将"树立优良家风""家庭成员应当敬老爱幼，互相帮助"等入典，从文化方面延续了中华民族延绵千年的人文基因。如《民法典》第一千零四十三条规定："家庭应当树立优良家风，弘扬家庭美德，重视家庭文明建设。夫妻应当互相忠实，互相尊重，互相关爱；家庭成员应当敬老爱幼，互相帮助，维护平等、和睦、文明的婚姻家庭关系。"这是社会主义核心价值观融入《民法典》的又一重要体现，体现了对于婚姻家庭关系中道德伦理规则的尊重，有利于鼓励和促进人们培养优良家风，提升社会和谐风气。尊老爱幼传统在我国《民法典》中还体现为明确规定了子女对父母的赡养义务和父母对子女的抚养教育义务，并且第一千零六十九条特别指出："子女对父母的赡养义务，不因父母的婚姻关系变化而终止。"

"兄弟同心，其利断金。"（《周易·系辞上》）相亲相爱、同心同德、互帮互济、守望相助，是中华民族千百年来形成的，从小家到大家再到国家对抗天灾人祸等各种困难的传统方法，已经内化为"一方有难八方支援"的传统文化基因。这种文化在我国《民法典》的婚姻家庭编中有明显体现。如第一千零七十四条规定："有负担能力的祖父母、外祖父母，对于父母已经死亡或者父母无力抚养的未成年孙子女、外孙子女，有抚养的义务。有负担能力的孙子女、外孙子女，对于子女已经死亡或者子女无力赡养的祖父母、外祖父母，有赡养的义务。"第一千零七十五条规定："有负担能力的兄、姐，对于父母已经死亡或者父母无力抚养的未成年弟、妹，有扶养的义务。由兄、姐扶养长大的有负担能力的弟、妹，对于缺乏劳动能力又缺乏生活来源的兄、姐，有扶养的义务。"

"家和万事兴"，和合文化是中华人文精神的核心和精髓。追求"家和"体现了中国传统文化中人们向往和谐美满生活的愿望。受和合文化的影响，在婚姻家庭方面，中国人向来劝和不劝离。为维护婚姻家庭稳定，减少轻率离婚、冲动离婚现象，《民法典》设立了离婚冷静期制度，规定自婚姻登记机关收到离婚登记申请之日起三十日内，任何一方不愿意离婚的，可以向婚姻登记机关撤回离婚登记申请，①以引导当事人理性对待婚姻，谨慎行使权利，对保护家庭关系、维护家庭稳定起到了重要的缓冲作用。同时为了保障公民婚姻自由（包括结婚和离婚自由）的权利，《民法典》第一千零七十八条又规定："婚姻登记机关查明双方确实是自愿离婚，并已经对子女抚养、财产以及债务处理等事项协商一致的，予以登记，发给离婚证。"第一千零七十九条规定："人民法院审理离婚案件，应当进行调解；如果感情确已破裂，调解无效的，应当准予离婚。"这又体现了立法吸收现代法治理念、与时俱进的精神。

以和为贵，不仅表现在家庭成员之间，而且也表现在邻里关系等与他人相处的社会关系当中。在中国传统法律文化当中，向来有"无讼息讼"的价值取向，"讼，争也"，就是争论和纠纷的意思（《说文解字》）。《周易·讼卦》云："讼，终凶"，"讼不可妄兴"。孔子也曾说："听讼，吾犹人也。必也使无讼乎。"（《论语·颜渊》）在传统社会中，主张"无讼"实际上就是主张"和为贵"，不要激化矛盾，尽量避免到官府去打官司。这一方面是由于古代社会以熟人交往为主，人口流动性不强，人们长期聚居于一个地域而形成了互帮互助的熟人社会秩序，基于血缘、地缘和亲缘三维关系生活在一起的人们渴望"和气"而不是独立和分裂，"远亲不如近邻""一场官司十年仇"，息事宁人不打官司，和谐相处成为人们追求美好生活的最高理想。另外，古代社会在县级以下基本是宗族和村社自治，

---

① 《民法典》第一千零七十七条规定："自婚姻登记机关收到离婚登记申请之日起三十日内，任何一方不愿意离婚的，可以向婚姻登记机关撤回离婚登记申请。前款规定期限届满后三十日内，双方应当亲自到婚姻登记机关申请发给离婚证；未申请的，视为撤回离婚登记申请。"

宗族的祠堂组织和村社的保甲制度等具有强大的调解功能，乡土中国不仅积累了丰富的调解经验，而且形成了一整套的制度，这在客观上也为"无讼"创造了支持条件。所以，在司法资源紧缺的古代中国，"息讼罢争"、重在调解是基层社会一种既经济又能快捷地解决纠纷的方法，这种方法强化了社会的伦理和温情，化解了冲突和对抗，是古代中国行之有效的一种"非诉讼纠纷解决方式"，在人们的日常生活和交往中发挥着不可忽视的作用。

这种在中国存在了几千年的纠纷解决方式，在今天依然得到人们的认可和传承，并且在《民法典》中得以体现。例如在离婚案件中，给予当事人或调解或起诉的选择权，而在诉讼程序中，调解则是前置程序，调解无效才进行判决。在处理继承案件中，也突出了调解的作用。[1]民法典这种鲜明的民族性，对于传承中华民族优良传统、淳风美俗，弘扬家庭美德、加强和谐社会建设，必将发挥很好的教育作用和示范功能。

四、诚实守信，私约如律

"人无信不立"，两千多年前，孔子就主张"言必信，行必果"。诚实守信一直是中华民族的传统美德，也早已成为中国人立身处世之根本。汉语中有大量诸如"一言九鼎""一诺千金""一言既出驷马难追"等称赞诚信精神的成语。在几千年的历史长河中，许多诚信人物及故事广为传诵，关于诚信的传统文化典籍十分丰富。从这些典籍可以看出，在中国传统文化里诚信具有极其重要的价值：诚信是治国理政的基本原则，是立身为人的基本道德，是朋友相交的重要准则，也是市场交易的重要基础。

人们对诚信的认识从古至今，一以贯之。《民法典》也大力维护和弘扬诚信原则，总则第七条明确规定："民事主体从事民事活动，应当遵循诚信原则，秉持诚实，恪守承诺。"在分则中也处处体现出对诚实信用原则的维护。例如在婚姻家庭编规定"夫妻应当互相忠实"，还新增了告知

---

[1] 《民法典》第一千零七十九条规定："夫妻一方要求离婚的，可以由有关组织进行调解或者直接向人民法院提起离婚诉讼。人民法院审理离婚案件，应当进行调解；如果感情确已破裂，调解无效的，应当准予离婚。"第一千一百三十二条："继承人应当本着互谅互让、和睦团结的精神，协商处理继承问题。遗产分割的时间、办法和份额，由继承人协商确定；协商不成的，可以由人民调解委员会调解或者向人民法院提起诉讼。"

严重疾病义务,规定一方患有重大疾病的,应当在结婚登记前如实告知对方,否则另一方可以请求撤销婚姻,同时增加了离婚损害赔偿的相关条款。①在合同编中,则明确规定违反诚信原则造成对方损失的当事人,应当承担赔偿责任。②

古人对诚信关系的确立和体现,往往表现为订立契约(合同)并信守契约。中国是世界上契约关系发展最早的国家之一。现存最早的契约,是近三千年前镌刻在青铜器皿上的周恭王三年(公元前919年)裘卫典田契等四件土地契。将契约文字刻写在器皿上,就是为了使契文中规定的内容得到多方承认、信守。在用简牍作书写材料的时代里,人们想出将契约内容一式二份写在同一简上,并写上一"同"字,并从中剖开,交易双方各执一半,当两份合在一起时,"同"字的左半与右半是否完全相合,就成了验证契书真伪的标志。③从这里也可以看出为什么契约又称为"合同"。

传统中国是一个国法与私约同时并存的复合社会,俗谚"国有律例,民有私约"或"官从政法,民从私约"讲的就是这种情况。存留至今的中国古代契约文书,不仅数量极多,而且种类丰富,涉及婚姻、田土、钱债、合股等方方面面,其内容涵盖了社会生活的大部分领域。《周礼》对早期合同的形式有较为详细的规定。判书、质剂、傅别、书契等都是古代合同的书面形式。经过唐、宋、元、明、清各代,法律对合同的规定也越来越系统。古人对于契约的订立非常重视,订立契约时,除当事者双方外,总

---

① 《民法典》第一千零四十三条规定:"家庭应当树立优良家风,弘扬家庭美德,重视家庭文明建设。夫妻应当互相忠实,互相尊重,互相关爱;家庭成员应当敬老爱幼,互相帮助,维护平等、和睦、文明的婚姻家庭关系。"第一千零五十三条:"一方患有重大疾病的,应当在结婚登记前如实告知另一方;不如实告知的,另一方可以向人民法院请求撤销婚姻。请求撤销婚姻的,应当自知道或者应当知道撤销事由之日起一年内提出。"第一千零五十四条:"无效的或者被撤销的婚姻自始没有法律约束力,当事人不具有夫妻的权利和义务。同居期间所得的财产,由当事人协议处理;协议不成的,由人民法院根据照顾无过错方的原则判决。对重婚导致的无效婚姻的财产处理,不得侵害合法婚姻当事人的财产权益。当事人所生的子女,适用本法关于父母子女的规定。婚姻无效或者被撤销的,无过错方有权请求损害赔偿。"

② 《民法典》第五百条规定:"当事人在订立合同过程中有下列情形之一,造成对方损失的,应当承担赔偿责任:(一)假借订立合同,恶意进行磋商;(二)故意隐瞒与订立合同有关的重要事实或者提供虚假情况;(三)有其他违背诚信原则的行为。"

③ 乜小红. 简谈中国古代订立契约的方式 [N]. 光明日报, 2008-12-25.

要邀请第三方到场，起一种人证的作用，以证明契约的有效性。张晋藩先生对于中国古代契约有精深的研究，他敏锐地指出：出土汉墓中发现的刻于砖石之上的"买地券"，包括有地界、证人、不得侵犯等项内容。其中，著名的《杨绍买地砖》上载有"民有私约如律令"的字样。①李显冬教授"从'民有私约如律令'这一合同习语出发，广罗相关历史资料和学术研究资料，系统考察了'民有私约如律令'的语词渊源和作为其主要载体的中国古代'地券'的概念内涵、外延、法律属性及其与土地买卖契约的关系后发现：在中国古代，民间私契在当事人之间的效力等同于官府律令的效力之理念，由来已久；民间长期存在着与官府律令相对应的，以意思自治为主要内容的民事习惯法"②。"民有私约如律令"的本意，是民间契约合同犹如政府法律、政令，必须遵守。如唐代就有对"负债违契不偿"者的法律惩治。③

"官从政法，民从私约""民有私约如律令"，合同中的此类用语，反映了中国古代社会对民间基于意思自治所进行民事活动在法律上的认可。不但表示了当事人对契约所具有的法律约束力的理解，同时也反映了官府对民间私约法律效力的肯认。中国古代这种对民间"私约"的普遍认同，与现代的"意思自治""契约自由"等思想不谋而合。中国《民法典》不仅专设合同编，而且在第五条规定："民事主体从事民事活动，应当遵循自愿原则，按照自己的意思设立、变更、终止民事法律关系。"在第四百六十五条规定："依法成立的合同，受法律保护。"正是体现了对"契约自由、意思自治"原则的尊重，显示了对民事主体自主自愿缔结合同的明确的法律保护。而这种保护的理念并非舶来品，而是古已有之。

① 张晋藩. 论中国古代民法研究中的几个问题 [J]. 政法论坛，1985（05）：1–13.
② 李显冬. "民有私约如律令"考 [J]. 政法论坛，2007（03）：88.
③ 《唐律疏议·杂律》："诸负债违契不偿，一匹以上，违二十日笞二十，二十日加一等，罪止杖六十；三十四，加二等；百匹，又加三等。各令备偿。"

第二节　《民法典》对中华优秀传统法律文化的传承与发展

一、个体主义下《民法典》对传统法律文化的具象表达

个体主义的载体是自然人或家庭，而民法是聚个体之间合作之法。从传统法律文化出发，研究个体主义下《民法典》对传统文化中优秀因素和价值体系的融合继承，有助于重新审视优秀传统文化及其价值观对现代民法制度的重要意义。

1. 民本思想与"以人民为中心"理念的融合

"以民为本"作为传统政治思想的核心内容之一，包含了"民为邦本""执政为民""民重君轻"三个层面①，在一定程度上契合了现代法治理念中的"人权""以人民为中心"理念，两者是传承与发展的关系。其中，人格权独立成编、注重保护弱者权益、从善人思维与恶人思维中寻找立法逻辑，体现了《民法典》以人民为中心、保护民事权利的立法宗旨。

（1）人格权独立成编

古代中国自周朝开始，便提出了"以德配天""敬天保民"的思想，认为应当高度重视民众的力量，保障民众的基本需求。春秋战国时期重民思想逐渐转化为民本思想，当代"以人为本"的思想便是传统"民本主义"思想的继承和发展。而《民法典》中最能体现"以人民为中心"理念的当为人格权独立成编，其不仅以严密、周延的方式建立起开放式的人格权体系，还涵盖了从出生前到死亡后的超生命周期的延伸性保护，如增加死者

---

① 张岂之. 中华优秀传统文化的和信心理念[M]. 江苏：江苏人民出版社，江苏凤凰美术出版社，2016：110-125.

人格利益保护、胎儿利益保护等。《民法典》从立法层面对自然人和其他民事主体人格权予以认可，极有力地维护并保障了个体的尊严，实现了从"物本主义"到"人本主义"的历史性跨越①，也为中国在民法理论体系做出了最卓越的贡献。因此，人格权法在《民法典》中独立成编，并不是为了特色而特色，而是与传统中国人的观念相契合的，是深深根植于中国传统法律文化之中的。

（2）注重保护弱者权益

我国自古以来就有"敬老爱幼"的历史传统。《尚书大传》云："老弱不受刑，有过才受罚。故老而受刑谓之悖，弱者受刑谓之㦺，不赦有过谓之贼，逆率过以以谓之枳。"还有诸多条律都体现了扶助弱势群体的优良文化传统，《民法典》同样关注地位差异，注重保护弱者权益，如第一千零三十五条对未成年人个人信息进行立法上的特殊保护，对于个人信息的处理应征得自然人或监护人的同意；第一百二十八条对未成年人、老年人、残疾人、妇女、消费者等主体的民事权利进行特别保护；第六百四十八条规定了向社会公众供电、水、气、热力的提供者不享有拒绝订立合同的权利；第六百五十八条不允许赠与人撤销具有救灾、扶贫、助残等性质的赠与合同，为保障陷于穷困的赠与人而允许其不再履行赠与义务；第七百二十六条赋予房屋承租人以同等条件下的优先承租权保障其居住权等，都是《民法典》对弱势群体倾斜保护的体现，体现了法律的实质正义和实质平等。

（3）《民法典》中的善人思维与恶人思维

性善论与性恶论一直贯穿于人文哲学的文化体系中，中国正统的儒教主张性善论，重视教化的作用，如孟子是"人性善"论者，主张人的天性是善良的，后天教育中应当持续予以教化，以固化人们善良的本性。以此为对立面的荀子则是"人性恶"论者，并将其作为法治思想的理论根基。对此《民法典》在立法中也分别以善人思维与恶人思维为立法逻辑，建立了一系列保障制度。如拾得遗失物制度与中国人传统的"拾金不昧"的社会主义风尚相吻合，符合社会主义道德的指引。还有遗失物拾得人的

---

① 王利明. 体系创新：中国民法典的特色与贡献 [J]. 比较法研究，2020（04）：5-7.

返还义务和妥善保管义务及权利人领取遗失物时的费用支付义务，既保护了拾得人应有之权利，又使失主的利益得到最好的保护。此外，总则编一百八十三条和一百八十四条规定了"见义勇为的侵权责任和补偿责任"及"紧急救助的责任豁免"（亦称为"好人条款"），其立法目的在于保护见义勇为者，鼓励见义勇为行为，弘扬良好的社会风气。与之相对应，法律作为最低层次的道德，在设置底线的同时，还通过对坏人的禁止性、惩罚性规定来惩戒坏人，并在一定程度上警示或预防人成为坏人。其中，《民法典》在人格权编对有关从事"基因编辑"的科研和医学活动，以及当今深度伪造的 AI 技术做出了限制，彰显了人文关怀。侵权责任编的单设和具体规则的细化，完成了以"受害人为中心"对以"加害人为中心"传统侵权模式的取代，更加完善地保障了受害人的全面救济。① 从恶人思维出发，让不法行为人为其加害行为承担相应的责任，以此起到警醒与补偿作用，预防和遏制各种不法侵害行为的发生。

2. 家事司法中的传统法律文化思想

我国传统家庭美德崇尚和合、仁爱，注重家庭声誉和家国情怀，这与新时代对"中国之治"的法治和德治追求高度契合，成为中国特色社会主义核心价值观的文化根基。

（1）树立优良家风、弘扬家庭美德

在当代经济结构发生巨变的社会中，出现了遗弃老人、虐待老人的现象，这种"个人主义价值"逐渐侵蚀瓦解中国的"家"文化。为了重拾传统文化中真正属于中国特色的价值理念，有必要制定一类倡导性规范，让具有家族特色的家风、家训等重回大众视野。在这一过程中，家风作为"家庭建设所形成的立身之本、处事之道、生活作风、伦理观念、道德风尚"②，所积累的教化经验理应得到大众的重视。因此，需要"高度重视社会主义核心价值的融会贯通"，将中华传统法律文化与现代社会主义核心价值观相联结，促进家庭文明建设。家风入典作为中国独有的特色，在《民法典》中具体体现为第一千零四十三条"家庭应当树立优良家风，弘扬家庭美德，重视家庭文明建设。夫妻应当互相忠实，互相尊重，互相关爱；家庭成员

① 王利明. 彰显时代性：中国民法典的鲜明特色[J]. 东方法学，2020（04）：13-14.
② 王歌雅. 民法典婚姻家庭编的价值阐释与制度修为[J]东方法学，2020（04）：172.

应当敬老爱幼，互相帮助，维护平等、和睦、文明的婚姻家庭关系"。这充分体现了法典对家庭伦理道德的引导规范，鼓励人们培养优良家风，将更有利于构建稳定的家庭生活秩序，对整个国家和社会起到良性的示范引领作用。

（2）强化"家庭共同体"的建设并扩张其功能

传统观念中，家庭是社会最自然和最基本的单位，是每个人的生存之本。孟子云："天下之本在国，国之本在家。"（《孟子·离娄上》）将国家的富强稳定建立在每个小家的基础之上，家庭伦理自然成为整个社会极具重视的一环。婚姻法始终将家庭视为社会秩序的组成单位，《民法典》维持了这种观念。首先，继续将"家庭"作为特殊的民事主体。其次，《民法典》第一千零四十五条增加了亲属、近亲属、家庭成员的规定，其依据是血亲关系的远近、家庭结构和生活联系的紧密度[①]。"我们所理解的家，不仅仅是夫妻双方，也不仅仅是三口之家或四口之家，祖父母，外祖父母，孙子女、外孙子女、兄弟姐妹，甚至兄弟姐妹的子女，都是家的成员"[②]。对亲属的含义进行明晰的界定，重视家庭这个具有特殊意义的"单位"，强化家庭共同体的建设等，都是现代《民法典》与中国传统法律文化中固有的道德人文价值传统相契合，使社会生活与民法相协调，实现传统与现实相衔接的表现。

（3）家庭成员关系

在中国传统法律文化之中，自古传承的伦理关系暗含了家庭成员间的道德规范，为《民法典》中的婚姻家庭编的立法提供了理论基础。家庭成员之间的关系可以概括夫妻、父母子女、兄弟姐妹关系三类。首先，夫妻关系。传统法律文化中的夫妻关系讲求"举案齐眉、琴瑟和谐"，夫妻之间应当互相关爱。《民法典》在立法过程中重视家庭文明建设，在夫妻关系中也传承了诸多优秀传统法律文化思想，如对于夫妻共同债务的确立体现了中国人分享价值共识的结论。《民法典》第一千零五十三条对重大疾病方设定告知义务提升了结婚的诚信要求，既保障重大疾病方的结婚自由

---

① 谢鸿飞.《民法典》制度革新的三个维度：世界、中国和时代 [J]. 法制与社会发展，2020（04）：70.

② 王轶. 民法典：新时代我国社会主义法治建设的重大成果 [J]. 海峡通讯，2020（08）：38.

权，同时对未履行告知义务的婚姻关系效力设定为可撤销，增加了可撤销婚姻的立法逻辑与衔接。其次，父母子女关系。中国古代讲求"百善孝为先"，通过孝文化强调上慈下孝等中华民族共同的文化心理，形成人们公认并接受的道德观念，并转化为法律规范①。《民法典》强调父母子女之间互负抚养赡养义务。《民法典》第一千零七十三条规定，父母可以提起确认或否认亲子关系之诉，但成年子女及第三人不得起诉请求否认亲子关系，这与古代中国传统的"父慈子孝"一脉相承，体现了家文化中的"孝文化"。最后，兄弟姐妹关系。从中华传统家庭伦理道德的产生和发展看，最早的家庭伦理规范就包含了"兄友弟恭"，并对封建社会的家庭与社会稳定发挥了积极作用。对于新时代家庭建设和社会文明建设的需要，《民法典》中提倡兄弟姐妹秉持友爱的理念和谐相处，规定了其相互的抚养义务，同时还扩大了继承人的范围，使兄弟姐妹的子女也可以对被继承人的财产进行代位继承。以上规定都体现了传统法律文化与法治相融合，及《民法典》蕴含的人文关怀与规范价值。

二、整体主义下《民法典》对传统法律文化的宏观表达

与个体主义相对立，"整体主义的载体是人类或民族的联合体或共同体"②，其进一步具象化可将范围指向"社会"与"国家"。在整体主义下研究传统法律文化对《民法典》及整个法治建设的格局，有利于以全局观的方式找寻传统文化中的社会意识形态和精神支柱，使中华民族的主体意识得以维系，推进社会文明。

1. 社会生活中的传统法律文化

社会是人生活的场域，没有脱离社会而独立存在的人，社会秩序需要法律来维护。而社会生活中礼法合一、德法兼治的文化传统、习惯与公序良俗对民事法律行为的影响、社会关系所确立的交往规则等传统法律文化思想都与《民法典》一一呼应，成为法治建设的思想道德与理论基础。

---

① 吴荣鹏. 我国传统孝文化背后的法治意蕴 [N]. 人民法院报，2014-11-07.

② 马俊驹. 中国民法的现代化与中西法律文化的整合 [J]. 中国法学，2020（01）：118.

（1）礼法合一、德法兼治的文化传统

礼作为传统中国的核心价值观念之一，成为深入人心的价值行为准则。中国古代讲求礼法合一，礼的宗旨和精神成为立法和执法的指导原则，而且许多礼的律文本身就是法律规范的一种表现形式。这种精神以"礼法合一"的形式转化为法律原则，并在民事立法上成为价值规范的道德取向。同时，传统儒家思想主张统治者以德治国，注重道德教化与法律约束的结合，如孔子提出："道之以政，齐之以刑，民免而无耻；道之以德，齐之以礼，有耻且格。"（《论语·为政》）礼法合一、德法兼治便成为具有鲜明的中华文化特色的法律成果。总则编第一条提出弘扬社会主义核心价值观，将国家精神与民族精神作为立法表达，贯穿于法律条文中，指导着民事立法和司法的总体方向，并将平等、自愿、公平、诚信等原则渗透在法律条文的字里行间，传递着社会主义核心价值观的内容，将文化传统完全与现代法治理念相融合。

（2）习惯是法典有效实施的重要保障

在中国古代，一直奉行成文法典主义，但实际生活中，"习惯"成为法官审理案件的一大基准，在司法运用中发挥着不可磨灭的作用。至唐代，这种现状还得到了法典的认可，如《唐律疏议》中还允许司法官员根据各地不同情况、不同时节灵活适用法律①，可见习惯法在司法实务中也是被尊重的。之所以强调重视习惯的国家法源地位，其一，很大程度上是为了解决法律文化的"异质性"，要想为法律移植提供合适的土壤，必须将现代民法与中国自有的政治、经济、文化传统相结合完成本土化改造，加强对民事习惯的重视；其二，习惯体现了文化的"亲缘性"，与日常交易习惯相符的行为准则有着更好的社会公众基础和文化认可度，有利于公众自觉遵守法律、降低法律运行的交易成本；其三，习惯可以有效弥补国家法在规范社会秩序时的不足，通过确认习惯的法源地位，在国家法缺失的地方，民间习惯产生"代位"作用，将现行法律与过去历史传统紧紧联系起来。我国《民法典》的编纂具有切实的中国情怀，充分尊重国情，高度重视"习惯"的作用：在新中国历史上首次将习惯规定作为民法的法源，其第十条

① 出自《唐律疏议》卷第二十七"杂律·非时烧田野"规定："诸失火及非时烧田野者，笞五十。（小字）非时，谓二月一日以后、十月三十日以前。若乡土异宜者，依乡法。"

中规定了，法律未规定的情形下可适用习惯、但不得违背公序良俗。弥补了之前立法上的缺陷，对适用"习惯"的确认，完美地契合了我国幅员辽阔，各地区民族文化、风俗等存在巨大差异，无法完全用统一标准来衡量的基本国情。

（3）以和为贵、追求和谐的精神价值

儒家思想对中国传统法律文化影响深远，秩序与和谐是儒家价值观的最高追求。其具体包含两方面内容，一方面是指人与人之间应当和谐相处；另一方面是指人与自然应当和谐相处。关于人际和谐关系，首先表现在以宗法血缘关系为基础的家庭单位中，要保持家庭和谐、友善相处；其次在国家及社会层面，追求人与人之间善良友好、礼貌谦让。《民法典》将和谐思想贯穿其中，第二百八十八条要求相邻权人应按有利生产、方便生活、团结互助、公平合理的原则处理相邻关系，第一千一百三十二条规定继承人本着互谅互让、和睦团结的精神，协商处理继承问题。其呈现了人际关系友好相处的和谐观念，是核心价值观深入法典、私法裁判研究的重要表现。关于人与自然的和谐相处，中国传统法律文化为我国生态文明建设提供了理论借鉴意义。传统法律文化思想中认为应当追求人与自然的和谐发展，符合自然规律的要求。《民法典》吸收以上思想，规定了绿色原则，"民事主体从事活动应当有利于节约资源、保护生态环境"（《民法典》第九条）。其还在物权编中对不动产权利人及建设用地使用权人增设了保护环境的义务。在合同编中增设在合同履行过程中、合同权利终止后的环境保护义务，以及标的物包装方式，节约使用水电气等。侵权责任编中还规定了"环境污染和生态破坏责任"，推出了惩罚性赔偿和生态修复责任的新方式。这表明我国《民法典》规则在尊重民法逻辑自洽的前提下，对生态环境的保护和修复都持积极态度，为资源保护和生态文明建设预留了充分的空间[①]，以上都体现了《民法典》对于实现人际和人与自然之间和谐共处的期许与倡导。

2. 传统法律文化中的国家治理模式

中国自古以来便是国家统一的治理模式，国家体制下带领民众逐步发

---

① 王旭光. 环境权益的民法表达——基于民法典编纂"绿色化"的思考[J]. 人民法治, 2016（03）: 26-27.

展，长期的集体主义思想既让我们看到了积极的集体主义精神理念，也可以看到其集权专制的消极层面^①。中国现代法治化吸收传统法律文化便是在积极层面深入挖掘传承，消极层面及时摒弃的过程，对国家治理模式、纠纷解决模式与国家职能提供借鉴思路。

（1）"出礼入刑""德主刑辅"的国家治理模式

礼起源于中国古代社会的宗教仪式，并对人们的行为规范产生了深远的影响，同时治理国家应以道德规范为基础，辅之以法律进行修正。该种治理模式在当代转化为"依法治国和以德治国相结合"^②的国家治理模式，习近平总书记提出要坚持法治和德治相结合，在十八届四中全会第二次会议中强调："治理国家、治理社会必须一手抓法治、一手抓德治，……"^③。正所谓法安天下，德润人心。"法"可以通过强制性和惩戒性，衡量和规范社会成员的行为，解决道德领域突出的问题，对道德起到支撑和保障作用。"德"通过社会主义核心价值观及中华民族传统美德等"在社会治理中教化人心，调节社会关系，……为法治提供文化支撑，使法治成为社会的共识"^④。治国理政中道德和法律都必须发挥作用，相辅相成、协同发力。

（2）"天理""国法""人情"相结合、注重调解纠纷的解决模式

我国古代社会主要以小农经济为主，以宗族为单位聚族而居，因此在社会经济和文化传统下，崇尚和睦相处、与人为善。我国古代很早就有"和谐大同"的社会理想，并为此设计了一整套调解机制，如宗族调解、相邻亲友调解、基层里保调解和县州府调解，汉唐时期调解息讼渐成风气，宋明时期该风气逐渐制度化，到清代康熙皇帝还曾提倡"笃宗族以昭雍睦，和乡党以息争讼"^⑤。由此调解成为古代社会解决大量民事和轻微刑事案件的重要途径，反映在当代社会，目前全国法院每年受理的案件数量已经接

① 张生. 从社会秩序的角度解读中国"古代民法"[C]// 中国法律史学会. 理性与智慧：中国法律传统再探讨——中国法律史学会 2007 年学术研讨会文集. 中国政法大学出版社，2007：101–105.

② 习近平. 论坚持全面依法治国 [M]. 北京：中央文献出版社，2020：195.

③ 习近平. 论坚持全面依法治国 [M]. 北京：中央文献出版社，2020：109.

④ 罗明惠，刘朝霞. 习近平对中国传统法律文化的创造性转化和创新性发展 [J]. 新西部，2020（15）：55.

⑤ 出自《圣谕十六条》："敦孝弟以重人论，笃宗族以昭雍睦. 和乡党以息争讼，重农桑以足衣食。"

近3 000万件，为了解决司法资源和纠纷案件的不对等性，我国积极弘扬传统法律文化^①。从"以和为贵"的传统理念出发，建立了多元化纠纷解决机制——鼓励通过仲裁、调解、和解等方式集中解决人案矛盾，其中"调解"成为解决人民纠纷的重要途径之一，为案件的解决发挥了重要作用。

传统法律文化作为我国法律实践活动和中华民族精神成果的文化基因，兼容并包、富含法律人文精神和哲学辩证思维。要形成中国特色的法治理论应当从中国法律传统中找到出路，切忌割裂和遗忘历史，而应在历史中前进，"把中国传统文化与现代民法联结起来，不仅能使传统文化具有现代功能，而且能使现代民法获得新的生命力"^②。中国特色现代法治化的出路就在中国本土的传统法律文化之中，坚信其力量与智慧、树立文化自信才能形成中国独有的法治理论和制度，构建起富有中国特色、实践特色、时代特色的民法理论话语体系，推动研究从条文的、形式的、表面的层面向实践的、功能的、具体的层面深入，使《民法典》成为真正富含中国特色的与本土相契合的法典，获得更多法律改革的成果。

---

① 张文波. 浅谈中国传统法律文化的现代转化及其路径 [N]. 人民法院报，2020-02-28.
② 马俊驹. 中国民法的现代化与中西法律文化的整合 [J]. 中国法学，2020（01）：125.

第八章　新时代理性法律文化的建构与马克思主义法治理论的实践创新

时代呼唤法治，法治孕育理念。全面推进依法治国，建设法治中国，是以习近平同志为核心的党中央，从社会主义现代化建设事业全局出发，坚持以马克思主义法治理论为指导，在认真总结我国法治建设实践经验，借鉴世界法治文明成果的基础上，做出的一项重大决策，标志着对建设中国特色社会主义法治国家的规律、中国共产党执政规律有了更加深刻的认识和把握，并且为我国建设社会主义法治国家进一步指明了方向。当代中国已经开启迈向法治国家的历史征程，呼唤法律文化的理性建构。理性法律文化的生成是进行法治建设的前提和保证。只有广大普通民众对法律产生信仰，对法律存在心悦诚服的认同感和归属感，法治才会实现。

实践是创新的来源。中国共产党人除去从上述的历史文化和理论逻辑维度对马克思主义中国化进行不断发展创新，更为重要的是从实践中对马克思主义法治理论的创新，通过不断推动实践，并将实践成果进行总结，实现了对于马克思主义法治理论在中国实践动力下的新发展和新突破，从而创新法治体系构建。

第一节　新时代理性法律文化的建构

一、理性法律文化的概念

理性法律文化是一个复合概念，由理性和法律文化两部分组成，是指法律文化的理性状态。综合理性与法律文化的相关含义，理性法律文化可以被定义为能够反映事物本质、内在联系、全面性的人类的法律实践活动及其成果的总和，是对人类的法律实践活动及其成果认识的高级形态。理性法律文化包括隐性结构的精神理性法律文化和显性结构的制度理性法律文化两部分，以制度、组织为主的理性制度法律文化构成法治的外化系统，而以现代法治意识为主的理性精神法律文化则构成法治的内驱系统，恰恰是法治的精神条件，即法治的内驱系统才非常深刻地反映出了法治的内在意蕴、精神气质与性格。法治的这种精神气质是整个社会的精神、情感和意识的反映和表达，理性精神法律文化是全体社会公众对法治的普遍的、共同的精神、情感和意识，理性精神法律文化是现代法治生成的内部驱动力，本书所要讨论的理性法律文化主要以理性精神法律文化，即以理性法律文化中隐性结构的法律心理、法律观念、法律思想等观念性的法律文化为重点。

二、新时代中国理性法律文化的建构

新时代中国已经开启迈向法治国家的历史征程，呼唤法律文化的理性建构。"对于中国，法律现代化的驱动，既需内力，也要外力。内动力是自发自动、自我更新，外动力是外引外联、外部移植。保持特征、取得共性，蕴特性于共性之中，使中国法律文化站立于世界，这是哲学的思维，也是法律文化发展进化的方法论。"① 新时代中国法律文化虽然是社会主义法律文化占主导地位，但其自身的结构性矛盾和冲突依然存在，需要进行理性建构。这一新的课题要求我们在解构传统法文化、建构新的法文化时，既要有力地批判传统法文化的糟粕，也要合理地吸取传统法文化的精神；既要借鉴西方成功的法治模式经验安排我们的法治，又要在中国国情下具有独创性或建构性。②

1. 建构目标：法治型法律文化的建立

法治型法律文化反映了当代中国社会主义法治的本质和内在联系，体现了社会主义法治保障促进经济社会和人的全面发展进步的必然要求，对于新时代中国立法、执法、司法工作具有指导作用，对于公民守法和法律监督具有导向功能，不仅是正确理解法律内容和含义的根据，也是依法办事的思想动力和法律评价的思想标准。具体地讲，可以从三个方面来理解作为观念层面的法治型法律文化的内涵。

（1）法治型法律文化是一种方法

法治方略之于国家的治国理政不是直接和自发的，而是通过法律文化的中介来完成，并且制度性法律文化的与时俱进也只有依靠观念性法律文化对各项法律制度进行预测、认识和把握，才能对其是否适应经济社会发展做出理性的估价并及时做出立、改、废的决策。可以说，法治型法律文化是法治国家建设的前提条件，它作为一种理性认识形态，来源于法治实践，必然又反作用于法治实践。因此，法治型法律文化是指导当代中国治国理政方略的理性设计与运行的理论基础和原则，它着眼于现在，又着眼于未来，是从法治的整体、发展的全过程来思考的。换言之，作为建构目标的法治型法律文化既是对当代中国社会主义法治客观规律的认识与概括，又是指导社会主义法治实践与建构的意识形态，它不仅有认识论的揭示功能，更在于方法论的实践价值。

（2）法治型法律文化是一种信仰

法治的意蕴在于信仰，所表达的真实意义在于它既是社会公众普遍具

---

① 汤唯. 法律西方化与本土化的理性思考——也论中国法律文化现代化 [J]. 外国法制史研究，2000（00）318.

② 田成友. 传统法文化与法治现代化 [M]. 贵州：贵州人民出版社，1999：222.

有的一种精神、信仰、意识和观念，又是一种典型的社会民情与社会心态。法治社会的有效建立，最为基础也最为关键的，就是作为其基础以支撑整个法治大厦的精神层面的意识与观念的确立，即法律信仰。因此，法治型法律文化不仅有助于建构一种规则体系，其本身更是一种意义体系，它具有理想的形态，倾注着人的情感，又要求在客观世界中取得现实状态，体现出人的意志，表现出人们对法治的高尚信仰与现实渴求，它既是个体的一种思想方式和行为方式，又是群体的一种生存方式和生活方式。

（3）法治型法律文化是一种思想

法律文化的建构是思维认识的结果，法治型法律文化是理性的法律文化和法律文化的理性建构，表现为理性的观念，尽管它是一种本质的、普遍的、概括的主观认识，但它不是抽象的、空洞的时髦口号，更不是随意的、强硬的霸权话语，而是建立在具体的社会环境和历史条件之下，与特定的社会和时代背景相关联，并能够通过外在的表现形式和活动得到反映和验证，具体化为一系列实证性的可考察的制度和实践。因此，法治型法律文化是以思想的形式表现出来的关于当代中国社会主义法治及其规律本质的系统知识，它告诉人们如何秉承科学的精神，运用理性的思维，认识社会主义法治的规律，从而实现依法治国，建设社会主义法治国家。

2. 建构的指导思想和原则

（1）体现中国特色社会主义法治思想

新时代中国理性法律文化的建构，必须体现中国特色社会主义法治思想。改革开放以来，世情、国情、党情发生重大变化。中国共产党始终站在时代的潮头，把马克思主义普遍原理同中国具体实践相结合，形成了包括邓小平理论、"三个代表"重要思想、科学发展观和习近平新时代中国特色社会主义思想在内的中国特色社会主义理论体系。其中蕴含的丰富的法治思想，是马克思主义法治理论中国化的重要成果。尤其是习近平法治思想是马克思主义法治理论中国化最新成果。

党的十八大以来，以习近平同志为核心的党中央在法治实践中不断创新发展中国特色社会主义法治理论，使中国特色社会主义法治理论得到新的跃升：将全面依法治国上升到战略高度总体部署，确立了全面依法治国的总目标，勾勒了法治中国建设的路线图、时间表，并在党的十九届五中全会进一步重点部署了法治中国建设。当前，面对"两个大局"，从国内看，我国已经踏上现代化建设的新征程，改革开放进入新阶段，党和国家持续健康发展各个方面都对法治建设提出了更高的要求。从国际看，新兴经济体的强势崛起引发了国际格局和国家关系的深刻变化，世界进入动荡变革期，国际竞争越来越体现为制度、规则、法律之争。我们比过去任何时候都更需要用法治思维和法治方法来解决问题、防范风险挑战。习近平法治思想为法治中国建设锚定了出发点与方向，为国家主权、安全、发展利益提供有力法治保障。

习近平法治思想既是对全面依法治国所提出的新概念、新思想、新要求的凝结提炼，又是当前和今后有力推进全面依法治国、建设社会主义法治国家的根本指导思想。只有坚持以习近平法治思想为指导，推进全面依法治国，才能更好地为中国共产党治国理政提供坚强法治保障，才能更好地促进经济社会持续健康发展，才能不断满足人民对美好生活的向往和对法治公平公正的期待，才能持续为实现中华民族伟大复兴的宏伟目标提供源动力。

（2）扬弃中国传统法律文化

法治型法律文化的建立要立足于中国国情，继承和发扬中国传统法律文化的精华。中国传统法律文化与现代法治理念相悖，是人治型法律文化，与法治型法律文化是根本对立的。但是，中国传统法律文化中也蕴含着值得继承和发扬的合理成分。比如，"民惟邦本，本固邦宁"（《尚书·五子之歌》）、"天视自我民视，天听自我民听"（《尚书·泰誓中》）、"民为贵，社稷次之，君为轻"（《孟子·尽心章句下》）等民为邦本的思想；"法尚公平""法不阿贵""刑无等级""援法论罪"和"执法持中"等公正执法的思想；"治民无常，唯以法治"（《韩非子·二柄第七》）、"威不两错，政不二门，以法治国，则举措而已"（《管子·明法解》）等以法治国的思想；等等。在建立法治型法律文化中要重视对中国传统法律文化资源的发掘整理，取其精华，去其糟粕，扬弃并超越传统，实现法律文化的理性建构。

（3）借鉴西方法治思想

法治是人类社会共同创造的文明成果，法治型法律文化的建立还要借鉴和吸收西方法治思想有益的成分。西方法治思想起源于古希腊亚里士多德的法治理论，在反对封建专制、巩固和发展资本主义制度中逐渐形成一整套理论体系。由于历史和国情不同，中国绝不能机械地模仿照搬西方的法治。但作为一种文化，西方法治思想中的某些观点甚至个别理论也为当代中国法治型法律文化的建立提供了有益的借鉴。这些理论与观点有：人民主权论、基本人权论、权力制约论、法律面前人人平等论、法律至上论等。特别需要指出的是，以霍姆斯、卡多佐、庞德、波斯纳为代表的现实主义法学、社会学法学以及实用主义法学，强调法律的社会利益，突出法律的实际运用功效，其理论更能反映西方法治实践，尤其是司法实践的真实状态，因而更有参考价值。比如，卡多佐站在社会学法学的立场上，主张司法必须与社会现实相适应，必须有效回应社会的需要。他认为对司法过程的意义的认识的关键并不在于司法本身，而在于通过司法达到最满意的社会效用和社会效果。

3. 理性法律文化建构的路径

与西方法治社会不同，中国社会缺乏法治传统，在没有法治传统的国家建构法治型法律文化，国家主导是最基本和最必要的路径。毋庸讳言，传统对于任何国家和民族的发展都具有某种倾向和定义的意义，在没有足够外力的作用下，任何一个国家和民族都会沿着其传统所固化的方向继续向前发展，而不改变其固有的方向。但是，理性法律文化的建构是一项进步的事业，在迈向法治社会的新时代中国，国家理应充分发挥引领、主导作用。事实上，大多数社会学家认为，在一定程度上，社会进步是人类有目的、有方向的自觉推进社会前进的变迁和运动。在社会进步的变迁中，社会制度（包括法律制度），引导着社会进步的方向和内容。社会发展程度越高，社会进步对社会制度——尤其是法律制度——的依赖程度就越强烈。这也是近代以来法治的地位和意义愈加突显的根本原因之一。[①]

坚持一体建设法治国家、法治政府和法治社会是十八大以来全面推进依法治国战略举措的又一实践路径，这反映了党对法治建设认识的进一步深化和深层次的思考。法治建设不仅仅是党和国家的任务，法治也不仅仅

① 唐永春. 法社会学导论 [M]. 哈尔滨：黑龙江人民出版社，2004：124.

只局限于党和国家，而是要覆盖社会生活的方方面面，需要政府和社会的参与，需要法治政府和法治社会的建设，但它们都各有侧重、互不干扰。只有实现这三者的整体推进和协调发展，在建设过程中不可畸轻畸重，才能真正实现法治国家的建设。

（1）稳步促进法治国家建设

法治国家是宪法和法律具有崇高地位和至上权威的国家，从中国梦的宏伟目标来看，法治国家是实现中国梦的可靠保障，从社会与人的自由全面发展来看，其是全体公民依法享有广泛权利和自由国家的法治支撑。建设社会主义法治国家是改革开放以来不断实施依法治国战略举措的总目标和价值追求。所以必须将党和国家的工作纳入法治化的轨道上，立规矩、讲规矩、守规矩，始终坚持建设社会主义法治国家的基本要求，即始终要求立法环节的科学性、执法环节的严格性、司法环节的公正性和守法环节的普及性，时刻贯彻落实法治这一治国理政的基本方式，从而在最大限度上稳步推进法治国家的建设。

科学立法是建设社会主义法治国家的前提和基础，严格执法、公正司法和全民守法都依赖于这一关键前提。它一方面要求从中国的具体国情出发，围绕提高立法质量和立法水平的基本目标，遵循并正确认识和利用立法工作的客观规律，着力提高法律的全面系统、协调科学和执行操作等特性，使每一部法律法规都能发挥相应的作用；另一方面还要求民主立法，必须始终把握立法的人民性，弘扬立法为民理念，将立法为民的工作宗旨贯彻到立法活动的全过程和各个方面。还必须在立法活动和过程中彰显社会主义民主。因为我国是社会主义国家，人民是国家的主人，制定和颁布法律的目的就在于维护人民的主体地位和民主权利。所以要积极鼓励人民群众参与到立法环节中去，在立法过程中增加人民群众参与立法的渠道和途径，始终坚持群众路线，从而使立法工作更好地体现民意、汇聚民智；最后要求必须完善立法体制，不仅坚持党带头立法的领导核心作用，还要发挥人大在立法工作中的主导作用，健全人大及其常委会主导立法工作的体制机制，也要推进政府立法制度建设，改革和完善地方立法体制。严格执法是体现法律权威和生命力的重要一步，事关成功建设社会主义法治国家的关键一步。它要求依法全面履行政府职能，严格规范行政执法权力的行使，切实解决执法不规范、不严格、不透明、不文明的问题。对于人民群众高度关切和涉及自身权益的问题，要考虑到社会反映和社会影响，准确把握群众的心理、情绪和切身感受，在此基础上注意规范执法人员的言谈举止，使执法工作和执法方式更加具有人性化、更加柔性和阳光，但这并不意味着对违法行为的纵容和迁就，对破坏社会和谐安定的活动和行为要始终保持严格执法，杜绝为钱、权执法的现象；公正司法是实现社会公平正义和法治国家建设的价值追求。必须坚持法律面前一律平等，坚持严格遵守实体法、程序法，确保一切司法活动在法律轨道上进行。必须坚持司法为民，牢固树立群众观念，准确把握群众的司法需求，积极回应群众的司法关切，深入推进司法公开，让司法在阳光下运行，不断提高司法公信力，使人民群众能够在每一个司法案件中体会到法律的强大作用，并能感受到公平与正义。还必须进一步完善和健全有利于司法公正的体制机制，确保审判机关、检察机关依法独立行使司法职权。全民守法是建设社会主义法治国家的内生动力。它要求牢固树立起对法律的尊重和信仰，增强全民的法治观念，开展法治宣传教育，弘扬社会主义法治精神，还必须抓住领导干部这一"关键少数"，坚持领导干部要带头守法，引导和带动全社会不断增强尊法、学法、守法、用法的法治意识，在全社会营造一个浓厚的法治环境和法治氛围。

（2）加快实现法治政府建设

法治政府是相对于人治政府而言的，它是指依法规范和运行的政府，即依法治理的政府。法治政府的基本特征即为有限政府、责任政府、文明政府、廉洁政府、透明政府，所以党的十八届四中全会上旗帜鲜明地指出要建立一个"职能科学、权责法定、执法严明、公开公正、廉洁高效、守法诚信的法治政府"①，这体现了法治政府建设的基本要求和建设目标。

建设法治政府是建设法治国家的关键环节和内在要求，也是全面推进依法治国的内在逻辑要求。行政机关在国家机关中规模最大，公务人员最多，履行着国家内政外交的职能。实现和完成法治政府建设的目标和任务，也能为完成法治国家建设的目标和任务提供极大推动作用，所以能否成功地建设法治政府，是衡量和影响是否成功建设法治国家的重要指标之一。政

---

① 中共中央关于全面推进依法治国若干重大问题的决定 [N]. 人民日报，2014-10-29.

府作为社会的表率，其法治化程度的高低影响着社会法治化的程度，政府的法治化程度高则促进和推动社会的法治化发展，相反则会阻碍社会法治化水平。因此，第一要建设有限政府。明确界定政府的权力、责任和职能。"坚定法定职责必须为、法无授权不可为，决不允许任何组织或者个人有超越法律的特权。"① 其核心环节就是要处理好政府与市场、政府与社会的关系，能够充分发挥市场配置资源的决定性作用，充分激发社会组织和社会团体的活力，充分发挥地方和基层行政机关的执行力。为此，政府需要进一步简政放权，厘清政府与市场的边界，把政府不该管也管不好的事项坚决取消，让政府更好的归位。政府还需要进一步加大行政执法力度和行政服务的力度，更需要创新管理方式，提高政府管理的效率。第二，要建设责任政府，健全依法决策机制。政府行使决策权是否依法合规，事关法治政府建设的方向和目标。一方面政府要积极实行科学决策、民主决策、依法决策，时刻保证社会群体参与行政管理渠道的畅通，集思广益，体现人民主体地位。另一方面要积极推行政府法律顾问制度，实行决策绩效评估考核制度和建立重大决策终身责任追究制度及责任倒查机制。第三，要建设文明政府，严格规范公正文明执法。要在各级行政机关建设社会主义法治教育，弘扬法治精神、强化法治理念，树立宪法法律至上、法律面前人人平等、权由法定、权依法使的法治观念，使政府工作人员能够自觉做到依法行使权力、承担相应的责任，形成学法尊法守法用法的良好法治环境。党的十八届四中全会决定对执法工作提出的一项新的重大要求即提高执法的效率和执法的规范化，建立健全行政执法信息的共享机制，减少时间差和空间距离导致的执法效果不佳。要采取统一规划等有效措施，整合执法信息资源，在确保信息安全的前提下，积极推进跨地区、跨部门的执法信息共享，互联互通，建立行政执法信息共享平台，能最大限度地用好用活执法资源，形成执法合力。第四，要建设廉洁政府，强化对行政权力的制约和监督。一方面要加强对行政权力的内部制约和监督，科学分解配置权力，完善内部监督即包括上级行政机关对下级行政机关进行的层级监督和行政监督机关、审计机关进行的专门监督。另一方面还要加强外部机构部门和社会媒体对

---

① 习近平. 论坚持全面依法治国 [M]. 北京：中央文献出版社，2020：74.

行政权力的全面监督，包括人大及其常委会、司法部门、社会大众和媒体舆论监督。第五，要建设透明阳光政府，全面推进政务公开。转变政务公开的理念，依法公开政府机关的职责权限、法定程序、工作时限和服务承诺等。突出政务公开的重点，推进财政预算、公共资源配置和社会公益事业等领域的信息公开。创新政务公开的手段和方式，加强包括微博、微信、各大视频网站等网络信息数据服务平台建设等手段。

（3）大力推动法治社会建设

加快建设法治社会是建设法治国家不可或缺的组成部分，同时也是全面推进依法治国的重要组成部分。法治国家主要依靠主权与法律建构秩序，而法治社会主要依靠自发的力量和公民的法治意识形成凝聚力，这种凝聚力就为建设法治国家提供了强大的社会力量，提供了更为完善的制约机制和奠定更加雄厚的文化基础，能够使法律由国家单项统治社会变成社会自我保护、国家和社会双向控制的工具。建设法治社会，其核心是弘扬社会主义核心价值观，倡导富强民主文明和谐、自由平等公正法治、爱国敬业诚信友善，形成全社会所有成员自觉信仰法律、敬畏法律、遵守法律、运用法律、维护法律的法治思维、法律意识和法治文化，这些都为法治政府建设整合社会动力。只有加快法治社会建设，公民的基本权利和自由获得有效保障的时候，主人翁意识才会被唤醒，从而不断迸发出对于现实的创造热情和对美好未来的追求渴望，这些主人翁意识和创造热情是法治政府建设特别需要的不竭动力和活力。所以在全面推进依法治国的过程中，一定要扩展视野、通盘考虑，实现法治社会与法治国家和法治政府的一体建设。

大力推动全社会树立法治意识是法治社会建设的根本保障。增强全社会的法治意识，关键前提必须要不断展开法治宣传教育活动，引导人们自觉学习法律、正确认识法律、主动遵守法律、遇事想到法律、解决问题依靠法律。必须要将"七五"普法规划的工作继续进行下去，把全民普法和守法作为依法治国的长期基础性工作。一方面要坚持把领导干部带头学法、模范守法作为树立法治意识的关键。"其身正，不令而行；其身不正，虽令不从"，作为法律的执行者和具体操作者的领导干部如果知法执法又犯法，就会玷污正义之水的源头，就会产生法律信仰危机。另一方面要将法治教育纳入国民教育体系，在中小学设置相关的法治知识课程和法治实践活动，做到从青少年抓起。建立学校、家庭、社会一体化的青少年法治教育活动，应用青少年喜闻乐见的方式和形式进行相关的法治知识讲授，增强他们对法治的兴趣。再者要健全和创新普法宣传教育机制，推进普法宣传教育工作取得实效。既要创新工作理念，又要创新工作方式方法，要加强新媒体新技术在普法中的运用，注重应用微博、微信等新兴媒体，为公众提供全方位的学习平台。广泛开展群众性法治文化活动，通过举办法律知识竞赛、法治文艺会演、法治微电影征集、法治文化产品创作等活动，吸引广大人民群众参与，寓教于乐，将法律知识和法治理念渗透到人们的日常生活中去。推动全社会树立法治意识，重点是加强公民道德建设，增强法治的道德底蕴。"国无德不兴，人无德不立"[①]，法治能否成为公民的道德追求，一定程度上影响与制约着法治建设的进程。因此，要在制定和实施法律的过程和工作中处处体现道德理念和人文情怀，同时也要利用法律的强制性来强化道德的教化作用，使道德在人们的日常生活中产生"润物细无声"的作用。

　　建立完备的法律服务体系是建设法治国家的必然要求。随着我国法治的不断发展进步和公民的法治意识的增强，社会公众对于法律服务的需要也日益增长，对法律服务的要求也越来越高。所以建立完备的法律服务体系是大势所趋、民心所向。建立完备的法律服务体系一是要健全公共法律服务网站，积极建立以政府为主导，政府部门和民间组织相互补充完善，社会各方力量积极参与的法律服务全覆盖的工作局面。二是要完善法律援助制度，扩大援助范围，健全司法救助体系。要进一步放宽法律援助经济困难的标准，加强民生领域的法律服务，积极推动地方政府将与民生密切相关的问题包括就业、医疗、学校教育、社会保障等方面纳入法律援助补充项目的范围之内。还要壮大法律援助队伍，充分激活和利用社会法律资源。三是进一步提升法律服务质量，强化法律服务保障。这就要求树立质量第一的理念，提高法律服务的规范性、标准性和便利性，促进具有良好诚信、高质量、高水准的优质法律服务。也必须加快建立健全公共法律服务标准体系、监督机制、失信惩戒机制、服务承诺制、首问负责制等服务制度，确保服务质量。

---

① 习近平. 习近平谈治国理政 [M]. 北京：外文出版社，2014：88.

建设社会主义法治文化是建设法治国家的精神动力。建设法治社会不仅要求法律制度和法治体系方面的完备性，还强调观念性的法治完善，重视法律的信仰力量，要求自觉继承和弘扬法治文化，发挥社会主义法治文化对人们潜移默化的影响和作用。建设和发展社会主义法治文化可以推动社会主义核心价值观的确立，也能推动社会主义法治精神的弘扬，在全社会营造良好有序的法治氛围，从而加速公民法治素养的提高和法治行为的养成。第一要弘扬社会主义核心价值观来提升全社会的法治化水平。社会主义核心价值观以其精炼的内涵总括了社会主义法治文化的精髓，核心价值观的普及和传播在很大程度上推动了法治文化的传播。尤其是社会主义核心价值观当中"法治"的提出更强调了法治文化的重要性，将二者有机融合起来能为建设法治社会和全面探索中国特色社会主义法治道路创造良好的人文环境。第二要创造和发掘更多形式多种多样、内容丰富多彩、人们喜闻乐见的文化作品和文化载体，在全社会和在立法、执法、司法等环节中广泛宣传依照宪法和法律治理国家的价值取向。第三要改善执法环境、维护司法权威，坚持以正确的法治舆论导向和先进的法治文化方向，影响和引导执法司法。第四是要大力弘扬和传播中国传统法治文化和思想，深入挖掘"以法为本""缘法而治""刑无等级""法不阿贵""君臣上下贵贱皆从法"等思想精华的科学合理之处，并将它们纳入人民群众的法治文明建设活动中去。第五要创办宣传法治文化集体活动、演出和才艺表演，引导法治文化走向偏远地区、走进农村，在丰富群众日常生活的同时向他们传输法治精神和法治文化，要着力健全法治文化的公共设施，以方便群众参与和创作，覆盖城乡，降低城市与乡村知法学法差距，大力开展丰富多彩的群众性法治文化活动，并进一步推进法治文化理论创新、艺术创作，让蕴藏在人民中的法治文化创造活力得到充分地迸发。

我国仍处于社会主义初级阶段，但社会主要矛盾已经发生了转化，积极进行法治领域的理论创新和实践深化，从"四个全面"战略布局中把握并做好全面依法治国各项工作，是使全面依法治国符合战略布局的发展需要。如果没有它的保驾护航，"四个全面"战略布局就会落空。而且还要弄清楚全面依法治国与另外三个"全面"的关系，使四者能够相辅相成、相得益彰。

我国是一个地域辽阔，人口基数大，民族众多，国情复杂的社会主义国家，党想要在这样一个大国里实现长期执政，保证法制、政令、市场的统一，国家的昌盛和民族的繁荣，实现经济政治等各方面的持续发展，都需要紧抓法治这个方式、秉持法律这个准绳。除此之外党还明确阐释了全面依法治国的五项基本原则和四项基本要求等。新时代全面依法治国战略举措是围绕推进国家治理现代化的战略目标全方位推进和谋划的。党的十八大以来，我国一直关注和重视法治领域中的重大问题，紧抓法治工作和法治建设中事关全局发展的关键问题，以及群众反映强烈的突出问题，并对这些问题进行更深一步地调查研究，提出强有力的法治改革举措，创新法治实施方式，攻克一个个法治发展的疑难杂症。然而随着新时代历史定位的确立，我国正处于重大转型和变革的历史重要阶段，转变经济发展方式、优化城乡结构、创新社会组织形式等成为亟待解决的重大任务，法治领域的改革也已经进入了一个"啃硬骨头"的关键阶段，在立法、执法、司法和守法方面存在着许多不适应不相符的问题，如何制立良法、提高法律质量，如何严格执法、保证权力不被滥用，如何公正司法、使每个人都能感受到公平正义，如何提高公民的法治素养、自觉守法等仍是重大难题所在。所以新时代全面依法治国的实现仍必须统筹谋划、协调推进、循序渐进，只有这样，才能建构起理性法律文化。

第二节　马克思主义法治理论的实践创新

一、优化法治运行格局

1. 以宪为本推动完善立法格局

党的十八届四中全会通过的《中共中央关于全面推进依法治国若干重大问题的决定》中强调良法是善治之前提。所以，在法治运行格局上的第一步立法环节就必须"抓住提高立法质量这个关键"[①]，而由于我国的法律体系是以宪法为龙头的中国特色社会主义法律体系，所以，高质量的立法要求就必然具体体现在宪法完善和一般立法两个层面。

（1）"三层要求"落实宪法权威

坚持依宪治国是坚持依法治国的"首先要求"。由于在整个法律体系中，宪法是党和人民意志的集中体现，处于根本大法的地位，所以，坚持依法治国的首先要求必然是坚持依宪治国。

如果要实现依宪治国的"首要要求"，就需要"具体要求"全国各族人民、一切国家机关和武装力量、各政党和各社会团体、各企业事业组织，都必须以宪法为根本的活动准则。这样就形成了从"首要要求"向"具体要求"的递进发展。

如果要使得依宪治国的上述"具体要求"得以实现，就必须要提出"制度要求"。只有通过制度建立和完善才能实现依宪治国的具体要求，而这就需要在制度上构建宪法实施和监督体系。党的十九大报告已经明确提出："加强宪法实施和监督，推进合宪性审查工作，维护宪法权威。"[②] 要"加强备案审查制度和能力建设，把所有规范性文件纳入备案审查范围，依法撤销和纠正违宪违法的规范性文件，禁止地方制发带有立法性质的文件"[③]。这样，也就形成了从"具体要求"向"制度要求"的递进落实。"首要要求"到"具体要求"再到"制度要求"的三层递进，充分保障了宪法在立法运行格局中的核心地位。

（2）"四类作用"完善立法体制

从立法体制上看，可以说，马克思主义法治中国化的过程中形成了独特的中国特色社会主义立法体制，这一体系和西方资本主义国家的立法体系相比具有极大的差异性。这一体制中包括了中国共产党中央委员会领导、有立法权的各级人大及其常委会主导、有行政法规和行政规章制定权性的各级政府补充以及全体社会公众民主参与四个方面。

第一，确立党中央在立法中的领导作用。在立法方面，首先就是要加

---

① 习近平. 论坚持全面依法治国 [M]. 北京：中央文献出版社，2020：114.

② 习近平. 论坚持全面依法治国 [M]. 北京：中央文献出版社，2020：186.

③ 中共中央关于全面推进依法治国若干重大问题的决定 [M]. 北京：人民出版社，2014：9.

强党对立法工作的领导，而这种领导首先就体现在党中央层面的领导。结合中国的政治实际，党中央的立法领导权主要体现为三个方面：首先，明确党中央针对重大立法问题的最终程序决定权。对于涉及重大政策调整和体制变化的立法工作在程序上必须由党中央讨论决定。其次，明确了党中央对于宪法的修改建议权，即党中央具有宪法修改建议权，可以依照程序提议宪法修正草案。最后，明确了重大立法报告党中央制度，即涉及在法律制定和修改中遇到关系经济社会发展的重大问题的，必须要由全国人大常委会党组向党中央报告。

第二，确立全国人大在立法中的主导作用。各级有立法权的人大及其常委会是具体的立法活动的专门制定者，其不仅是权力机构，同时也是专门立法机构，所以这就要发挥人大及其常委会在立法工作中的主导作用。这种主导作用主要体现为三个方面：首先，建立了重要法律草案制度，即明确了由全国人大常委会法制工作委员以及全国人大专门委员会牵头起草重要基础性、全局性以及综合性法律草案制度。其次，增加有法治理论背景和法治实践经验的专职常委比例，进一步提升了立法的专业性，从而保障了法治实践开展的实效性。最后，建立健全立法专家顾问制度，主要体现为对于专门委员会、工作委员会在立法的过程中，通过引入立法专家顾问的方式来进一步提高立法质量。

第三，确立各级政府在立法中的补充作用。在中国，广义的法律体系除了宪法、法律和地方性法规，还包括国务院行政法规、部门行政规章和地方政府规章，这三者从内容上看是针对法律制定的执行进一步细化需要，从地位上看，其不能和宪法、法律相冲突，所以，其在整个立法体系中处于一种补充性的地位，但是，从数量上看，这种辅助性和补充性立法在整个立法体系中数量最多，而且最为细化，所以，在立法体制中，必然也需要加强和改进各级政府的行政立法制度建设，而这需要做到两个方面的工作，一方面，要明确重要行政管理法律法规由政府法制机构组织起草，确保行政立法的质量；另一方面，要明确立法权力边界，对部门间争议较大的重要立法事项，由决策机关引入第三方评估，从而从体制机制和工作程序上有效防止部门利益和地方保护主义法律化。

第四，确立社会公众在立法中的参与作用。在我国，立法必然体现了广泛的民主性，立法的民主性从毛泽东时期一直贯彻到整个中国特色社会主义法治思想中，是法治人民性在立法环节的具体体现，而要想实现立法民主性，就必须要建立公众参与立法的制度，具体而言：首先，明确公众参与作为立法独立性程序环节的定位。其次，通过政党协商征求民主党派对于立法草案的意见，允许民主党派提出立法建议。最后，通过建立具体的立法征求意见的平台与方式，构建确保公众参与立法的渠道，拓展参与渠道，扩大参与范围，提升立法参与的操作可行性。

（3）"三大原则"确保提升质量

党的十八届四中全会明确提出了新时代中国特色社会主义立法的三大原则，即科学立法、民主立法和依法立法。这三大原则是对当前中国特色社会主义法治立法格局的基本性要求。

第一，科学立法。科学立法主要从主体、制度和程序三方面进行开展实现。首先是主体角度，在所有的立法主体中，进一步明确了人大的两个立法作用，即人大作为整体对立法工作的组织协调作用，人大代表作为人大的组织成员所应当肩负的立法参与作用，前者是制度性的宏观作用，后者是立法工作的微观作用，尤其是后者，为了让人大代表能够有效地参与到立法过程中，增加了人大代表列席人大常委会会议的人数。其次是制度角度，实现了三类科学立法保障制度的健全，第一类制度是健全立法项目征集和论证制度，这是立法前置环节的科学化制度保障；第二类是健全立法环节制度，包括立法起草、论证、协调、审议机制，这是立法主体环节的科学化制度保障；第三类是健全立法征询征求制度，包括了基层立法联系点设置制度、法律法规规章起草向下级人大征询立法意见和向人大代表征求立法意见的"双征"机制，这是立法后置环节的科学化制度保障。最后是程序角度，围绕"立法表决"和"立法参与"实现立法运行程序的科学化，前者完善了法律草案表决程序、重要条款单独表决程序两大表决程序种类，后者强调参与程序的完善，即构建了社会各方有序参与立法的程序。

第二，民主立法。民主立法主要从协商、咨询和征求三方面实现。首先，通过中国特色社会主义政党制度实现立法协商，由于政党制度的重大差异，西方资本主义执政党和在野党之间经常就某一法律草案争执不休，经常呈现出"否决政治"的局面，导致"民主"固守在"程序化的泥沼中无法前行"①，最终出现了形式性的程序性民主无法实现实质的合作性民主。我国的立法中则能充分发挥具有中国特色的协商性民主的优势，开展和政协委员、民主党派、无党派人士、工商联、社会组织、人民团体的立法协商，实现协商民主和投票民主的有机衔接。其次，立法咨询充分尊重了专家学者的意见，针对重大利益的调整，为了防止民主政治"一人一票"这种形式民主可能带来的"意见等置"的弊端，同时也为了防止出现将"民主简单地等同于多数人的意见"②，更加重视各类意见中的不同理性含量，尊重专家权威，在立法中建立了相关国家机关、社会团体、专家学者等"重大利益立法调整论证咨询"机制。最后，立法征求实现了普通民主的立法参与。除去重视专家权威，还要充分重视普通公众对于立法的建议，在这方面采取了一系列的制度构建充分确保了普通公众的立法参与，建立了立法机关和社会公众沟通机制，建立了法律法规规章草案公开征求意见和公众意见采纳情况反馈机制，拓宽了公民有序参与立法途径，实现了对于社会共识的广泛凝聚。

第三，依法立法。依法治立法主要从边界、统一和程序三方面推进。首先，明确了两个边界。即立法内容边界和立法主体边界，就前者而言，为了防止之前资本主义社会所出现的"法律拜物教"，明确了法律所具有的功能范围和作用领域，防止出现"治理法治泛化"的问题，就后者而言明确了各级立法主体的立法边界，克服了立法部门法和地方化的倾向；其次，为了法制体系内部的冲突和矛盾，尤其为了防止下位法对于上位法以"细化""操作实施"的名义导致的"二次立法"增加了法律中公民的义务的情况，明确了立法审批和备案机制，实现了多层级立法之间的统一有序；最后，确立了立法工作自身的法治运行化程序，实现了立法程序之间的衔接和完善，推进了立法工作本身的法治化开展。

2. 打造法治政府规范执法格局

党的十八届四中全会通过的《中共中央关于全面推进依法治国若干重大问题的决定》中明确提出了法律的生命力在于实施，法律的权威在于实施。所以，执法格局在整个法治运行格局中处于非常重要的地位，而在这一方面，

① 海伍德，李智. 政治理论教程（第三版）[M]. 北京：中国人民大学出版社，2009：110.

② 燕继荣. 政治学十五讲 [M]. 北京：北京大学出版，2004：11.

就执法格局而言就必须要建设法治政府，实现依法行政。法治政府是从宏观角度对于执法机构本身的整体性要求，依法行政是从微观角度对于执法行为本身的具体性要求。而要想实现上述两个目标，就必须从政府职能明定，行政决策机制和行政执法行为三个递进性的环节着手。

（1）依法明定政府职能

法治政府要求实现各类政府机关机构、权限、程序、责任的法定化，概言之，就是要依法明定各级行政组织的职能配置。而这种职能的明定则是从横向和纵向两个角度开展的。

从横向上看，主要是规范政府和市场、政府和社会、政府和个体以及政府内部各个部门之间的界限，这个界限首先是要明确政府应当承担的职责，即要做到法定职责必须为，要杜绝懒政、惰政、怠政。其次，要防止政府权限的扩展，防止政府为自己增设权力，坚持法无授权不可为的基本原则，防止政府乱作为，通过推行政府权力清单制度，坚决消除权力设租寻租空间。再次，要防止政府减少管理对象的权利，增加管理对象的义务。最后，要防止政府各个部门之间相互推诿，或者相互争权，防止出现"九龙治水"问题的出现。

从纵向上看，主要是要处理好中央政府、省级政府、市县政府之间的职能划分，从法律层面对于各层级政府的行政职权进行侧重性的规范，强化各个层级政府之间的职能特色，要明确中央政府的主要职权是主要强化宏观规划、行政立法规制、工作监督开展、职责厘定设计以及宏观执法开展，省级政府是要在本行政区域内开展公共服务落实，地方立法规制、中央事权执行等职责，市县政府则应当将工作重点放在上级政策落实、本地工作创新执行方面。

（2）健全依法决策机制

在明确了政府职能之后，就需要将政府决策纳入法治轨道上。在这方面，健全依法决策机制主要从重大行政决策、决策主体补充和决策责任追求三方面实现依法决策。首先，针对重大行政决策必须依法进行。重大行政依据往往带来巨大的社会影响，所以决策必须更加慎重和科学，这样，就需要用机制的手段来推进依法决策，就决策程序中的合法性保障而言，在"公众参与—专家论证—风险评估—合法性审查—集体讨论"的决策程序链中重点开展决策合法性审查，建立重大决策合法性审查机制。其次，就决策主体的合法性保障而言，主要通过政府法律顾问制度确保专业人做专业事。最后，就决策责任的合法性保障而言，主要是建立重大决策终身责任依法追究制度及决策责任依法倒查机制，通过严格的决策法定追责机制追究行政首长、负有责任的其他领导人员和相关责任人员三大主体的法律责任。

（3）规范行政执法行为

在规范行政执法行为方面，主要从执法行为约束实现对于行政执法的规范。具体而言，推进执法的"严格规范公正文明"四大取向。

首先，"执法严格"取向主要是强调要依法惩处各类违法行为，加大关系群众切身利益的重点领域执法力度。其次，"执法规范"取向主要从执法前和执法中两个环节推进，执法前主要强调建立重大执法决定法制审核制度，在执法过程中则建立执法全过程记录制度以及执法裁量权基准制度，前者试图通过程序监督实现执法规范，后者则试图细化执法自由裁量权实现执法规范。再次，"执法公正"取向强调程序公正、公开公正、责任公正、监督公正，其中程序公正侧重于明确行政执法的具体操作流程；公开公正侧重于行政执法过程记录以及执法信息化建设和信息共享；责任公正试图通过建立行政执法责任追究机制来保证执法公正；监督公正侧重于通过行政复议的方式实现对于执法不同现象的内部规范。最后，"执法文明"取向是试图将执法和教育结合起来，将执法和服务结合起来，转变执法态度，规范执法语言举止，防止出现粗暴执法。

3. 确保独立公正优化司法格局

党的十八届四中全会通过的《中共中央关于全面推进依法治国若干重大问题的决定》中明确提出了依法独立公正行使审判权检察权，要"努力让人民群众在每一个司法案件中感受到公平正义"[①]。可以说，前者是过程要求，后者是结果要求。这样，就需要建立司法权独立行使和公正行使两大类保障制度。

（1）完善了司法权独立行使的制度保障

和西方资本主义国家"三权分立"理论下对于司法独立的设置不同，

---

① 习近平. 论坚持全面依法治国 [M]. 北京：中央文献出版社，2020：186.

我国反对司法权独立，强调"依法独立公正行使审判权、检察权"①，即司法权行使独立，尤其强调审判独立，可以说，我国更加关注司法权在权力行使层面而不是权力宏观配置层面的独立，这是一种更加深刻的和动态的独立公正，这两种独立之间的区别实际上是"权力独立"和"行为独立"的区别。为了实现司法机关工作人员"依法独立公正行使审判权检察权"，我国建立了三个方面的制度保障。首先，从执政党的"领导"角度确立了独立行使司法权的领导制度保障。就正面而言，要求各级党政机关以及党政领导必须要支持司法机关依法独立行使司法权；同时就负面而言，建立了领导干部干预司法活动、插手具体案件处理的记录、通报和责任追究制度。其次，从行政机关的"支持"角度实现了独立行使司法权的支持制度保障。主要从行政诉讼和案件执行两个方面进行了制度支撑，就行政诉讼审判，优化行政机关支持法院受理行政案件、依法出庭应诉的制度，从案件执行而言，建立了行政机关尊重并执行法院生效裁判的制度。最后，从司法机关的"运行"角度实现了独立行使司法权的运行制度保障。这一制度包括了三个层面，微观层面建立了司法机关内部人员过问案件的记录制度和责任追究制度以及司法人员履行法定职责保护机制，强调非经法定程序，非因法定事由，不得对法官、检察官调离、辞退或者做出免职、降级等处分的规定；中观层面改革了司法机关人财物的管理体制，实现了司法机关的行政事务管理权和职能业务权（审判权、检察权）的相分离，增强了司法权行使的运行分离性；宏观层面设立了设立跨行政区划的人民检察院和法院，通过建立最高院的巡回法庭，避免地方行政权的干扰，增强了司法权行使的权威独立性。

（2）优化了司法权公正行使的制度保障

习近平总书记明确指出："公平正义是执法司法工作的生命线。"② 要想实现司法权的"结果公正"，就必须在行使权力的过程中做到"过程公正"。而"过程公正"作为一种"动态运行"层面的公正，要想实现就必须要通过各种制度保障才可以实现。一方面，通过司法权配置设计实现公正。

---

① 习近平. 论坚持全面依法治国 [M]. 北京：中央文献出版社，2020：23.
② 习近平. 论坚持全面依法治国 [M]. 北京：中央文献出版社，2020：259.

西方司法权的设置比较强调不同部门之间的"制衡对抗"①，而我国的司法权的内部制度设计则更加强调分工下的"合作制约"，这种配置一方面要求公安机关、检察机关、审判机关、司法行政机关之间各司其职，相互配合，另一方面要求彼此之间相互制约。最终通过侦查权、检察权、审判权、执行权等司法权之间的配合与制约实现权力之间有效的制衡②，维护了当事人的合法利益，实现了司法公正的最终目标。另一方面，通过人权司法保障实现公正。诉讼法对于案件中当事人的知情权、申请权、辩论权、陈述权、申诉权进行了明确规定；明确了罪刑法定、罪责刑相适应、疑罪从无、非法证据排除等原则的具体法律支撑制度，进一步细化了对于限制人身自由的行政强制措施、行政处罚措施以及刑事强制措施，明确了冤假错案及时纠正以及有效防范工作机制。

4. 树立法治信仰推进守法格局

"法律的权威源自人民的内心拥护和真诚信仰。人民权益要靠法律保障，法律权威要靠人民维护。"③这一提法将法治的权威是来源指向了对象，实现了法治权威的重大转向，所以，要想真正的设立法治的权威性，就必须要全面推进守法格局建设。而在这一方面的建设推进，则必须要重视守法格局中的重点守法主体推进和普法守法路径推进两个方面。

（1）以重点人群带动全社会守法

一个社会要想实现法治现代化，从理论上必然是要推动全社会的所有群体都必须要树立法治意识，具体到我国，则要以两个重点人群的守法带头作用带动了整个社会群体的守法。

第一个重点群体是党员干部群体。考虑到中华法制文化传统中长期存在的"刑不上大夫，礼不下庶人"的法治传统，在守法格局中，一定要将领导干部带头学法、模范守法作为树立法治意识的关键，而这个关键群体中"高级干部是关键中的关键，尤其要以身作则、以上率下"④。而要做到

---

① 付子堂. 法理学进阶 [M]. 北京：法律出版社，2005：77.

② 烨泉. 独立审判，司法改革的攻坚之战 [N]. 法制日报，2013-11-15.

③ 中共中央关于全面推进依法治国若干重大问题的决定 [M]. 北京：人民出版社，2014：38.

④ 中共中央文献研究室编. 习近平关于全面依法治国论述摘编 [M]. 北京：中央文献出版社，2015：118.

这一点，不能仅仅依靠简单的宣传教育，而是必须依靠制度实现守法意识的内化和遵法行为的外显，要做到这一点，关键是要实现守法的"制度化评价"，一方面，将法治建设成效纳入政绩考核指标体系和干部考察指标体系，前者作为评定班子工作成绩的重要指标，后者作为考察和提拔干部的重要依据；另一方面，将法治知识学习纳入制度化的学习制度，列入党委（党组）中心组学习内容，构建了国家工作人员学法用法制度。这样，在制度化考核和学习的双重促进下，提高党员干部法治思维水平和依法办事能力。

第二个重点群体是青少年。法治作为未来中国治理所选择的现代化道路，必然涉及一个国家的未来——少年儿童，按照维果斯基的教育心理理论，"任何一个主体的在其发展过程中都具有某一领域发展的关键时期"①，而价值观的形成时期主要是青少年时期，所以必须抓住在这一"发展关键期"对于青少年加强法治教育，将法治教育纳入国民教育体系，通过在中小学设立法治知识课程实现从青少年抓守法的局面，进而为未来的守法格局提升提供教育基础和对象储备。

（2）以普法宣传拉动全社会守法

党的十八届三中全会要求"健全社会普法教育机制"②；党的十八届四中全会要求"坚持把全民普法和守法作为依法治国的长期基础性工作，深入开展法治宣传教育"③；党的十八届五中全会要求"弘扬社会主义法治精神，……在全社会形成良好法治氛围和法治习惯"④。

从我国守法格局构建的历史经验来看，普法宣传作为法治建设的长期基础性工作对于实现全面依法治国起到了极大的拉动作用，从"一五"普法到"七五普法"，极大地引导了全民自觉守法、遇事找法、解决问题靠

---

① 维果斯基. 维果斯基教育论著选 [M]. 余震球，译. 北京：人民教育出版社，2007：232.

② 中国共产党第十八届中央委员会第三次全体会议文件汇编 [M]. 北京：人民出版社，2013：51.

③ 中国共产党第十八届中央委员会第四次全体会议文件汇编 [M]. 北京：人民出版社，2014：49.

④ 中国共产党第十八届中央委员会第五次全体会议文件汇编 [M]. 北京：人民出版社，2015：85.

法的法治思维，推动了全社会树立法治意识[①]。从普法的主体看，各级党委和政府负责普法工作的领导，实行国家机关"谁执法谁普法"的普法主体责任制；从普法的方式看，主要是通过以案释法和警示教育进行普法，通过具案件的办理，让法官、检察官、行政执法人员、律师等在案件审判、行政执法、纠纷调解和法律服务的过程向群众释法解惑；从普法的方式来看，加强互联网等新媒体新技术在普法中的运用，推进"互联网＋法治宣传"；从普法的目的看，主要是让广大人民树立宪法法律至上、法律面前人人平等、权由法定、权依法使等基本法治理念，破除传统存在的"法不责众""人情大于国法"等错误认识。

（3）以利益维护催动全社会守法

利益是全社会进行守法的直接动因[②]，所以，为了实现守法，就必须让群众感受到通过法治能够有效解决好自身最关心、最直接、最现实的利益问题，即法治必须为对于利益的维护机制和矛盾解决机制的完善方面不断着力。

从利益维护机制而言，主要是健全依法维权和依法化解纠纷的两方面机制。一方面，在之前就建立"利益表达—协商沟通—权益保障—救济救助"的利益维护价值，对于可能造成社会矛盾的纠纷进行前置干预以及及时预警；另一方面，将信访纳入法治化轨道，从而让群众明确通过守法就可以实现对于合理合法利益诉求的实现。

从矛盾解决机制而言，主要是通过落实法律在化解社会矛盾中的有效性来树立法律的权威，一方面，通过建立以法律作为基础的仲裁调解、行政裁决复议、审判诉讼的多元化纠纷解决机制，健全不同社会矛盾纠纷预防化解机制之间的有效衔接，另一方面，发挥调解的特色优势，在司法实践中，着重构建包括人民调解、行政调解、司法调解在内的大调解工作格局，实现社会和谐，减少"零和博弈"。

（4）以制度文化驱动全社会守法

守法要有制度制约和利益驱动，更为重要的是要有内在文化浸润。而在这方面，就必须要将守法文化和传统伦理道德文化进行有效的衔接，进

---

① 刘武俊. 每一个公民都应成为"七五"普法的参与者 [N]. 人民公安报，2016-04-21.

② 波斯纳. 法理学问题 [M]. 北京：中国政法大学出版社，1994：48.

而实现以法治体现道德理念，"以道德滋养法治精神"①。

就传统伦理文化和法治制度结合点的选择而言，需要强化诚实信用的法律制度性设计以及公民文化建设。聚焦于社会主体的守法信用记录以及守法诚信违法失信褒奖承接机制建立，实现从伦理诚信到制度诚信的提升，实现法治文化和德治文化的相互促进。同时，通过弘扬中华优秀传统文化，开展公民道德建设，不断增强制度诚信的伦理底蕴和道德根基，实现法治解决道德问题以及道德促进法治发展的互动前行。

二、创新法治体系构建

党的十八届三中全会明确指出，全面依法治国是实现国家治理现代化的基本方略。"治理方略"更多是一种宏观视角对于"全面依法治国"的界定，要想让"治理方略"落地，就必须要构建实践体系，进而经过实践体系，才可以进入微观运行格局。这样就必须知道全面推进依法治国的总抓手，这一抓手就是党的十八届四中全会明确提出的要建设中国特色社会主义"法治体系"，这样，我国法治建设就实现了从静态"法制体系"向动态"法治体系"的飞跃，最终助力完成"法治国家"的建设目标。

1. 健全完备的法律规范体系

法律规范体系是由一个国家现行的全部法律规范按照一定的结构和层次组织起来的统一整体。建立健全完备的法律规范体系是建设法治体系的前提，"是法治体系的逻辑起点，法治体系开始于法律体系的形成，法律体系形成之后，还要完善、发展，它的高级形态就是达到完备状态"②。但是法律规范体系作为法治实践的产物，不可能一劳永逸、一成不变。随着中国特色社会主义进入新时代，国家和社会在深化改革的过程中发生了巨大变化，法律规范体系也出现了一些与法治实践不相适应的问题。党的十八大明确指出将立法重点调整到提高立法质量和立法有效性上来，这不仅要求在今后的法治工作中既要加快立法的进程也要同步提高立法的质量，从而使法律法规变得更加系统，具有针对性、有效性和及时性，使现有的

① 习近平. 论坚持全面依法治国 [M]. 北京：中央文献出版社，2020：110.

② 徐显明. 关于法律体系迈向法治体系问题答问录 [N]. 北京日报，2011-03-21.

法律体系结构更加完善、内部更加和谐、体例更加科学、规范更加严密之外，还要加强立法规划，加快重点领域的立法工作，实施制定和修改同全面深化改革相关的法律，做到立法先行，确保重大改革于法有据。除此之外还要完善立法程序，恪守以人为本、立法为民的理念，使立法更加贴民意、知民心，更加民主，使法律准确反映法治实践要求和社会发展规律，更加科学，从而更加有效地破解各种利益矛盾，以在更大程度上推动利益关系协调发展。

2. 建设高效的法治实施体系

法治实施是通过一定的方式使法律规范在社会生活中得以贯彻和实现的活动，主要包括法律执行和法律适用，所以法治实施体系相应地也成为确保法律规范在实践和现实中贯彻落实的体系，也就是实现法律良好执行的体系。制定规范的法律体系只是建设这一法治体系的前提要求，想要良好的法律得以实现，就必须重视"善治"，一定要保证法治的有效实施，这就迫切要求不断发展完善法治实施体系，从而最大限度保证宪法和法律得到统一、严格、公正的实施。因此，首先要突出强调的是宪法实施。宪法作为国家的根本大法，是保证党和国家长治久安、兴旺发达的关键，具有最高的权威，所以法治的权威能不能得到公众的认可，关键在于宪法的权威有没有在公众中严格树立起来。党的十八届四中全会指出："必须把宣传和树立宪法权威作为全面推进依法治国的重大事项抓紧抓好，切实在宪法实施和监督上下功夫。"① 其次要坚持严格执法和公正司法，这是形成高效的法治实施体系的核心内容。这就要求加快建设法治政府，坚持依法行政。加强执法监督，依法惩处各类违法行为，健全司法机关各司其职、互相配合和制约的体制机制，推进严格司法等。最后，形成高效的法治实施体系还需要推进全民守法。这就必须深入开展法治宣传教育，坚持将全民普法规划作为国家法治发展的长期性基础工作，在全社会弘扬和树立涵盖国家、社会、个人三方面的社会主义核心价值观、传播社会主义法治精神和法治文化，通过人民群众喜闻乐见的形式大力弘扬和宣传宪法精神等。

---

① 中共中央关于全面推进依法治国若干重大问题的决定 [N]. 人民日报，2014-10-29.

3. 形成严密的法治监督体系

法治监督是依照宪法和法律，由国家机关、社会组织和公民这三大主体对制定和实施宪法、法律法规的情况进行监督的行为。形成严密的法治监督体系是建设中国特色社会主义法治体系的重要保障。面对现在法治监督不到位、监督力度不强的问题，最主要的还是集中在行政监督和司法监督上。所以一方面要强化对行政权力的制约和监督，合理分解权力，科学配置权力，同时还要进一步健全政府内部权力制约机制，进一步完善专门监督和政府内部层级监督体系，严格控制权力滥用，从而实现分级授权、分岗设权、分事行权，最大限度强化内部流程控制，与此同时要完善纠错问责制度，建立健全审计制度。另一方面要时刻监督司法活动，优化配置司法职权，建立完善的司法管理机制，依法规范司法人员和律师之间的接触交往行为，深入推进司法公开，与此同时，司法机关要自觉定时地接受大众媒体的监督，并要及时回应社会对司法活动的深切关注，但也必须规范媒体的监督行为，防止个案炒作、夸大或歪曲事实，影响司法公正。

4. 完善有力的法治保障体系

法治保障体系是指国家为确保法治建设的各个环节有效实施和整个法治过程的顺利运行，从体制机制、组织和人才、物质和技术等方面加以保障的完善体系，是贯彻落实宪法和法律的必要前提之一。法治保障体系的坚强有力与否，决定着整个法治体系生命力的持久与否，决定着全面依法治国进程的推进与否。形成这样一个法治保障体系，关键是要做好制度保障、组织和人才保障、物质和技术保障。所以一是要坚持中国特色社会主义制度，这是法治保障体系的核心内容所在。中国特色社会主义制度还需要依据具体实际情况不断完善，要坚持以实践为基础，进行理论创新，从而推动制度创新。坚持从实际出发，在发展和完善现有制度的前提下，整理和思考各方面制度体制在现实运作中不相适应的情况和问题，从而及时制定出符合当前发展的新制度。二是提高法治工作队伍的思想素质和培养法治人才。党的十八届四中全会通过的《中共中央关于全面推进依法治国若干重大问题的决定》中指出："必须大力提高法治工作队伍思想政治素质、业务工作能力、职业道德水准"①，加强对法律专业人才的培养和考核，着力打造一支对党、国家、人民和法律法规忠诚的法治工作队伍，从而为完善有力的法治保障体系和整个法治体系的建设注入勃勃生机，并提供强有力的组织和人才保障。并且要进一步创新法律专业人才培养机制，为法律服务队伍注入更多的活力、提供更坚实的后备力量，为我国建设这一法治体系提供源源不断的人才资源。三是增加法治建设的经费投入和先进技术的引进。要加大法治建设财政经费投入力度，建立强有力的经费保障体系。与此同时，还应引用一些先进的、复杂的技术鉴定手段，从而使法治活动有效运行。

5. 建立完善的党内法规体系

党内法规制度体系是由党章、条例、规定等规范性文件构成的。建立完善的党内法规体系是建设这一法治体系的根本保证。中国共产党作为我国的执政党，领导建设法治体系、实现长期治国理政，不仅要求他必须尊重宪法和法律，按照宪法和法律的规定治国理政，还必须对自身的权利和行为有所规定，为防止党内出现不良作风加以桎梏，因而建立完备的党内法规体系也成为重中之重。所以首先要着力形成一个以党章为根本，涵盖党内根本制度、基本制度和具体制度的完整系统、配套协调的党内法规制度体系；其次要实现党内法规和国家法律的相互协调和相互衔接，从而使两者形成相辅相成、相互促进的格局，想要形成这种格局，不仅要坚持以党章和宪法为基本遵循，做好党内法规的立、废、改、释工作，还要坚持党纪严于国法，抓紧修订廉政准则、纪律处分条例和党内监督条例等；最后要求党的各级组织和党员干部要自觉遵守党的纪律和国家法律，要带头厉行法治，做全国人民守法、用法、尊法的先行者和好榜样，推进各项治国理政活动纳入法律的轨道，使其制度化、法律化，不断提高依法执政能力和水平，他们既要做党的纪律的自觉遵守者，又要做国家法律的模范遵守者，坚决同违法乱纪行为作斗争。

---

① 中共中央关于全面推进依法治国若干重大问题的决定 [N]. 人民日报，2014-10-29.

参 考 文 献

[1] 秦尚志. 中国法制及法律思想史讲话[M]. 上海：世界书局，1943.

[2] 孙中山选集（下）[M]. 北京：人民出版社，1956.

[3] [法]孟德斯鸠. 论法的精神[M]. 北京：商务印书馆，1959.

[4] 葛懋春主编. 历史科学概论[M]. 济南：山东教育出版社，1983.

[5] 周密. 中国刑法史[M]. 北京：群众出版社，1985.

[6] 倪正茂. 汉——唐法律思想略论[J]. 上海社会科学院学术季刊，1985
（03）.

[7] 张晋藩. 论中国古代民法研究中的几个问题[J]. 政法论坛，1985（05）.

[8] 沈家本. 历代刑法考（一）[M]. 邓经元，点校. 北京：中华书局，1986.

[9] 仁井田升. 唐令拾遗[M]. 栗劲，霍存福，王占通，等，编译. 长春：长
春出版社，1989.

[10] 怀效锋点校. 大明律[M]. 沈阳：辽沈书社，1990.

[11] 睡虎地秦墓竹简整理小组. 睡虎地秦墓竹简[M]. 北京：文物出版社，
1990.

[12] 钱穆. 中国文化对人类未来可有的贡献[J]. 中国文化，1991（02）.

[13] 梁治平. 法辨：中国法的过去、现在与未来[M]. 贵阳：贵州人民出版
社，1992.

[14] [美]哈罗德·J. 伯尔曼. 法律与革命——西方法律传统的形成[M]. 贺卫
方，译. 北京：中国大百科全书出版社，1993.

[15] 罗国杰. 人道主义思想论库[M]. 北京：华夏出版社，1993.

[16] 武树臣. 中国传统法律文化[M]. 北京：北京大学出版社，1994.

[17] 梁治平. 法律的文化解释[M]. 上海：三联书店出版社，1994.

[18] [美]波斯纳. 法理学问题[M]. 北京：中国政法大学出版社，1994.

[19] [德]马克斯·韦伯. 文明的历史脚步[M]. 黄宪起，张晓琳，译. 上海：三联书店出版，1997.

[20] 张晋藩. 中国法律传统与近代转型[M]. 北京：法律出版社，1997.

[21] 梁治平. 寻求自然秩序中的和谐[M]. 北京：中国政法大学出版社，1997.

[22] 夏锦文. 公法文化：中国传统法律文化的重要特征[J]. 法制现代化研究，1997（00）.

[23] 张中秋. 中西法律文化比较研究[M]. 南京：南京大学出版社，1999.

[24] 田成友. 传统法文化与法治现代化[M]. 贵阳：贵州人民出版社，1999.

[25] 丁以升. 道家的"法自然"观及其影响———兼与西方自然法思想比较[J]. 华东政法学院学报，1999（05）.

[26] 朱福惠. 宪法至上——法治之本[M]. 北京：法律出版社，2000.

[27] 杜昌维. 法律基础[M]. 成都：四川民族出版社，2000.

[28] [奥地利]弗里德里希·哈耶克. 致命的自负[M]. 冯克利，胡晋华，等，译. 北京：中国社会科学出版社，2000.

[29] 曾宪义. 中国法制史[M]. 北京：北京大学出版社，2000.

[30] 李小明. 我国法治实现的传统法文化阻力[J]. 现代法学，2000（03）.

[31] 范忠信. 中国法律传统的基本精神[M]. 济南：山东人民出版社，2001.

[32] 汪汉卿，王源扩，王继忠. 继承与创新[M]. 北京：法律出版社，2001.

[33] 勤华主编. 法的移植与法的本土化[M]. 北京：法律出版社，2001.

[34] 谢晖. 法学范畴的矛盾辩思[M]. 济南：山东人民出版社，2002.

[35] 梁治平. 寻求自然秩序中的和谐[M]. 北京：中国政法大学出版社，2002.

[36] 冒宇晶. 浅谈儒家法律思想的积极因素及其影响[J]. 江苏教育学院学报（社会科学版），2002（04）.

[37] 李交发. 论古代中国家族司法[J]. 法商研究，2002（04）.

[38] 谢晖. 法学理论的矛盾辩思[M]. 济南：山东人民出版社，2003.

[39] 马小红. 中国古代法律思想史[M]. 北京：法律出版社，2003.

[40] 颜之推. 颜氏家训[M]. 呼和浩特：内蒙古人民出版社，2003.

[41] 刘守芬，王洪波，姜涛，陈新旺. 对中国古代廉政法律制度的历史考

察[J]. 北京大学学报（哲学社会科学版），2003（03）.

[42] 杨鸿烈. 中国法律思想史[M]. 北京：中国政法大学出版社，2004.

[43] 范忠信. 梁启超法学文集[M]. 北京：中国政法大学出版社，2004.

[44] 唐永春. 法社会学导论[M]. 哈尔滨：黑龙江人民出版社，2004.

[45] 马小红. 礼与法的历史连接[M]. 北京：北京大学出版社，2004.

[46] 燕继荣. 政治学十五讲[M]. 北京：北京大学出版社，2004.

[47] 吴经熊. 法律哲学研究[M]. 北京：清华大学出版社，2005.

[48] 张晋藩. 中国传统法律的传统与近代转型[M]. 北京：法律出版社，2005.

[49] 张立荣. 法律的人文精神之现代意义解读[D]. 南京：南京师范大学，2005.

[50] 王伟凯. 《明史·刑法志》考注[M]. 天津：天津古籍出版社，2005.

[51] 付子堂. 法理学进阶[M]. 北京：法律出版社，2005.

[52] 何勤华. 中国法学史（第一卷）[M]. 北京：法律出版社，2006.

[53] 张中秋. 中西法律文化比较研究[M]. 北京：中国政法大学出版社，2006.

[54] 史广全. 礼法融合与中国传统法律文化的历史演进[M]. 北京：法律出版社，2006.

[55] 范忠信. 中国文化与中国法系：陈顾远法律史论集[M]. 北京：中国政法大学出版社，2006.

[56] 商鞅. 商君书[M]. 张觉，点校. 长沙：岳麓书社，2006.

[57] 王贵，龙呈德. 基层法院调解艺术[M]. 北京：人民法院出版社，2006.

[58] 严励. 马克思主义法律思想的发展与创新————以中共三代领导集体核心的法律观为视角[M]. 上海政法学院学报，2006（03）.

[59] 钱大群. 唐律疏义新注[M]. 南京：南京师范大学出版社，2007.

[60] 信春鹰. 全球化与多元法律文化[M]. 北京：社会科学文献出版社，2007.

[61] [苏]维果斯基. 维果斯基教育论著选[M]. 余震球，译. 北京：人民教育出版社，2007.

[62] 李显冬. "民有私约如律令"考[J]. 政法论坛，2007（03）.

[63] 蒋传光. 马克思主义法律思想的中国化及其在当代中国的新发展[J]. 上海师范大学学报（哲学社会科学版），2007（04）.

[64] 周子良，王华. 中华法系伦理法特质衍生的社会基础[J]. 山西大学学报（哲学社会科学版），2007（05）.

[65] 李佳丽、贾晖. 中国古代刑事法律规范中的原则及思想[J]. 商业经济，2007（09）.

[66] 卓泽渊. 法治国家论[M]. 北京：法律出版社，2008.

[67] 新华月报社编. 时政文献辑览[M]. 北京：人民出版社，2008.

[68] 司马朝军. 四库全书总目精华录[M]. 武汉：武汉大学出版社，2008.

[69] 孙国华. 论法的和谐价值[J]. 法学家，2008（05）.

[70] 石红星. 论现代法治进程中的中国传统法律文化[J]. 法治研究，2008（09）.

[71] 冯友兰. 中国哲学史（上）[M]. 重庆：重庆出版社，2009.

[72] 吕思勉. 中国制度史[M]. 上海：上海三联书店，2009.

[73] 马小红. 中国古代社会的法律观[M]. 郑州：大象出版社，2009.

[74] 董仲舒. 春秋繁露[M]. 曾振宇，注. 开封：河南大学出版社，2009.

[75] 海伍德，李智. 政治理论教程（第三版）[M]. 北京：中国人民大学出版社，2009.

[76] 梁启超. 先秦政治思想史[M]. 长沙：岳麓书社，2010.

[77] 陈顾远. 中国法制史概要[M]. 北京：商务印书馆，2011.

[78] 萧公权. 中国政治思想史（上）[M]. 北京：商务印书馆，2011.

[79] 侯外庐，赵纪彬，杜国庠. 中国思想通史（第一卷）[M]. 北京：人民出版社，2011.

[80] 范忠信. 情理法与中国人[M]. 北京：北京大学出版社，2011.

[81] 蒋传光. 新中国法治简史[M]. 北京：人民出版社，2011.

[82] [唐]长孙无忌等撰. 唐律疏议[M]. 北京：中国政法大学出版社，2013.

[83] 吴兢. 贞观政要[M]. 北京：光明日报出版社，2013.

[84] 李游. 和谐社会的司法解读：以中西方司法传统的演变为路径[M]. 北京：法律出版社，2013.

[85] 张中秋. 传统中国法的精神及其哲学[J]. 中国法学，2014（02）.

[86] 王雅琴. 中国传统法律文化及其转型[J]. 太原理工大学学报（社会科学版），2014（06）.

[87] 梁治平. 古代法：文化差异与传统[M]. 桂林：广西师范大学出版社，2015.

[88] 王泽应，唐凯麟. 中华民族道德生活史·宋元卷[M]. 上海：中国出版集团东方出版中心，2015.

[89] 中共中央文献研究室编. 习近平关于全面依法治国论述摘编[M]. 北京：中央文献出版社，2015.

[90] 张岂之. 中华优秀传统文化的和信心理念[M]. 江苏：江苏人民出版社，江苏凤凰美术出版社，2016.

[91] 王旭光. 环境权益的民法表达——基于民法典编纂"绿色化"的思考[J]. 人民法治，2016（03）.

[92] 汪岳. 法治信仰社会化：一个长期而艰难的过程[J]. 社会科学研究，2016（05）.

[93] 瞿同祖. 中国法律与中国社会[M]. 北京：商务印书馆，2017.

[94] 范忠信，黄东海. 传统民事习惯及观念与移植民法的本土化改良[J]. 法治现代化研究，2017（02）.

[95] 张晋藩. 全面依法治国与中华法文化的创造性转化研究[M]. 北京：中国政法大学出版社，2019.

[96] 顾文斌. 论中华法系法典编纂技术的当代价值[J]. 东华理工大学学报（社会科学版），2019（01）.

[97] 王文博. 儒家文化对古代法制的影响分析[J]. 法制与社会，2019（01）.

[98] 杨鹏程. 礼法结合：中国古代法律发展的基本线索[J]. 淮海工学院学报（人文社会科学版），2019（04）.

[99] 马俊驹. 中国民法的现代化与中西法律文化的整合[J]. 中国法学2020（01）.

[100] 张晋藩. 体现马克思主义唯物史观的中华法文化[J]. 法学杂志，2020（03）.

[101] 张晋藩. 弘扬中华法文化，构建新时代的中华法系[J]. 当代法学，

2020（03）.

[102] 陈和香. 关于"枫桥经验"的哲学思考[J]. 特区实践与理论，2020
（03）.

[103] 王利明. 体系创新：中国民法典的特色与贡献[J]. 比较法研究，2020
（04）.

[104] 王利明. 彰显时代性：中国民法典的鲜明特色[J]. 东方法学，2020（04）.

[105] 王歌雅. 民法典婚姻家庭编的价值阐释与制度修为[J]东方法学，2020
（04）.

[106] 谢鸿飞. 《民法典》制度革新的三个维度：世界、中国和时代[J]. 法
制与社会发展，2020（04）.

[107] 苏艳英. 中华传统文化与现代民法文化的整合——民法典的法文化解
读[J]. 政法论丛，2020（06）.

[108] 易军. 民法典：植根中华文化 彰显民族智慧[J]. 人大建设，2020
（07）.

[109] 张生，周玉林. 传统法：民法典的社会文化根基——中国社会科学院
法学研究所张生研究员访谈[J]. 社会科学家，2020（08）.

[110] 王轶. 民法典：新时代我国社会主义法治建设的重大成果[J]. 海峡通
讯，2020（08）.

[111] 彭振. 民族地区基层法治的蜕变与振兴[J]. 河北法学，2020（10）.

[112] 习近平. 充分认识颁布实施民法典重大意义 依法更好保障人民合法权
益[J]. 求是，2020（12）.

[113] 王轶. 民法典：回应"中国之问"和"时代之问"[J]. 江淮法治，
2020（14）.

[114] 罗明惠，刘朝霞. 习近平对中国传统法律文化的创造性转化和创新性
发展[J]. 新西部，2020（15）.

[115] 张文显. 习近平法治思想的基本精神和核心要义[J]. 东方法学，2021
（01）.

[116] 公丕祥. 习近平法治思想：新时代伟大社会革命的理论产物[J]. 法学
论坛，2021（01）.

[117] 冯玉军. 论中国特色社会主义法治道路的内涵、特征、优势[J]. 河北

法学，2021（02）．

[118] 李连宁．我国人民代表大会制度的特征和优势[J]．人民论坛，2021
     （04）．

[119] 贺小荣．"马锡五审判方式"的内在精神及其时代价值[J]．法律适
     用，2021（06）．